南亚学

第 2 辑

IIAS 清华大学国际与地区研究院 主办
Institute for International and Area Studies, Tsinghua University

姜景奎 主编

SOUTH ASIAN REVIEW

商务印书馆
The Commercial Press

《南亚学》编辑委员会

主　编　姜景奎

编　委　（以姓氏笔画为序）

　　　　　王世达　王　旭　王　宗　王春景　邓　兵　叶海林
　　　　　冉　斌　朱翠萍　李　莉　何朝荣　佟加蒙　张家栋
　　　　　张　静　陈利君　林民旺　荣　鹰　胡仕胜　姜永红
　　　　　姜景奎　贾　岩　钱　峰　郭　童　蓝建学　楼春豪
　　　　　廖　波　Anita Sharma（印度）
　　　　　Dominic Sachsenmaier（德国）　Lim Geundong（韩国）
　　　　　Sandagomi Coperahewa（斯里兰卡）

编辑部　主　任　贾　岩
　　　　　编　辑　王　靖　毛　悦　李亚兰　李　丽　何　演
　　　　　　　　　张亚冰　张　幸　曾　琼　雷定坤

编辑部联系方式：

地址：北京市海淀区清华大学主楼 205 国际与地区研究院

电话：(010) 62780635

邮箱：southasianreview@163.com

—第 2 辑—
目　录

特稿

移动影像与当代印度的"实践电影"意识 ………〔印〕阿姆利德·甘格尔 / 003

区域国别研究

近代英国的斯里兰卡研究：游记、研究著作和刊物 ………………佟加蒙 / 031
东非医疗旅游的崛起及其中的印度因素 …………高良敏　张仁烨　程　峰 / 049
斯里兰卡的政治家族叙事与权力影响：基于维克拉马辛哈及其家族的视角
　　………………………………………………………………………何　濴 / 071
胁迫式发展援助：基于美国-尼泊尔"千年挑战计划"协议的案例研究
　　………………………………………………………………赵　亮　陈　超 / 093

历史文化研究

南亚现代主义伊斯兰学派南德瓦述略 ………………………马　强　黄乐奇 / 123
德里苏丹国时期的历史文献及相关研究述评 …………………………陈泽华 / 146
马尔丹地区杰玛尔堡佛寺部派归属再探 ………………………………王　珺 / 161
觉醒与依附：论古勒扎尔短篇小说中的女性形象塑造 ………………李宝龙 / 177
印度汉语教育百年史评述及其发展前景展望 …………………………章立明 / 188

对话与争鸣

南亚语种学人对话
　　——中国南亚语种学会 2022 年会研讨综述 ································ 207

英文摘要 ··· 231
《南亚学》征稿启事 ··· 241

特稿

移动影像与当代印度的"实践电影"意识

〔印〕阿姆利德·甘格尔*

摘要:"实践电影"(Cinema of Prayōga)是一个将印度的实验电影历史置于其古老的前现代创新传统中进行考察的概念框架。实践电影也是一种电影实践理论,它挑战当代印度主流电影的表达形式,包括无处不在的当代宝莱坞和以社会现实主义著称的印度电影新浪潮。实践电影颂扬了一种深深植根于印度哲学和文化想象复合体之中的电影制作风格。它试图通过使用印度哲学思想中的"Prayōga"一词来重新定义"实验""先锋"等已经在印度电影中被普遍接受的概念。从词源上看,梵语中的"Prayōga"一词指的是一种实践理论,它强调沉思的潜力,这种沉思可以是仪式性的、诗歌的、神秘的、审美的、魔幻的、神话的、物理的或炼金术的。在电影方面,它是一种电影质询的实践,被设计为对时间和空间的持续过程的探索。不同于世界上其他任何地方的主流电影,实践电影借助印度音乐、诗歌、神话和表演,考察它们作为电影文本的地位与它们主题的虚构进程之间的关系。

关键词:实践;实践电影;时间;空间;印度哲学

思想、呼吸、姓名,包容于时间中,
当时间到来,所有生命深感欣喜。

---

* 阿姆利德·甘格尔(Amrit Gangar),印度知名电影理论家、策展人、影评人,印度理工学院孟买校区兼职教授,主要研究方向为印度电影史、电影理论。本文译者:王子元,北京大学印度语言文学专业2021级硕士研究生,研究领域为印地语文学、印度宗教文化;何杨,北京大学印度语言文学专业2020级硕士研究生,研究领域为印地语文学、印度近现代史。

> 时间中有缜密的抽象，时间中有至高无上，
>
> 在时间中，神圣知识能够被通晓。
>
> 时间是万物之主，它乃生主之父。
>
> ——《阿闼婆吠陀》[1]

一、全球资本主义中的移动影像

就其本质而言，移动影像就像一条河。它永恒的实践（prayōga）是流动，是在空间和时间中穿行，是保持自由（mukt），是超越循环和停滞的死水，那里聚集着前所未见的成堆苔藓，即我们这个时代不可回收的数字垃圾。现如今，这种停滞感已经变得如此普遍，以至于我们已经不再欣赏像移动中的月亮或穹隆下的云朵这样的真实形象。无所不在并不断浮于眼前的电子移动影像构成了一个永恒循环。这个循环既是现实的，也是虚拟的；既是物质的，也是隐喻的。它的千篇一律使它的运动变得无效。它已背离了"移动影像"这个词的本义。现实生活中，我们每天无时无刻不面对着大量死气沉沉的移动影像，在电视上，在视频中，在家或工作室，在证券交易所，在飞机上，在电脑上，在安卓手机、iPhone 或 iPad 上。正是那些不安分的观看者，通过一刻不停的网上冲浪，为这些看似移动的图像提供了一种运动的假象。[2]在这种"运动"中不断丧失的是心智的深度专注（laya），而这一特质的丧失恰好反过来招致了大毁灭（pra-laya），即移动影像的当代海啸。当势不可挡的雪崩占领一切，沉思已无处藏身。

全球媒体奇观炫目得令人迟钝。在它刺眼的强光下，即便是一张静态照片也

---

[1] 转译自 Ralph T. H. Griffith trans., *The Hymns of the Atharva-Veda*, Benares: E. J. Lazarus & Co., 1895, p. 254。印度有四部"吠陀"本集，即《梨俱吠陀》《夜柔吠陀》《婆摩吠陀》和《阿闼婆吠陀》，它们被认为是最古老的宗教经典，可以追溯至约公元前 1500 年。——译者

[2] 印度大约有 1.05 亿户家庭拥有电视机，高于 2000 年的 8800 万户。从 1995 年到 2005 年，印度电视广告支出平均每年增长 21%，最终高达 16 亿美元。截至 2016 年，印度拥有超过 857 个频道，其中 184 个是付费频道。在语言方面，印地语、泰卢固语和泰米尔语电视产业是迄今印度最大的电视产业。驱使图像移动的是"遥控器"，眼睛的视网膜看到的图像几乎是"静止的"，而耳朵则负责接收所谓的原声摘要。

会耗尽自己的活力。借助科技，那些制造移动影像的逐利商家正疯狂地使之背离自身的本性（svabhava），与一切（哪怕只是间接的）艺术良知相对立。移动影像商品化是市场经济合乎逻辑的结果，后者的目的是吸引眼球和客流，而我们总以自觉或不自觉的方式不断吸收着此类语汇。移动影像是如此的重复而普遍，即便它并非显在地表现出循环、被操纵或目的性说教的性质，它的重复性和普遍性依旧使其自身变得毫无意义，只能吸引那些被简化为运动反应、停留在视网膜层面的浅层注意，根本不涉及多少大脑活动。电视的出现为我们带来了一个形容这种状态的美国俚语——"沙发土豆"（couch potato，即电视迷）。大多数所谓的通俗电影（实为民粹主义电影）都像广告片一样有明确的目标消费者，即市场。不可否认，电影是整个流行文化的一部分，它遵循这一领域中的商业力量。

我们应该担心的是，在超级资本主义的新文化中，愈发具有商业性的纽带开始成为凝聚社会的因素。追求文化和意义的人们正被那些决定付费体验内容的大公司支配。家庭以外的每项活动都在变成付费体验，比如电影、电视、网络空间的虚拟世界、学习、教育，乃至社会事业。

先锋电影或实验电影在20世纪末的这种新背景下兴起，它不断探索电影摄制、视频和数字媒体的核心潜力，并在此过程中进入了新千年。历史上，这一进程主要发生于欧洲和北美，也就是我们所说的西方。113年前，意大利诗人、编辑、艺术理论家兼未来主义运动的创始人菲利波·托马索·马里内蒂（Filippo Tommaso Marinetti）在1909年2月20日的《费加罗报》（Le Figaro）头版发表了他的《未来主义宣言》（Manifeste du Futurisme）。在我看来，这是被称为先锋运动的意识流中的一个重要时刻。就词源而言，"先锋"（avant-garde）一词起源于军事和战争。正如马里内蒂的宣言所反映的那样，战争于他而言似乎是未来主义在世界范围内得到肯定的前奏。未来主义者庆祝战争的原因之一与未来主义的先锋属性有关。在前线作战的机会似乎使"先锋"的军事隐喻成为现实。他们相信，战争是终极的前卫艺术品！① 马里内蒂还因在1919年和国家工团主义者阿尔塞特·德·安布里斯（Alceste De Ambris）共同起草《法西斯宣言》（Fascist Manifesto）而闻名。这是意大利战斗法西斯运动（Fasci Italiani di Combettimento）政治立场的最初宣示，该运动由法

---

① Lucia Re, "Futurism, Seduction, and the Strange Sublimity of War", *Italian Studies*, vol. 59, no. 1, 2004, p. 84.

西斯主义的早期拥趸贝尼托·墨索里尼（Benito Mussolini）于1919年在米兰发起。

在后殖民时代的"混合"经济阶段（国有企业和私营企业混合、资本主义经济和社会主义经济混合），东方——特别是印度这个体量堪比欧洲的最大电影生产国——仍在努力找寻着电影的社会功用，它面临着来自后殖民国家建设优先事项和公共资助者的压力。20世纪60年代，正是由于这些优先事项，才有了印度国家电影档案馆（National Film Archive of India）、印度电影学院（Film Institute of India，即后来的印度电影电视学院［Film and Television Institute of India］）、电影金融公司（Film Finance Corporation，即后来的国家电影发展公司［National Film Development Corporation］）、印度国际电影节（International Film Festival of India）及其他文化机构的成立，才有了与意大利新现实主义、欧洲新浪潮、拉丁美洲电影、实验电影、好莱坞电影制作实践及世界各地流行趋势的接触。20世纪60年代到80年代初，印度的学生和新兴从业者受到这些电影文化的影响，在印度本土推动了所谓的"艺术电影"（art cinema）、"平行电影"（parallel cinema）、"中间派电影"（middle-roader cinema）和"地区电影"（regional cinema）的发展。它们对商业电影或"主流电影"做出了回应，尤其致力于提出宝莱坞的替代性方案。一边是国家在资金有限的前提下提出的优先事项，另一边是将电影作为艺术形式加以探索的愿望，二者的并存显然导致了一些矛盾。有人认为，公共资金投向"交流性"不足的电影是一种浪费。关于艺术电影与商业电影的争论也时有发生。随即，自由市场之风袭来，最终将印度卷入全球化浪潮。加之海外市场的诱惑力与日俱增，规模不断膨胀的印度侨民群体也对本土电影制作实践产生了影响。像国家电影发展公司这样的公共基金机构和印度电影电视学院这样的培训机构都受到了来自这些发展变化的强烈冲击。在这样一种市场驱动的氛围中，没有明确的方向或扎根的电影哲学精神用以探索印度的审美感受，尽管许多年轻的电影制作人已经做好了艺术冒险的准备。

二、从实验电影到实践电影

针对上述情况，我曾提出"实践电影"（Cinema of Prayōga，或 Cinemā Prayōga）的概念，用以探索能否提出一种理解印度和欧美主流实验电影制作实践的替代性方案，并将之作为一种观看和思考的体验。① 是否能够利用印度的时间感和空间感来拍摄电影，使其既对抗于，但同时又兼蓄其他文化和国家的创造性思想？其发展能否超越狭隘的民族主义？

"先锋"、"实验"（experimental）、"地下"（underground）等以欧美为中心的术语，都不足以充分理解在印度电影现代性的激进边缘所发生的复杂情况。无论是玛尼·考尔（Mani Kaul）还是库马尔·萨诃尼（Kumar Shahani），都没有在访谈或著作中用这些术语描述自己的作品，尽管媒体评论家们经常称他们为先锋派。然而，在印度电影实践者中，始终存在着对于先锋派的内在批判。在萨诃尼看来，电影拍摄形式的根本矛盾来自于它在处理拍摄对象时用图像取代思考的能力。商业电影正是利用这一现象，既创造足以替代现实的梦境，还创造被称为"明星"的商品神（commodity gods）。蒙太奇也是一样。其意图虽然是好的，但也难免会导致偶像（icon）的并置，这些偶像并不召唤或分析现实，而是彻底取代现实，并由此创造出一种充斥着假象的类神话结构。借用其他艺术的句法来说，先锋实验仅仅是为电影赢得某种尊重的尝试。

这些实验的初衷或许是好的，但它们依旧重复了欧洲早年间，特别是在默片时代末期的失败。然而，与庸俗想象力的常规狂欢相比，印度的文学性、绘画性乃至戏剧性都足以成为好电影的基础。拟声（onomatopoeia）对于法国新浪潮来说不是一种电影手段，而是它的词汇。即便它表达出任何句法，那也是属于美国B级片②的句法。③

玛尼·考尔同样与实验电影制作人或先锋电影制作人这样的标签保持距离："我的电影并非实验性的，因为我一向清楚自己在做什么，结果会怎样。而适合我

---

① 有关实践电影的更多讨论，参见 Amrit Gangar, "The Cinema of Prayōga", in Brad Butler & Karen Mirza eds., *Cinema of Prayoga: Indian Experimental Film & Video 1913-2006*, London: no. w. here, 2006, pp. 9-26。
② 在美国电影工业体系中，B级片指低成本制作的商业电影，而A级片指大成本、由明星参演、制作精良的商业大片。与文艺片不同，B级片虽然也是小制作，但本质上仍属于商业电影。——译者
③ Kumar Shahani, "Myths for Sale", *Framework*, vol. 30/31, 1986, originally appeared in *Seminar*.

这种电影的环境并不存在。"[1]

俄罗斯电影制作人安德烈·塔可夫斯基（Andrei Tarkovsky）与考尔和萨诃尼一样持怀疑态度。对塔可夫斯基而言，实验是没有意义的：

> 你怎么能在艺术中进行实验呢？试一试，再看结果如何？但如果实验没有成功，那么除了失败者的个人问题，便没什么可看的了。因为艺术作品具有一种内在的美学和哲学统一；它是一个有机体，按其自身规律存在并发展。有人会在婴儿出生的问题上谈论实验吗？这不仅毫无意义，也是不道德的。[2]

"实验"这个词的问题性还体现在，即便对于主流的印度电影制作人而言，他们也可以说是在用观众或票房做实验，赌他们的电影是否会成为"爆款"，同时推测明星的价值。然而，他们在形式上却一味求稳，创造出来的不过是些重复性的公式。为了回应主流电影的公式化方法，印度电影出现了强烈的反线性叙事或非线性叙事的倾向，这也是我所提出的"实践电影"的根本原则之一。考尔从空间角度理解线性叙事，认为它是电影最大的诅咒。在考尔看来，当一个运动先后通过前景、中景和背景时，就会形成辐合（convergence），即传统叙事中的高潮。这一过程会投射出一道地平线，在这里，平行线可以被"看到"彼此辐合。经过一系列次要辐合之后，主要的高潮型辐合最终使叙事话语的论点趋于完整。

在1991年根据费奥多尔·陀思妥耶夫斯基（Fyodor Dostoevsky）的小说改编的电影《白痴》（*Idiot*）中，考尔格外强调非叙事性情感（non-narrative bhāva）的"形成"（becoming）内涵，并以此为框架着力探索了故事的复调型线条（polyphonous contours）：

> 多年来，我一直专注于构建那些叙事线条趋于无痕的精妙整体。但在

---

[1] Mani Kaul, "I am Opposed to Story-telling", in conversation with Sameer Shah, *The Sunday Observer*, July 11, 1982.
[2] Andrey Tarkovsky, *Sculpting in Time: Reflections on the Cinema*, London: The Bodley Head, 1986, p. 97.

《白痴》中，我却陷入了极端饱和的事件当中。从个人角度看，我感觉自己身处悬崖边缘，面对一系列可能发生的崩解。继而，各种想法相互抵消，形式随之萌发。就这样，本属于未来的内容潜入了当下。①

矛盾的是，这种对意义进行非叙事性扩展的理念，部分源自传统印度史诗《摩诃婆罗多》和《罗摩衍那》，以及"往世书"之类的编年史，其中的许多文献都已在主流电影和平行实验电影中得到了探索和叙事化改编。"往世书"是重要的印度教、耆那教和佛教文献，内容包括从创世到灭世的历史，国王、英雄、仙人和半神谱系，以及有关印度教宇宙观、哲学、地理的描述。"往世书"书面文本的创制时间并不能代表它真正的诞生时间。在约公元前500年创作的早期印度教哲学经典《歌者奥义书》（Chandogya Upanishad）中，就有关于"往世书"的记录。目前已知的这类文献共有两百多部，其中最早出现也最关键的前十几部被称作重要而古老的"奥义书"（Upanishads）。这些文献为许多电影制作人提供了灵感。

实践电影的一个例子是戈文丹·阿拉文旦（Govindan Aravindan）的马拉雅拉姆语（印度南部喀拉拉邦语言）电影《金色的悉多》（Kanchana Seeta，1977），该片表现的是《罗摩衍那》中关于罗摩和他的新婚妻子悉多的情节。有趣的是，在这部影片中，悉多被抽象地描绘为自然界的方方面面，如风拂树梢的沙沙声，或是为纷争之地带去和谐的细雨。这位电影导演在塑造神话角色的时候，从真实的罗摩-陈楚（Rama-Chenchu）部落传说中取材，这些传说来自邻近的安得拉邦，即电影拍摄地。不仅如此，对神话人物的描绘同样也不循规蹈矩，他们在影片中变成了谜一般的人物，而非穿戴着极易辨认的头饰和服装的神明或圣人。另一个例子是库马尔·萨诃尼的电影《波浪》（Tarang，1984），它的结构主要源自马克思主义历史学家 D. D. 高善必（Damodar Dharmananda Kosambi）在他的著作《神话与现实》（Myth and Reality）中对于《摩诃婆罗多》的阐释，② 而《神话与现实》

---

① Ashish Rajadhyaksha & Paul Willemen ed., *Encyclopaedia of Indian Cinema* (rev. ed.), London: Routledge, 1999, p. 243.
② D. D. Kosambi, *Myth and Reality: Studies in the Formation of Indian Culture*, Bombay: Popular Prakashan, 1962, pp. 42–81.

则衍生自古典梵语戏剧家迦梨陀娑（Kālidāsa）最出色的剧作之一《优哩婆湿》（*Vikramorvarsiyam*）。这部戏剧的主题是月族世系国王补卢罗婆娑与天国歌伎优哩婆湿的相爱、分离和团聚。

这些古代文献影响了实践电影的形式和哲学基础，并为其提供了灵感。正如考尔所说，在透视法出现之前，史诗及后来的编年史未曾遵循西方叙事模式，而是"以诗意的阐述和广阔的描绘自行铺展，若以当今通行的节奏审视，常常不能及时达到高潮。事件的终止往往在结尾倏然出现，而不是像今天那样，被细致刻画，并发展为一个高潮。与透视法的对抗激发了许多20世纪初的现代画家、作家、音乐家和电影制作人"[1]。正如考尔所言，印度电影史诗不是将叙事推向辐合，而是描绘那些详细阐释其一般主题的事件。欧洲电影传统起源于欧洲文艺复兴时期对"透视法"的发现，而印度电影则更普遍地被用于传播音乐和哲学知识。因此，实践电影借鉴了早期的印度电影传统，其中包含着一种对不设最终解决方案或精神宣泄的非绝对主义的追求。

在这样一个充斥着各种印象和感受的恢宏宇宙中，用一个更加深刻和包容的概念来代替并扩展"实验"一词应当是富有成效的。这个替代性概念应同时包括经典印度电影和更加当代的艺术电影（希望这种称法不会显得具有分化性）。正如电影制作人兼学者阿希什·阿维库塔克（Ashish Avikunthak）所坚信的那样，"实践电影"为印度的电影摄制现代性提出了一套理论，该理论试图提供一个阐释框架以理解印度电影的激进演变，不仅将其视为西方衍生品的模仿产物，更重要的是，将其视为印度电影制作实践中的持续创新传统的一部分。

我称它为"实践电影"，并不是要将它与欧美实验电影及其历史割裂开来。相反，它是一种深化"实践"精神的尝试，无论它发生在何处。实践电影既包含对印度之根的探寻——它涉及印度的音乐、诗歌、神话和表演，也致力于扩大西方定义下"实验"一词的历史范围，使之涵盖那些与之相关但在历史上并不属于它的实践电影活动。

简单而言，实践电影应该具有直觉的和适意的属性，能够同时在形式层面和

---

[1] Mani Kaul, "An Approach to Naukar ki Kameez", *Cinemaya*, vol. 31, 1996, p. 46. 强调为原文所有。

形而上学层面达成深刻的情感统一。于我而言,"先锋"是一个军事词汇。与之相反,"实践"则带有艺术性和冥想性。作为与英语词"experimental"粗略对应的梵语词,"Prayōga"具有诸多不同含义,包括设计、装置、规划、应用、使用(尤其是药物和魔法)、利用、展示(舞蹈)、表现(戏剧)和诵读等。如果我们拆解"Prayōga"一词,就会得到"Pra"和"Yoga"两部分。其中,前缀"Pra"在某种程度上是这个词的引擎,有"前进""向前""朝前方""之前"等含义;换言之,如前文提到的那样,"Prayōga"带有"先锋"之意。"Yoga"也有众多释义,如联结、触摸、使用、咒语、魔法、物质、深刻而抽象的冥想,以及对至高精神的沉思。最后一个含义在瑜伽哲学中被定义为"瑜伽控制心智波动"(yogascittavri-tinirodha),指思想的内向运作或精神洞见。我认为,"Prayōga"是一种电影质询的实践,是对时间和空间中的某种持续进程的求索。我目前在文中谈及的所有电影制作人的作品,都体现出了电影制作实践的这一方面。[①]

必须再次强调,实践电影既不是排他性命题,也不主张在文化二元对立或地理区隔的基础上建立东西方对抗。它的要旨在于那些电影摄制在孕育之初就应具备的内在品质。我想以比尔·维奥拉(Bill Viola)为例进一步阐明我的观点,这位西方影像艺术家已经成为实践电影语境下举足轻重的人物。维奥拉关键性地提出了"为什么"和"怎么做"的问题。在诸如《南特三联画》(*Nantes Triptych*,1992)等作品中,他将临终母亲的影像与孩子出生的镜头并置,由此将"为什么"摆在了生命的中心,也将其摆在了死亡的中心。至于"怎么做",他告诉我们,人之所以理解某个事物,仅仅是因为我们在一个科学主义框架的各种局限下,理性地描述并分析了这个事物的运作方式。维奥拉所预示的,是将现代技术融入一种新视野的可能性。他让我们意识到了它们巨大的哲学潜力。

维奥拉关注的似乎是工业化世界的内在危机。这种危机来自于对个人的狭隘关注,以及对我们身边令人费解的混杂信号的狭隘关注,这些信号并不能解决人

---

① 基于本段阐述,译者决定将"Prayōga"译为"实践",将"Cinema of Prayōga"或"Cinemā Prayōga"译为"实践电影"。"Prayōga"的多义性使翻译变得极为困难,"实践"是诸多含义中最接近于本文作者定义的一个,但这也仅仅是为行文之便的折中之举,希望读者能充分认识到这一概念背后的丰富内涵。——译者

类了解和实践人生中"为什么"的基本诉求。

在我看来，维奥拉所提到的危机也正通过消费主义和新兴技术，以及它们被控制和使用的方式，愈发显著地影响着尚未工业化的发展中国家。他建议我们，花些时间与摄像机待在一起，并直面一些重要命题：这个转瞬即逝的被称作"生命"的影像究竟是什么？为什么我们要分享这个已然逝去却又依然存在的人生时刻？为什么生命的本质要素是变化、运动和革新，而不是稳定、静止和恒常？[1] 我认为，我们需要给新兴技术注入这一哲学维度，以免它们无情的商业利齿把我们彻底嚼碎。作为一个概念和潜在理论的实践电影，旨在对抗这种压力。

美国艺术家丹尼尔·李维斯（Daniel Reeves）的作品不仅针对视频诗学作出了重要阐释，同时也与东方哲学产生了共鸣。例如，他的《迦利时代的马赛克》（*A Mosaic for the Kali Yuga*, 1986）描绘了技术社会近乎狂暴的状态，同时在尾声部分以简洁的方式展现了《毗湿奴往世书》（*Vishnu Purana*）关于内在和外在领域中当代混沌的预言。作品标题意指一种缺乏精神性的存在状态，其中的一切价值都靠财富来衡量。根据印度教文献，我们目前所处的迦利时代是一个黑暗的时代，是一个由物质主义和恶意怨念支配的腐朽时代。李维斯的作品显示了他对印度教文献中预言部分的深入理解。

作为一种实践，印度实践电影的谱系始于达达萨赫布·法尔盖（Dadasaheb Phalke）[2]。他将自己钟情的史诗和往世书传统融入电影，为观众提供了喜闻乐见、易于接受、烂熟于心的素材，促进了电影现代性在印度的萌发。例如，法尔盖的第一部默片《哈里什昌德拉国王》（*Raja Harishchandra*, 1913）根据《摩根德耶往世书》（*Markandeya Purana*）中的故事改编而成。《摩根德耶往世书》是印度教18部"大往世书"之一，以古代圣人摩根德耶和毗耶娑的弟子阇弥尼对话的形式写成。在《哈里什昌德拉国王》中，法尔盖将书面文本变成了电影场景，并在其中插入了英语和印地语的插卡字幕。这里有趣的是法尔盖在画面的连续性中创造空

---

[1] Amrit Gangar, "Apple and Video in Aid of Ontology", *The Speaking Tree, The Times of India*, August 30, 1999, p. 12.
[2] 被誉为"印度电影之父"。本名为唐狄拉吉·戈宾德·法尔盖（Dhundiraj Govind Phalke），"达达萨赫布"是对他的尊称。——译者

间平面的方式，它源自印度的音乐剧（Sangeet Natak）传统。根据阿希什·拉贾德雅克萨（Ashish Rajadhyaksha）的观点，这种连续性是在家庭田园诗的空间与"超越性"空间的并置中形成的，屏幕外的空间发挥着舞台侧翼的功能。因此，叙事可以被压缩到观众的目光能够追踪运动逻辑的空间之中。[1] 就其内容而言，这部电影受到了古代仙人阇弥尼智慧的启发，他是印度哲学中弥曼差派的一位伟大哲人。弥曼差派十分注重对文本的诠释，因此发展出对文献学和语言哲学的研究。本着全面探究的精神，实践电影希望涵括这样一种广博的哲学思想。

当我使用实践电影这个术语时，我也希望它能暗含一系列品质，其中包括展现创作者的状态和本性的能力，以及实现情感统一（bhāvsandhi）的能力。就考尔及其同时代人的作品而言，其关键品质或许就在于，它们能够在后殖民现代性和传统印度文化实践的沸腾边界上的各种异质电影策略间，创造性地摆动。他们的作品还调用了印度古典音乐的椭圆非线性（elliptical non-linearity），并也与印度哲学深层的形而上驱动力紧密交织在一起。

实践电影这一概念包含着印度古典音乐所实践的不完美的理念（作为一种对传统或习惯性地追求完美理念的对抗），并且引入了随机性，目的不是为了产生失调，而是为了形成协调。正如考尔指出的那样，他之所以在不同镜头间采用大范围变更拍摄角度的传统手法，并不是为了创造更新的、德勒兹式的"移动影像"（movement-images），而仅仅是为了建立方位地理学（geography of the location）这一现实主义残余，[2] 正如他在电影《仆人的衬衫》（Naukar ki Kameez，1999）中所做的。该影片改编自维诺德·古马尔·舒格勒（Vinod Kumar Shukla）的印地语小说，是一出关于印度阶级体系中各种怪异扭曲的莫测戏剧。一个普通职员和他的妻子在找寻自身社会经济地位的过程中，与同事、邻居乃至周遭几乎所有人之间发生了一系列事件，却总是事与愿违地回归到仆人阶级之中。

在这部影片中，考尔不允许摄影师在拍摄时观看摄影机中的画面，以此来开

---

[1] Ashish Rajadhyaksha & Paul Willemen ed., *Encyclopaedia of Indian Cinema* (rev. ed.), London: Routledge, 1999, p. 243.
[2] Mani Kaul, "The Director Reflects...", in Khalid Mohamed ed., *Cinema in India Annual 1991: Focus on Directors/Panorama Parade*, Mumbai: National Film Development Corporation, 1991, p. 49.

展他的"实践"。他坚信,当眼睛看向摄影机的那一刻,它便已经通过一种二分法的组织方式"挪用"了其所拍摄的空间,这会把空间性的体验一分为二,即神圣的(sacred)和/或世俗的(profane)。当摄影机画框外一英寸发生的随机事件被认为和画框里的内容表达同等重要时,神圣与世俗的二分法也就变得无关紧要。在考尔看来,秘密不在于某个空间被覆盖的方式中,而在于覆盖它的动作中。对他而言,不通过摄影机镜头观看,更多是一种隐喻,而非技术手段,其目的在于把摄影机从眼睛中解放出来。"在人体各部分中,没有哪里比眼睛在文化方面更加训练有素。眼睛可以从任何混乱的材料中立刻建立秩序,而这便是问题所在。秩序这一概念不过是一种视觉痴迷罢了。"[1] 考尔以欧洲文化为例指出,街道上和家中的卫生同样都是视觉问题;在想象出来的视觉秩序中,清洁等同于随机(混乱)元素的缺失。

三、存在与缺失的哲学

在玛尼·考尔的电影制作和电影哲学实践中,空间是不可分割的(abhed ākāsa)。这个空间概念的重点在于缺失者的存在(presence of the absent),类似于印度哲学思想中用以觉知缺失之物的"非知觉"(anupalabdhi)概念,这是感知空间中物体的六种方式之一。正如考尔所解释的那样,"未生之无"(prāgabhāva)在字面上指一种尚未发生的缺失,好比沉默空间中旋律的缺失,空白画纸上图形的缺失。这在某种程度上也类似于,子宫中婴儿的嘴可能会体验到乳房的缺失。换言之,婴儿在官能地体验到乳房之前,或许已经意识到了乳房的不存在,婴儿口中空缺的形状,便是乳头的形状,那个空间是特定的缺失状态的产物。因此,缺失之物并不是在那个空间中形成的,而是构成了那个空间。一旦成形,缺失之物就会获得处在那个空间之中的体验,从而切断与形塑它的材料之间的联系。内在并属于向往空间(Yearning Space)的预先缺失之物,会随着事物的形成而消失。

---

[1] Amrit Gangar, "The Cinema of Prayōga", in Brad Butler & Karen Mirza eds., *Cinema of Prayoga: Indian Experimental Film & Video 1913–2006*, London: no. w. here, 2006, p. 83.

然而，当事物在随后变得四分五裂时，就像罐子可能会被打破并消失于碎片之中，抑或婴儿会在母乳喂养期间不断遭遇间隔一样，事物的第二次缺失——碎裂的缺失（splintered absence），便以一种与第一次缺失（即在一块无形的黏土中感受到的陶罐的缺失）完全相反的方式被体验到。事物的碎裂是其向往延伸、拥抱空缺的另一种表达（在病态意义上，或许仅仅出于对分享的嫉妒）。这被称为"幻灭之无"（prādhvamsabhāva）。第三种缺失发生在破裂碎片的空隙之间，可称之为"绝对之无"（total absence）。原本包含事物碎片的开阔空间，现在被涵括进更广阔的"存在"（being）之中。[1] 在电影方面，考尔从未向他的观众呈现过拍摄对象的完整面貌。相反，他深信，应该让观众成为电影制作实践中不可或缺的一部分。例如，电影《希泰什瓦里》（*Siddheshwari*，1989）并非想要强调歌手希泰什瓦里·戴维（Siddheshwari Devi）那不可更改的过去，而是让她充满不确定性的未来徐徐展开。这是一种"成为"（becoming）的状态，更接近于印度语言中的"bhāva"，而非英语中的"being"。在第四种"无双之无"（anonyabhāva）中，由于某一事物与其他一切事物的差异、分隔及其个体特征，它在所有其他空间中都被认为是缺失的。此类缺失在印度古典音乐（shastriya sangeet）中有突出体现。

诚如考尔所说，"非知觉"一词中的"非可得性"（non-availability）概念"十分精准，因为它不仅使缺失变得必要，而且使对它的感知变得可信。在12个音符的音阶上延伸出的整体音乐空间内，一个特定或独立的旋律主题之所以存在，只因这一主题在整体空间的其他地方不存在"。[2] 考尔的电影借鉴了印度思想中的这一传统，我们在他的影片《他的面饼》（*Uski Roti*，1970）中首次见证了存在与缺失的互动。

先简要地概括一下这个故事：魁梧的公共汽车司机苏贾·辛格每天在尘土飞扬的旁遮普乡间开着公交车穿行。他的妻子芭珞总是带着为他准备的餐点，久久地在公交站等他。这天，因为芭珞的妹妹遭受性骚扰，导致芭珞晚到了公交站。

---

[1] Mani Kaul, "The Director Reflects...", in Khalid Mohamed ed., *Cinema in India Annual 1991: Focus on Directors/Panorama Parade*, Mumbai: National Film Development Corporation, 1991, p. 419.

[2] Mani Kaul, "The Director Reflects...", in Khalid Mohamed ed., *Cinema in India Annual 1991: Focus on Directors/Panorama Parade*, Mumbai: National Film Development Corporation, 1991, p. 418.

苏贾·辛格因为她的迟到大发雷霆，拒绝了芭珞的食物，随后开车离去。芭珞一直在路边站着，直到夜幕降临。这部改编自印度著名作家莫亨·拉盖什（Mohan Rakesh）同名短篇小说的电影，是印度影史上第一部真正意义上一以贯之的实践电影。这部影片致力于时空探索，但并未流于西方意义上的形式主义或先锋派实践。如前文所述，这些探索源于印度古典音乐传统及其精妙变体，同时借鉴了非透视细密画传统等其他资源。① 此外，《他的面饼》中对空间容量的使用还参考了现代主义画家阿姆丽塔·谢尔吉尔（Amrita Shergil）的大型油画，以及阿旃陀石窟中描绘佛陀生活的湿壁画。②

尽管《他的面饼》改编自文学作品，但它在倾向上脱离了戏剧和文学，这种做法在印度或许是第一次。在欧洲传统中，考尔将他的实践与陀思妥耶夫斯基、亨利·马蒂斯（Henri Matisse）、罗伯特·布列松（Robert Bresson）和塔可夫斯基联系起来，因为他们都反对透视和辐合的观念。而在印度，考尔认为自己与李维克·伽塔克（Ritwik Ghatak）更为接近，后者是考尔在印度电影学院的老师。作为萨蒂亚吉特·雷伊（Satyajit Ray）和莫利纳尔·森（Mrinal Sen）的同辈人，伽塔克的电影制作显得与众不同，因为他在想象和探索印度神话和原型时，往往将其与现当代印度历史（如孟加拉分治）联系在一起。尽管伽塔克在世界观和电影制作理念方面与布列松截然不同，但考尔还是能够同时从两位电影人身上学到东西。他曾直言："我已吸收了他们的一切。"③

在《他的面饼》中，考尔的镜头选择——我称之为"镜头哲学"（lensing philosophy）——成了创造电影感的关键。考尔和他的摄影师马哈詹（K. K. Mahajan）使用了两种镜头——28毫米中型广角镜头和135毫米中焦镜头——来

---

① 在透视法出现之前，印度细密画在显而易见的二维扭曲中重获了一种可以提供"非透视"空间视图的统一。关于这点，耆那教提出过非一端论或非单一方面论（Anekantavāda），该理论假定现实是多元的，而不是单一或片面的。
② 现存的阿旃陀石窟由大块岩石雕刻而成。许多洞窟内都有反映佛陀从出生到涅槃的不同人生阶段的湿壁画。这些洞窟位于马哈拉施特拉邦的奥兰加巴德（Aurangabad）地区，其历史可追溯至公元前100年至公元600年，留存着绘画、建筑和雕塑的有力结合。
③ Udayan Vajpeyi, *Abhed Akash: Mani Kaul Se Udayan Vajpeyi Ki Baatcheet (Uncloven Space: Mani Kaul in conversation with Udayan Vajpeyi)*, Bhopal: Madhya Pradesh Film Development Corporation, 1994, pp. 32-33.

刻画芭珞对现实的感知方式。通过运用这两种镜头，考尔根据芭珞内心视野的缩小和扩大，构建出芭珞身心环境的两种基调。不仅如此，马哈詹还放弃了有源光线这一现实主义惯例。《他的面饼》是一部朴素到近乎严苛的电影。之所以说它朴素，是因为这部影片能够在剪辑中深深地唤起一种时间感，同时避免不必要的视效和对话。朴素和严苛正是实践电影的特点。考尔通过自己的电影制作，将印度电影从早期的现实主义惯例中解放出来。① 我曾问他，在伽塔克和布列松这两位他所钟情但又截然不同的电影导演之间，他是如何进行调和的。他的回答很有意思："他们共同治好了我身上叫作'现实主义'的疾病。"②

四、实践电影：跨越代际与拓展视野

我在至少四位当代印度实践电影人的作品中，发现了一种相似或高度共通的电影摄影严谨性。他们有的用模拟胶片拍摄，有的用数码设备拍摄，有的拍电影，有的拍视频，方法虽迥然不同，但都共享着某种时间上的敏感性。

在电影制作艺术方面最多产也最具深度的实践者是阿米特·杜塔（Amit Dutta）。他自愿选择居住在位于印度北部喜马偕尔邦、地处喜马拉雅山怀抱中的偏远小镇巴伦布尔（Palampur）。他在2001—2020年间创作的31部电影涵盖短片与长片、虚构与非虚构、胶片与数字，构成了一个强劲而严密的作品集，展现出电影摄影艺术在其无限天空中所能达到的高度。

杜塔把自己与城市的喧嚣和不必要的匆忙隔离开来，沉浸在弹奏吉他、提升棋艺、撰写虚构和非虚构书籍之中，不断寻找将注意力编织成图像和声音的方法，再将这些图像和声音与周围的自然及其音乐性整合在一起。正如《另辟蹊径

---

① 阿姆利德·甘格尔曾于2021年10月19日应北京大学南亚研究中心之邀举办题为"炉上饼，腹中食：印度小说/电影《他的面饼》、文图转化与时间预期"的线上讲座。关于甘格尔对《他的面饼》跨媒介转化的深入解析，参见本文译者之一何杨整理的讲座纪要，https://mp.weixin.qq.com/s/Qkse7sVnTn8TVyRzo9FtBw。——译者

② Amrit Gangar, "The Cinema of Prayōga", in Brad Butler & Karen Mirza eds., *Cinema of Prayoga: Indian Experimental Film & Video 1913–2006*, London: no. w. here, 2006, p.84.

的现代主义：阿米特·杜塔的电影》（Modernism by Other Means: The Films of Amit Dutta）一书的作者斯里甘特·斯里尼瓦森（Srikanth Srinivasan）所言："他的作品深入寻找文化的过去，以制定未来实践的愿景。这些电影的创新之处以及它们所呈现出的现代概念，悖谬地来自于数个世纪之前的艺术论著和理论。"[①] 正是这种跨度，深化了实验的良知和严谨性，以及它们所引发的共鸣。

杜塔的电影制作与思考实践跨越二十多年，其间他曾在浦那的印度电影电视学院接受训练，也曾在艾哈迈达巴德（Ahmedabad）的国家设计学院（National Institute of Design）担任教职。二十多年的电影历程所产生的作品序列，携带着一道经久不衰的被称为"时间"的空间诗行（an enduring spatial stich called Time）。正是这道诗行召唤并激活了他的电影摄影艺术，绣出诗意而抒情的电影叙事。这些叙事有的关于巴哈里（Pahari）细密画的作品、画家和学者，如《金格尔：影片一》（Jangarh: Film-One，2008）、《拉姆金德》（Ramkhind，2001）、《奈恩苏克》（Nainsukh，2010）、《想象的博物馆》（The Museum of Imagination，2012）、《实地考察》（Field Trip，2013）、《第七次漫步》（The Seventh Walk，2013）、《牧童歌》（Gita Govinda，2013）、《即使是红色也会令人悲伤》（Even Red Can be Sad，2015）；有的关于博物馆空间，如《美术馆》（Chitrashala，2015）、《镜子变幻的游戏》（The Game of Shifting Mirrors，2020）；有的关注寺庙建筑与档案搜集，如《完成的/未完成的》（Finished/Unfinished，2015）、《无名工匠》（The Unknown Craftsman，2017）；有的聚焦拾得录像电影（found footage film）及其制作，如《素描本中的场景》（Scenes from a Sketchbook，2016）；有的甚至讨论国际象棋，如改编自学者史蒂文·杰拉德（Steven Gerrard）同名文章的剪拼动画（cut-out animation）《维特根斯坦与马塞尔·杜尚下棋，或如何不做哲学》（Wittgenstein Plays Chess with Marcel Duchamp, or How Not Do Philosophy，2020）。

2013年正值威尼斯电影节成立70周年，作为庆祝活动的一部分，主办方邀请了来自世界各地的70位导演用长度为60—90秒的微电影来探讨"电影的未来"这一主题。阿米特·杜塔是受邀者之一，其他受邀者包括资深导演贝纳尔

---

① Srikanth Srinivasan, *Modernism by Other Means: The Films of Amit Dutta*, New Delhi: Lightcube, 2021, p. 2.

多·贝托鲁奇（Bernando Bertolucci）、克日什托夫·扎努西（Krzysztof Zanussi）、让-马里·斯特劳布（Jean-Marie Straub）、施林·奈沙（Shirin Neshat）、阿巴斯·基亚罗斯塔米（Abbas Kiarostami）、拉夫·迪亚兹（Lav Diaz）、阿托姆·伊戈扬（Atom Egoyan）、约翰·阿科姆弗拉（John Akomfrah）、保罗·施拉德（Paul Schrader）等。[1] 长达两小时的综合素材后来被汇编成一部名为《威尼斯70周年：重启未来》（Venezia 70 - Future Reloaded）的短篇合集，在电影节上首映。

杜塔的92秒微电影以梵语剧作家马鸣（Ashvaghosa）的佛教诗歌《美难陀传》（Saundarananda）中的一段话开场："回望漫漫长路，与你最亲密的人往往是陌生人，当你迈向未来，今天的陌生人将变得与你亲密。"马鸣大约生活在公元80—150年，是印度佛教大众部或说一切有部的哲学家、戏剧家、诗人和雄辩家，他的《美难陀传》是一首叙事诗，主题是佛陀度化同父异母的兄弟难陀，帮他获得解脱。杜塔将两名演员置于一座半建成的古石窟寺，影片以展示寺庙浮雕为开始，其结尾处隐晦地出现了一个镜头，在这个镜头中，一台数字摄像机从这个8世纪寺庙的壁龛中闪过。杜塔的影片在其空间-时间的内部，创造了一个神秘的未来主义的声音环境。

我认为，杜塔选择住在西喜马拉雅山脉康格拉谷地（Kangra Valley）附近的巴伦布尔，对于塑造他以巴哈里细密画为基点发展出的世界观至关重要，同样重要的是他与研究巴哈里细密画的伟大学者布里金德尔·纳特·高斯瓦米（Brijinder Nath Goswamy）的会面。高斯瓦米已经成为杜塔的电影制作和书籍写作中不可或缺的组成部分。例如，电影《奈恩苏克》以一段献给高斯瓦米的题记开场，这部影片在很大程度上仰赖于他的研究。高斯瓦米关于巴哈里绘画主题的著作同样影响了杜塔的美学倾向。斯里尼瓦森认为，《奈恩苏克》是杜塔的"突破"之作。尽管在《奈恩苏克》之前杜塔已经熟读高斯瓦米的作品，但他与这位大师在这部电影中的合作"或将对他的职业生涯产生决定性影响"。在《奈恩苏克》之后的几年间，杜塔在高斯瓦米位于昌迪加尔（Chandigarh）[2]的住所和美术馆对他进行了长时

---

[1] 中国导演贾樟柯和陈可辛也在受邀导演之列。——译者
[2] 昌迪加尔是印度的一个城市、行政区和中央直辖区，是旁遮普和哈里亚纳两个相邻邦的共同首府。昌迪加尔是印度独立后最早规划的城市之一，其总体规划是由法国建筑师勒·柯布西耶（Le Corbusier）制定的。

间访谈，并进行了摄制。拍摄素材被剪辑成一部长达 25 小时的作品，名为《好奇的眼睛》(The Wondering Eye)，但该作尚未公开展映。

杜塔用印地语和英语写作，不过他的多数作品都是先以印地语发表，后被翻译成英语。2015 年，杜塔应邀成为位于西姆拉（Shimla）的印度高等研究院（Indian Institute of Advanced Study）的泰戈尔研究员。该研究员席位授予来自世界各地不同人文领域的学者，每位学者需要在任职期间撰写一篇论文。杜塔将他的论文主题限定于拍摄电影《金格尔：影片一》期间进行的研究。这两年的工作成果是一本内容充实的书——《看不见的网》(Invisible Webs)，该书探讨了金格尔·辛格·希亚姆（Jangarh Singh Shyam）的工作与死亡。这位出身贡德（Gond）族的艺术家曾在国际上声名鹊起，却在旅居日本期间，以自杀的方式终结了自己年仅 39 岁的生命。他是一位具有开创性的印度艺术家，著名学者乌达扬·瓦杰帕伊（Udayan Vajpeyi）称他为印度艺术新流派"金格尔之笔"（Jangarh Kalam）的缔造者。瓦杰帕伊撰写过一本关于贡德艺术的书，还策划过一场金格尔·辛格·希亚姆的艺术作品展。

金格尔出生于中央邦巴登格尔（Patangarh）村的一个布尔坦-贡德（Pardhan Gond）族家庭。杜塔在探索其电影主题的过程中，获得了一种非常重要的学问，在我看来，这在全球电影人的同业群体中也是一个独特的现象。在实践电影的语境下，杜塔的重要性在于，他把电影处理为一种像音乐一样的时间性媒介。与此同时，他对不断发展的技术及其应用也十分得心应手。在《给自己的许多问题》(Many Questions to Myself，印地语原著名为 Khud Se Kayi Sawal) 一书中，杜塔写道："在一个笔记本电脑被称为'笔记本'的时代，电影人不能不认真对待用笔记本电脑观看影片的行为。电影制作者不再需要担心长度、信息的疏密、结构以及其他许多事情，因为人们现在可以随心所欲地重温任何影片。作为一种时间艺术，电影已不再受时间的线性束缚。"[1]

实践电影人阿希什·阿维库塔克在本地治里（Pondicherry）电影会议上所作的

---

[1] Amit Dutta, *Khud se Kayi Sawal: Ek Bhartiya Film-Chhatra ki Notebook (Many Questions to Myself: A Notebook of an Indian Film Student)*, New Delhi: Rajkamal Prakashan, 2017, p. 102.

主旨演讲，因为将电影现代性语境化而具有重要意义。他说：

> 我认为这个术语［实践电影］兼具拯救性和基础性。它是解放性的，因为它为我提供了一个替代选项，用以对抗用欧美词汇进行的霸权性分类。与此同时，它也让我有基础可依，因为实践电影为我提供了一个在政治上和哲学上可以相称的领域。它给了我一个强大而可行的意识形态庇护所，使我的电影实践理论得以安置其中。对我来说，实践电影不仅是对印度电影理论界的一次类型干预，它还设想了一个区别于其他理论介入的独特的实践理论，该理论强调特定的哲学坐标（非西方/前现代/前殖民时期），并且不会被电影现代性的主要影响因素（精神分析法/现象学/语言学/结构主义）干扰。①

阿维库塔克的创作历程与阿米特·杜塔完全不同。他先在浦那的德干学院（Deccan College）学习考古学，后在美国斯坦福大学获得社会和文化人类学博士学位。② 他从1995年开始用16毫米胶片拍摄电影。其第一部短片名为《等等》（*Etcetera*），是1995—1997年间拍摄的四部独立电影的合集，试图研究人类生存现实的不同运作层面。可以说，《等等》带有其创作者的时间性标志。它有在长镜头中探索时间的敏感性，而这种深邃的敏感性最终引导他在2013年拍摄了影片《爱的环形阵》（*Rati Chakravyuh*）。这部102分钟（不包括4分钟的标题）一镜到底的电影以谈话的形式散发出一种非线性的美学魅力，并有趣地质询了文艺复兴时期的透视法或辐合形式。

无独有偶，阿维库塔克此前拍摄的另一部电影《伽陀奥义书》（*Katho Upanishad*，2011）中也嵌入了一个长达60分钟的长镜头。在阿维库塔克的作品中，时间以不同的节拍运动，其能量来自于怛特罗密宗（Tantra），来自于在其影

---

① 引自阿维库塔克在"电影学：电影、物质性和理论"（Cinematics: Cinema, Materiality and Theory）会议上的发言。本次会议于2016年6月7—8日在本地治里法国研究中心（French Institute of Pondicherry）举行。
② 他最近出版的关于印度考古学现状的著作是一项开创性工作，该研究表明，就连考古学证据也被国家操纵，以适应其政治与意识形态议程。参见 Ashish Avikunthak, *Bureaucratic Archaeology: State, Science and Past in Postcolonial India*, Cambridge: Cambridge University Press, 2022。

片中以微妙化身无所不在的迦利女神（Kāli）。迦利代表着超越个体命运的循环时间意识。在影片进程中，阿维库塔克的所有摄影工作似乎都被一个隐形的提线人（sutradhāra）用同一条线牵着，而这个提线人就是"时间"（kāla），而它又被迦利掌控着，这体现出阿维库塔克的怛特罗萨克蒂（Tāntric Sakta）信仰。① 自从阿维库塔克开始拍电影以来，我就一直关注他。从他的第一部作品《等等》到《爱的环形阵》，再到后来的作品，阿维库塔克始终在寻找一种形式上的能量（不仅仅是"形式"本身），一种"自形之力"（swaroopasakti）。在这个意义上，《爱的环形阵》并非偶然，而是他实践的结果，也是他的信仰体系。②

阿维库塔克的孟加拉语近作《非人之爱的词汇表》（*Na Manush Premer Kothamala*, 2021）在他独特的对话空间中提出了许多有关后人类时代人工智能如何殖民人类的问题。正如影片的核心论点揭示的那样，人类生活的一个方面是机器无法领会的，那就是爱。对阿维库塔克来说，电影制作实践是一种瑜伽练习或深度冥想。

阿维库塔克的剧情片《无形之影》（*Nirakar Chhaya*）改编自杰出的小说家赛图马达万（Sethumadhavan）的马拉雅拉姆语小说《般度族之城》（*Pandavpuram*）。在两段独白之间，一位被遗弃的孤独妻子召唤情人出现，并改变了她的现实，她的幻想由此成真。在这样的叙事锚点上，影片相当巧妙地保留了时间上的停泊之所。阿维库塔克还改编过塞缪尔·贝克特（Samuel Beckett）的作品，例如在电影《迦尔吉的搅动》（*The Churning of Kalki*, 2015）中，两位来自加尔各答的演员跟随贝克特《等待戈多》的脚步，于 2013 年前往地球上最大的人类集会——每 12 年在阿拉哈巴德（Allahabad）举行一次的印度教盛典大壶节（Maha Kumbh），只为寻找大神毗湿奴的第十个也是最后一个化身——迦尔吉（Kalki）。这是毗湿奴的

---

① 我个人认为，理解阿维库塔克的萨克蒂信仰很重要，因为这影响了他的电影创作。"自形之力"的概念有助于解决形式和内容之间老生常谈的二分问题，因为它从根本上将两者合为一个统一意识，这和我的"实践电影"观念十分相似。

② Amrit Gangar, "Rati Chakravyuh: Dissolving Nothingness into Nothingness, शून्य में शून्य का विसर्जन चक्र ", *Humanities Underground*, June 18, 2017, http://humanitiesunderground.org/rati-chakravyuh-dissolving-nothingness-into-nothingness-%e0%a4%b6%e0%a5%82%e0%a4%a8%e0%a5%8d%e0%a4%af%e0%a4%ae%e0%a5%87%e0%a4%82-%e0%a4%b6%e0%a5%-82%e0%a4%a8%e0%a5%8d%e0%a4%af-%e0%a4%95%e0%a4%be/.

化身中最神秘的一个，他在地球上，却从未被发现。然而，在他们寻找的过程中爆发了一场战争。于是，他们通过阅读《毛主席语录》为自己做准备。此前，阿维库塔克曾在2006年的短片《尾注》（End Note）中拥抱了贝克特。在这个意义上，他是在电影借鉴中最具国际性的一位实践电影人。

维品·维杰（Vipin Vijay）同样探讨持续时间（durée）中的电影摄影艺术"游戏"（lila）。[①] 这一点从他在加尔各答萨蒂亚吉特·雷伊电影电视学院（Satyajit Ray Film & Television Institute）[②] 最后一年拍摄的毕业作品《自大的世界》（Unmathbudham Jagath，2000）中可见一斑。《自大的世界》深入探讨了电影摄影艺术在时间和空间上的抽象性。关键在于，它基于《至上瑜伽》（Yoga Vasistham）中深刻的非叙事性文本，是继《摩诃婆罗多》和《罗摩衍那》之后最长的梵语文献。在黑白片《自大的世界》中，一部学生毕业作品因其定位、拍摄和深刻的阐述而具有深远意义。维杰用35毫米胶片拍摄了这部电影，他把自己描述为一个来自"供爱丽丝编织任何故事的兔子洞"的小镇男孩。[③] 其短片《电子游戏》（Video Game，2006）融合了档案资料、回忆和政治评论，是一段在汽车上进行的复杂影像之旅，其中融入了关于寻找的神话主题，以及对存在、对爱、对家、对不同未来期许的渴求。

和阿米特·杜塔以及阿希什·阿维库塔克一样，维品·维杰也同时探索胶片和数字两种媒介材料，以此来实践他的电影摄影艺术。他的第一部剧情长片代表作是《图像之线》（Chitrasutram，2011）。这部影片混合了神话和现代性，并在两方面都达成了非凡的超越性。"图像之线"原本是《毗湿奴法上往世书》（Vishnudharmottara Purana）中的一个有趣章节。在当代印度的文化知识语汇中，"往世书"文学扮演着重要角色。《毗湿奴法上往世书》包含关于绘画、雕塑、寺庙建造、文学、舞蹈和音乐等主题的各种文本，并强调它们之间的关联性。尽管制片人在影片简介或其他地方既没有提到"图像之线"，也没有提到《毗湿奴法上

[①] "Lila"或"Leela"一词常与黑天及其女友罗陀的游戏有关。它经常与"味戏"（Rasalila）一词联系在一起，后者字面上指"（黑天的）甜蜜行为"，通常被意译为"爱之舞"。"Durée"作"持续时间"（duration）解释，一般与法国哲学家亨利·柏格森（Henri Bergson）有关。
[②] 维杰现任该学院院长。
[③] Amrit Gangar, Cinema. Culture. Capital. Context: India, Kolkata: Monfakira, 2010, p. 56.

往世书》，但影片标题带有明确的引用意味。我们可以看到连接其图像和声音的那根线，这在影片英文标题"Image Threads"中得到了进一步确证。提线人或图像持有人显然是时间。

从视觉表层上看，维品·维杰的电影尽管是用数码相机拍摄的，但仍然保留了它的感性，这在我看来是一个重要现象，因为数码成像缺乏胶片拟像的感性物质性和实验室里间歇性的化学过程。例如，在他 2018 年的短片《小规模社会》（Small Scale Societies）中，我们发现图像更接近于感官上的模拟。与杜塔不同，维品·维杰对博物馆空间的探索是在一个不同的时空尺度上展开的。在其仪式性的细微差别中，他也透露出与阿维库塔克电影实践的相近之处。在这部短片中，两个活生生的身体被安置在一个散布着考古文物、陶罐和碎片的博物馆空间内，那里上演着牺牲和复活的行为，就像是在重新演绎一个已经被遗落和忘却的仪式。

我认为，杜塔、阿维库塔克和维杰这三位学者型电影制作者在意识流中的交汇方式非常吸引人。对他们来说，录像不只是一个易操控的数字方式。正是录像创造持久时间的能力，使它适配于强调静止和节奏的实验电影作品，目的是为了赋予电影（包括录像）以它所失去的时间性。

在年龄上，1960 年生人的格比尔·莫汉蒂（Kabir Mohanty）是这个群体中最年长的，他的电影摄影生涯可以追溯至他在北美爱荷华大学学习电影和录像制作的日子。在此之前，莫汉蒂曾在加尔各答管区学院（Presidency College, Calcutta）学习经济学。在看过瓦苏尔卡夫妇（Vasulkas）、白南准（Nam June Paik）和比尔·维奥拉等大师的作品后，他与录像建立起特殊的关系。录像让莫汉蒂有机会做他多年来心心念念的"独奏"（solo）作品。对他来说，当录像作为一种"独奏"实践时才更有意义，就像音乐家或画家一样。然而，在选择录像的过程中，他进行了大量关于录像内在性质的思考。莫汉蒂制作的第一个单频道录像（single channel video）名为《家》（Home, 1996）。它在持续的时间中搏动，要在录像中实现这一点需要一种冥想的方法，一种持续的信念。制作电影（拟像或胶片）对莫汉蒂来说更像一重合奏。在拍摄短片《而现在我觉得自己一无所知》（And Now I Feel I Don't Know Anything）时，德鲁帕德（Dhrupad）流派楼陀罗−维纳琴（rudraveena）演奏家巴哈奥德·达伽尔（Bahauddin Dagar）告诉莫汉蒂，导演与他的艺术家伙伴——摄影师、演员等人的互动就像一组二重奏（jugalbandi）①。尽管莫汉蒂似乎并不认同"作者理论"（即导演作为电影作者的理论），但他现在觉得录像中的独奏和电影中的合奏都与他息息相关。借由音乐，莫汉蒂暗示了时间。

　　关于这点，我们可以通过考察莫汉蒂的录像制作实践获得启发。在拍摄过程中，他让许多事顺其自然地发生，无论是人的咳嗽，还是镜头上介入影像的黑点。在摄制过程中，摄影机镜头可能会移动、会下落，但这些对他而言都是有生命力的，因为他的头脑仍然是清醒的。他曾表示："在传统的技术意义上，你不能把这称为一个镜头。我想，这种录像制作的做法可能会让音乐家们觉得我的作品更亲近。正是实践者的感性在跟随时间移动。"②

　　与电影制作中镜头有明确的开头和结尾不同，录像允许莫汉蒂在镜头的连续性中有更大程度的偏离，并开辟出即兴创作的空间，类似于印度古典音乐中的拉格（rāga）③演奏。根据巴哈奥德·达伽尔的观察，在制作过程中，莫汉蒂的拍摄会变得像一个阿拉普（ālāp）④，像一个拉格通过没有固定组合方式的单音节徐徐铺展开来。

　　莫汉蒂的长镜头具有一种可塑性，这在今天印度制作的大多数录像作品中是很难发现的。莫汉蒂还把他的录像制作实践视作"里亚兹"（riyaaz）⑤。在他的作品中有一种内在的愿望，即在随作品演变的空间中，创造一种时间上的节奏和共鸣。这种方法在他的四段式录像《给古老大地的歌》（*Song for an Ancient Land*）中得到了体现（迄今他已完成了第三部分）。莫汉蒂在他的录像标题中使用了"歌"

---

① "Jugalbandi"是印度古典音乐中的一种表演形式，无论是北方的印度斯坦音乐还是南方的卡纳塔克音乐，都有两个独奏音乐家的二重奏。从字面上看，"Jugalbandi"的意思是"缠绕的孪生物"。二重奏可以是声乐也可以是器乐。"Dhrupad"的起源可以追溯到古老的《娑摩吠陀》（*Samaveda*），这部吠陀以被称为"Sambana"的旋律和节奏吟诵，渐渐发展出另外两种声乐风格——"Chhanda"和"Prabandha"，并引入了诗句和格律。这两者的结合最终导致了"Dhrupad"的出现。达伽尔音乐世家（Dagar Gharana/Dagar Baani）是一个经历了二十代人传承的古老传统。玛尼·考尔的电影《德鲁帕德》（*Dhrupad*, 1983）对于理解这一音乐风格有所助益。
② Amrit Gangar, "The Cinema of Prayōga", in Brad Butler & Karen Mirza eds., *Cinema of Prayoga: Indian Experimental Film & Video 1913–2006*, London: no. w. here, 2006, p. 68.
③ 即曲调。——译者
④ 印度传统乐曲调中没有节奏伴随的引子部分。——译者
⑤ 在北印度古典音乐中，里亚兹是一种演唱拉格或演奏乐器的规律性实践。

（song）一词，这是很恰当的。这个词有很多含义，其中之一指诗的创作。同时，"歌"也暗指一种内在的节奏、一种节拍、一种作曲方式，这同样值得我们注意，正如这些结构性特征在印度古典音乐中吸引我们那样。莫汉蒂自称为录像的"作曲家"（composer），这进一步证明了上述观点。

这里，让我们绕回玛尼·考尔，看看他是如何在自己的电影制作实践中接近"时间性"的。他遵守特定规则：

> 不要重拍：这对所有以时间为原则进行实践的人来说，都是一个解决方案。通过改变演员的表演方式、摄影机的角度、一般性的运动和指示，为同一事件创造出变体。当需要重新拍摄时，**时间已经改变**。其前提在于，我们的工作不是为了彻底解决我们的艺术问题，也不是为了塑造某种终极电影。[1]

通过探索记忆、原型以及或近或远的历史，借助关于环境的个人愿景，格比尔·莫汉蒂的作品（尤其是《给古老大地的歌》）以一种兼具印度性和世界性的气质，唤起了与前现代和现代历史的神话共鸣。这让我们再度联想到李维克·伽塔克的实践。在他的超越性电影如《金线》（Subarnarekha，1962）中，伽塔克利用"摩诃迦罗"（Mahākāla，意为伟大时代）的主题来"强调现代生活在切断与'往世书'传统联系后的空洞价值"[2]。《金线》编织了一个复杂的叙事，它讲述了1947年印巴分治后，伊什瓦尔·查克拉博蒂（Ishwar Chakraborty）和他的妹妹悉达（Seeta）在一个难民营里的故事。在一个能够唤起民族主义遐想的简短场景之后，两人动身营救男孩阿比拉姆（Abhiram），他的母亲乔萨丽雅（Kaushalya）被绑架了。在伊什瓦尔看来，阿比拉姆的达利特身份使事情变得复杂。多年以后，孤独而年迈的伊什瓦尔在加尔各答与朋友纵酒狂饮，并去了一家妓院。结果，他被带进了妹妹悉达的房间。伊什瓦尔深受打击，悉达也在儿子的注视下选择了自杀。

---

[1] Mani Kaul, "The Director Reflects...", in Khalid Mohamed ed., *Cinema in India Annual 1991: Focus on Directors/Panorama Parade*, Mumbai: National Film Development Corporation, 1991, p. 48. 强调为原文所有。

[2] Ritwik Ghatak, "My Films", in Ritwik Ghatak ed., *Rows and Rows of Fences: Ritwik Ghatak on Cinema*, Kolkata: Seagull Books, 2000, p. 50.

在这部电影中，伽塔克通过对侵犯、破坏、工业化、饥荒和分治等灾难的图像再现，为叙事赋予了悲壮的历史色彩。

这部电影因使用巧合而受到批评，但伽塔克辩护称，之所以使用巧合，是因为要创造他所谓的"史诗态度"（epic attitude），这反映了印度千百年以来的持续传统，并在贝尔托·布莱希特（Bertolt Brecht）等西方戏剧家的实践中得到了呼应。在他 1963 年的文章《印度电影中的音乐和史诗方法》（Music in Indian Cinema and the Epic Approach）一文中，伽塔克将民间形式描述为庆典式的、轻松的和话语式的，并讨论了他们为何能历经数千年仍然为普通人的生活注入意义。在他的元叙事中，伽塔克带着从古印度经典文献中汲取的灵感跃入当下，由此实现了某种时间上的融合。在这种时间自由中，人们同时处于历史和考古学之中。与其说这是把目光从现实之上移开，不如说是一种观看的无限扩展。

这种不同时代的融合可以在《金线》中得到确认：在一个废弃的飞机跑道上，年轻的悉达出现在一架二战飞机残骸的醒目画面中，当她突然面对可怕的迦利女神形象时，竟发现"她"其实是一个戴着面具、四处游荡的落魄男演员。整个飞机跑道镜头段落建立起一个神话情结，其中原始图像与当代参照物并列。同样，当伊什瓦尔在妓院看到妹妹悉达在他面前死去时，伽塔克改变了传统。伊什瓦尔进入悉达房间时，我们听到《帕特里夏》（Patricia）的片段，这段配乐直接取自费里尼（Fellini）的《甜蜜的生活》（La Dolce Vita，1960）。在悉达认出他的那一刻，拍摄手法完全改变了：先是悉达眼睛的大特写，然后是被举起的镰刀和喷溅的血迹，接下来的镜头里先后出现悉达的手、伊什瓦尔映在镜子里的形象、伊什瓦尔手握镰刀的全身剪影，最后，光在漆黑的背景中鲜明地凸显出伊什瓦尔的身体。我认为，伽塔克的一系列作品使印度电影获得了一种更新、更有活力的实践精神。

我知道，提到史诗、"往世书"、前现代文本，以及塔可夫斯基和布列松的电影可能会造成一种印象，即实践电影是一个保守的或古典的命题。人们或许会认为，它仅仅是一个过于宽泛的类别，无法达到现代主义或后现代主义的"实验性"地位，也不能被视为一种艺术实践。我必须明确指出，实践电影（Cinemā Prayōga）本身就是一种实践（Prayōga）；它总是在"形成"（becoming）的过程中，唤起一种与电影摄影艺术类似的时间性。以《摩诃婆罗多》为代表的史诗形式并不是单维的；相反，它们是复杂、灵活、有层次的，并存在多种形式和文本阐释的可能性。多年来，史诗经历了许多现代主义文学、表演（如戏剧、舞蹈、木偶戏）和电影的诠释，正如我在上文展示的那样。多年来，对史诗的阐释性创作层出不穷，其中有现代主义文学的，有表演的（如戏剧、舞蹈、木偶戏），也有电影的。这些被称为"历史"（itihāsa）或"大诗"（mahākāvya）的古代作品，历经数个世纪、由众多作者创作而成，它们藐视传统主义的叙事形式。因此，实践电影试图将空间和时间整合为一个连续体，并在此意义上召唤一种广阔性和共时性，同时不带有任何复古主义的意味。我愿称之为一种"实践的风度"（Prayōga Grace）。

通过不断的探索，实践电影——作为一个在非绝对意义上永久构建的理论——旨在将前现代和现代（包括后现代、后-后现代）的智慧结合起来，这有可能为身处纷乱炫目的全球媒体奇观和无法回收的文化和商业垃圾中的我们指明方向。这些探索虽然还有待进一步加强，但它们或许可以向我们展示，应该如何在利用新与旧的融合同时，又不受困于惯性和表面化的影响，从而建立一个无愧于其命运的电影艺术。如果我们正生活在一个在情感和政治上都面临不安的时代，而既有框架又都被证明是有缺陷的，那么或近或远的历史遗产就应变得更有价值，它们能帮助我们抵御身边迅速发生的价值侵蚀。

当我们对周遭世界的认知不确定性开始变得模糊，当体制的瓦解正在进行，当年轻人渴望建立一个无愧于其命运的电影艺术，并尝试"综合所有的艺术类型，不惜把它们从自身习惯的枷锁中解放出来时"[1]，作为一种"批判性定位"（critical positionality）[2]的实践电影与我们时代的关系也就越来越紧密。阴霾笼罩的某个地方，有人在唱："不要温和地走进那良夜，老年应当在日暮时燃烧咆哮；怒斥，怒斥光明的消逝……"[3]

[责任编辑：贾岩]

---

[1] Ashish Rajadhyaksha & Amrit Gangar eds., *Ritwik Ghatak: Arguments/Stories*, Bombay: Screen Unit, 1987, p. 3.
[2] 该词借鉴自阿维库塔克在本地治里会议的主旨发言。
[3] 出自狄兰·托马斯（Dylan Thomas）的名诗。

区域国别研究

近代英国的斯里兰卡研究：游记、研究著作和刊物[*]

佟加蒙[**]

摘要：近代英国在斯里兰卡殖民大约150年并对斯里兰卡开展了深入研究，主要包括英国殖民早期一些旅行者以斯里兰卡及周围地区为对象撰写的游记类作品；以斯里兰卡的历史、宗教、语言、艺术和民族等领域为研究对象撰写的一大批研究著作；通过亚洲学会锡兰分会会刊发表的大量论文。这些游记、研究著作和学术论文一起构成了近代英国对斯里兰卡研究的主要内容。这些研究是近代西方对斯里兰卡殖民过程的组成部分，具有"知识生产"和文化殖民的根本属性；同时，也不能否认其对斯里兰卡的历史文化传承造成了深刻影响，需要加以批判性认识。对这些研究成果进行总结梳理，可以帮助我们理解斯里兰卡近代以来学术和知识传统的塑形过程，从而在历史文化的维度上更好地认识斯里兰卡。本文通过对上述研究的内容、流变和文化影响的讨论，表明当代斯里兰卡学术之中既有对此种学术和知识传统的回应和批判，也有相当程度的继承和发展。探讨英国对斯里兰卡的学术研究对于了解当代斯里兰卡学术文化的背景及源流也有实际意义。

关键词：斯里兰卡；锡兰；殖民；亚洲学会；锡兰分会

近代斯里兰卡沦为英国殖民地的历史约有150年。英国人于1798年来到斯里

---

[*] 本文系国家社科基金一般项目"近代斯里兰卡对外关系研究"（项目批准号：17BSS039）的研究成果。
[**] 佟加蒙，北京外国语大学亚洲学院教授，主要研究方向为斯里兰卡国别研究、斯里兰卡历史文化。

兰卡，并于 1815 年占领全岛，最终在 1948 年结束殖民统治。作为殖民过程的一部分，英国人在一百多年的时间里在斯里兰卡开展了形式多样的研究活动。一方面，这些研究活动本质上是维系殖民统治的知识生产和开展殖民地教化的文化工具；另一方面，由外来殖民者主导的研究活动以及相应的知识生产也给斯里兰卡带来了很多新的文化内容。这些研究可以分为以下几类：第一类是英国殖民早期一些旅行者、传教士及殖民官员以斯里兰卡及周围地区为对象撰写的游记类作品，通常涉及沿途行程、山川地理、自然环境之记录和观感，以及对社会生活及风土人情的体验等；第二类是诸多西方学者以斯里兰卡的历史、宗教、艺术和民族等领域为研究对象撰写的大批研究著作，此类著作显著影响了斯里兰卡近代学术的构建及发展；第三类是皇家亚洲学会锡兰分会创立并定期出版的会刊，以学会和会刊为中心，聚集了一批以英语为书写媒介、以斯里兰卡为研究对象的专业学者。上述游记、研究著作和学术论文一起构成了近代英国对斯里兰卡研究的主要内容。这种研究推动了斯里兰卡学术的近代转型，也深度影响了这个国家近代学术的发生和发展。因此探讨英国对斯里兰卡的学术研究对于了解当代斯里兰卡学术文化的背景及源流有实际意义。

一、近代英国人在斯里兰卡的游记、探险及调查

近代，英国人撰写了大量以斯里兰卡为背景的游记和探险类著作，其中既包括早期旅行者、水手和商人的旅行和探险，也包括殖民统治建立之后殖民地官员的本地观察和记录。从近代东方学的角度来看，游记类著作是西方对东方国家研究传统的一部分，代表了近代西方对东方不同地区的早期认识。

（一）早期游记的代表：《东印度锡兰的历史渊源》

英国人在 17 世纪已经来到斯里兰卡。罗伯特·纳克斯（Robert Knox）可能是最早抵达斯里兰卡并做出详细文字记录的英国人。在随后的 18 世纪到 19 世纪初，

伴随英国的殖民扩张和东印度公司的贸易活动，越来越多的旅行家来到东方并写下游记。斯里兰卡因地处东西航路的中心位置，是往来旅行及殖民扩张的必经之处。因此，早期英国人的游记作品中多有记录斯里兰卡或者以之为专门的对象。在这些游记之中，纳克斯所著《岛国锡兰的历史渊源》[①]于1681年出版。之后的17世纪下半叶至18世纪，斯里兰卡开始越发频繁地出现在英国人的游记、探险及勘测作品之中。

在葡萄牙人离开斯里兰卡的1658年，纳克斯和父亲一起乘船前往波斯，途中遇到风暴，并于次年抵达了斯里兰卡。纳克斯是英国人，他在几年前曾经到过印度，由于加入了刚刚获得东方贸易垄断权的英国东印度公司，这次行程纳克斯准备随船到波斯参加公司的贸易活动。父子二人在斯里兰卡被康提（Kandy）王国的士兵捉获，随之和船员一起被带到康提。在随后的二十年中，纳克斯一直生活在康提，直到1680年才逃到巴达维亚并返回英国。之后，他将自己的经历写成了一本著作——《岛国锡兰的历史渊源》，其中记载了他在斯里兰卡康提生活中的所见所闻。彼时，荷兰刚刚开始其在斯里兰卡的殖民统治，康提对于欧洲人而言在很大程度上还是一片未知的土地。纳克斯这本著作成为最早详细记录斯里兰卡，尤其是高地地区社会生活状况的著作，被认为具有学术和文学价值。据说，丹尼尔·笛福（Daniel Defoe）听说了他的故事并受到启发，为《鲁滨逊漂流记》的创作找到了灵感。[②]

纳克斯著作的全称是《东印度群岛国家锡兰的历史渊源》，副标题是"作者和其他英国人的囚徒生活记录以及作者奇迹般的逃生"。封面上写着作者的名字，标注是"一个生活在那里近二十年的囚徒"（a Captive there near Twenty Years）。这本著作可被视作17世纪英国人在早期域外探索过程中的"斯里兰卡研究"，主要包括概述、政治经济、民风民俗及山川地理。"概况"部分概述了山川草木、地理

[①] Robert Knox, *An Historical Relation of the Island Ceylon, in the East-Indies: Together, with an Account of the Detaining in Captivity the Author and Divers Other Englishmen Now Living There, and of the Author's Miraculous Escape*, London: Richard Chiswell, 1681. 电子版书籍详见 The Project Gutenberg EBook, December 13, 2004, https://www.gutenberg.org/files/14346/14346-h/14346-h.htm.

[②] "Ceylon, Crusoe and Cannabis", Royal Museums Greenwich, June 25, 2012, https://www.rmg.co.uk/stories/blog/ceylon-crusoe-cannabis.

河流乃至花鸟鱼虫，提供了一个关于斯里兰卡的整体观感；"政治经济学调研报告"部分讲述了这个国家的政治生活、财务税收状况和治理结构；"人类学的田野调查"部分介绍了人们的宗教信仰、节日民俗、种姓制度和家庭伦理；作者还记述了旅行的路线、沿途情况、交通方式和所见所闻。这是英国人第一次详细观察和记录这个印度洋岛国。

纳克斯的著作不但在 17 世纪的英国引起关注，很快也被译成不同文字在德国、法国和荷兰流传。这部著作在当代也被翻译成僧伽罗语在斯里兰卡出版，书名为《纳克斯眼中的兰卡》(*Knox Dutu Lakdiva*)，引起了读者极大的兴趣。

研究者除了关注书中关于斯里兰卡自然地理和社会状况的记载，也对这本书本身如何得到东印度公司及皇家学会的共同关注和参与进行了深入讨论。[①]1680 年，纳克斯回到伦敦之后，很快被邀请到东印度公司讲述他的所见所闻，参加会面的还有皇家学会的学者，因通过显微镜观察细胞而闻名的罗伯特·胡克（Robert Hooke）也随后加入。会上各方的共识是要出版一本兼顾知识和学术并且不失文学趣味的著作。于是，东印度公司负责出资，因为著作的编辑出版费用不菲；皇家学会的历史学家罗伯特·斯特莱普（Robert Strype）负责学术构建，不但修饰文字，还要调整内容结构和补充各种学术材料；纳克斯负责讲故事。经过几方共同的努力，这样一部著作才最终完成。

著作由英国皇家学会予以印刷出版，胡克还写了热情的序言。在序言中，胡克提到了皇家学会对域外国别研究的"指导性意见"（instructions），如：

> 需要提供充分的指导（给海员和旅行者），让他们知道在旅途中什么是适合且值得观察与记录的，以及如何观察和记录；要有合适的人负责将这些指导性意见传递给适合在海外做观察的人，要把那些记录的内容收集起来并梳理成文，要对记录的内容有所遴选，去粗取精；要把那些其他国

[①] Anna Winterbottom, "Producing and Using the *Historical Relation of Ceylon*: Robert Knox, the East India Company and the Royal Society", *The British Journal for the History of Science*, vol. 42, no. 4, 2009, p. 515.

家已经发表的旅行记录和国别观察仔细收集起来，翻译成英文或者拉丁文，其他国家有很多这类的作品，但在英国尚闻所未闻。①

从胡克的序言可以看出，英国皇家学会对于域外观察类的作品极其重视，将其视为了解陌生国度的重要手段和途径，为此需要将专业的"历史记录者"和具有第一手观察机会的"海员和旅行者"结合起来，既做出时间跨度漫长的实地观察，也能以专业学术的方法予以记录。这两者缺一不可，同时具备两者条件的似乎只有传教士或外交官，或者是得到充分自由和财务支持的学者。

在早期近代殖民活动中，从来不乏探险和奇遇。对未知世界的好奇和冒险精神似乎是推动域外探索和取得新发现的最大动力。17 世纪的英国虽然距离成为日不落帝国还路途遥远，但是也早已加入到了大航海时代的潮流之中。纳克斯对斯里兰卡的观察发生在荷兰殖民早期，是对这一时期康提王国的宝贵记录。从这本书中，不但可以了解到 17 世纪的斯里兰卡，而且可以了解近代英国致力于域外观察的早期阶段，以及一本著作是怎样在第一手观察者和专业学者的共同努力之下完成的。有这样几个特点和问题值得关注：首先，这种国别观察采取了人类学或政治经济学的观察视角；其次，域外观察的基本方法和逻辑是由代表最高学术水平的机构确立并推广的，这种基本方法不是基于个人体验或者偏好的选择，而是基于科学的、经得住学者和读者检验的方法；再次，是让长期的观察者具备学术记录能力，还是给具备学术能力的学者提供观察的条件，似乎是一个现实的选择。

中世纪和近代早期的欧洲游记类作品，多被怀疑真假糅杂，是"想象异域的东方学"的一部分，是带有复杂目的和心态的"知识创造"的结果，而非单纯的对异国风情的记录。由一流的历史学者协助纳克斯完成的这本作品，似乎可以算是例证。

---

① Robert Knox, *An Historical Relation of the Island Ceylon, in the East-Indies: Together, with an Account of the Detaining in Captivity the Author and Divers Other Englishmen Now Living There, and of the Author's Miraculous Escape*, London: Richard Chiswell, 1681, "The Preface".

（二）农垦和狩猎：塞缪尔·怀特·贝克的锡兰游记

19世纪中期，塞缪尔·怀特·贝克（Samuel White Baker）在斯里兰卡旅行和探险，并著有《锡兰漫游八年》（*Eight Years' Wanderings in Ceylon*）以及《锡兰的步枪和猎犬》（*The Rifle and the Hound in Ceylon*）。贝克是一位兴趣广泛的学者、旅行家、探险家、军人和工程师，曾经在非洲及亚洲多地旅行、探险和狩猎，并创作了多部游记和探险著作。1848年，他来到斯里兰卡并留驻多年，将其经历写成上述两部作品。

在《锡兰漫游八年》中，作者先是描写了初到斯里兰卡的观感，"沉闷""失望""落后"与高地怡人的气候和优美的自然环境形成鲜明对比。他不明白为什么当地水源丰富、土壤肥沃，却只种植土豆。尤其是努沃勒·埃利亚（Nuwara Eliya）地区林木茂盛、气候舒适，"就像意大利一样"，却不可思议地人烟稀少。他觉得这里应该垦荒种田，建起学校、教堂和酒店。贝克的想法非常现实，这里后来实际上变成了斯里兰卡著名的茶叶产区和度假胜地。作者经过深思熟虑决定到努沃勒·埃利亚长住，并相信经过努力那里的人居环境可以和英国农村一样恬静怡人。他要在那里建立一个"英国式的村庄"。于是他回英国购买了各种工具、种子、1头公牛、1头母牛、3只羊、1匹马和2只猎狗，准备乘船带到斯里兰卡。他的兄弟也带着家人一起加入，并且携带了更多的农业工具。贝克选择在努沃勒·埃利亚最东部住下，这里地势相对平缓也没有太多山峰阻隔。他在当地雇用了80个工人，伐木开荒修建住所。等家人抵达斯里兰卡的时候，他的准备工作已经接近完成了。为了将从英国带来的工具设备和动物运到目的地，他们雇用了4架"象车"（即大象拖行的车子）。尽管沿路小心，但还是有一辆象车摔到山谷里，母牛则还没到目的地就病死了。经过很多周折，他还是将家人安顿下来，并开始了"农垦"。

作者的生活是饶有野趣的"田园牧歌"式的流浪。他会爬上斯里兰卡最高峰看日出，考察这里的古代水利灌溉设施，研究红宝石和金矿资源，游览波隆纳鲁瓦（Polonnaruwa）古城并探访建筑遗迹，遭遇花豹和野象等当地珍稀野生动物，扛着步枪深入丛林狩猎，观察当地特有的各种昆虫和鸟类，研究野生植物、尝试建立植物园,到沿海考察珍珠等水产,在各种不同环境中露营等等。贝克在欧洲、非洲和亚洲不同地区的传奇经历使他的野外生存和观察能力超出一般的旅行者。他对斯里兰卡的观察和记录既有栩栩如生的亲身经历,也有浓重的传奇色彩和文学意趣,成为19世纪英国人在斯里兰卡留下的重要游记之一。①

除了农垦和旅行,贝克在斯里兰卡的主要活动是在山林中狩猎。他撰写了《锡兰的步枪和猎犬》来记录打猎的见闻。贝克在书中谈到,"打猎"是一项运动,捕猎的过程中猎人的身份是"运动员",乐趣在于捕获的过程而非杀戮,尤其在于有机会融入大自然之中。贝克首先描写了捕猎大象的过程。这种动物在斯里兰卡人心目中不同一般,代表了庄严吉祥并且适合出现在宗教或者王室活动中。但贝克认为,大象"天性暴躁、有极强的报复心并且极度危险",因此射猎大象合情合理。整部书中"大象"出现了五百多次,显然是贝克最感兴趣的猎物。当然,获取昂贵的象牙也是这种兴趣的目的之一。除了大象,水牛、麋鹿、梅花鹿、野猪、熊、豹子、野兔、山鹬、鸽子,甚至蛇和鳄鱼都可以作为猎物。这些猎物之中,大象、水牛和鹿最常见,野猪、熊和豹子因为过于危险并不会专门去猎杀。贝克详述了每一种猎物的捕杀过程,包括猎物的习性特点和生活环境,以及在捕猎过程中如何使用步枪和猎狗。

贝克在斯里兰卡旅行生活的时代为19世纪中期。彼时殖民统治虽然已经初步确立,但是大规模的种植园经济和基础设施建设仍未开始,斯里兰卡在很大程度上完好保留了田园牧歌的中世纪人文景观。较之于在皇家亚洲学会指导下完成的"官方游记",此类带有更多个人观察视角的"私人旅行"记录和文学化的书写可以带给读者更好的阅读体验。当然,在后殖民主义视角之下,此类游记也是"想象异域"的典型代表,适合作为文化批判的对象。

(三)其他游记

除了在东方游历各地的旅行者以及像贝克一样的专业探险者,殖民地官员

---

① Samuel White Baker, *Eight Years' Wanderings in Ceylon*, London: Longman, Brown, Green and Longmans, 1855.

也著有很多游记类作品。詹姆斯·艾默森·田纳特（James Emerson Tennent）在1845—1850年间在斯里兰卡担任殖民地大臣（Colonial Secretary）。他是一位政治家、旅行家和学者，当选过皇家学会院士、皇家亚洲学会锡兰分会主席，并创作了多部游记和学术著作。在斯里兰卡期间，田纳特撰写了《锡兰野象的捕捉及驯化方法》（The Wild Elephant and the Method of Capturing and Taming It in Ceylon）。[①]这部著作也是对斯里兰卡野象所做的动物学调查。田纳特在书中介绍了斯里兰卡野象的种群分布、生活习性，大象在野外丛林中的生活环境，斯里兰卡对待大象的态度，大象的文化意义，以及捕猎大象的场景等等。作者观察了关于斯里兰卡大象的各种细节，例如他注意到，非洲象和印度象不论公象母象都长象牙，与之不同，斯里兰卡大象只有少数公象有象牙。他认为如果不是这样的话，这里的大象数量很可能早就大幅减少了。书中还介绍了如何设置陷阱围捕大象，捕获之后如何驯化，如何用驯服的大象运送木材和其他物品，以及如何喂养和照顾驯化的大象。这部关于大象的"研究报告"是英国人在斯里兰卡旅行和调查研究的成果。

除了大象，关于宝石、珍珠、矿产品、动植物、地理地形、民俗和宗教等不同内容的各种"调研类"著作也非常多。调查成果呈现的方式也多种多样，包括游记、绘画、日志和报告等，形成了英国关于斯里兰卡殖民地知识的一个重要组成部分。例如，英国画家塞缪尔·丹尼尔（Samuel Daniell），曾于18世纪末赴南非担任随军画家，1806年，丹尼尔来到斯里兰卡并一直居住于此，直到1811年于岛上患热病去世。他在斯里兰卡生活期间，创作了大量以斯里兰卡自然风光和当地人物为题材的绘画作品，并出版有《锡兰的风景、动物及居民绘画集》（A Picturesque Illustration of the Scenery, Animals and Native Inhabitants of Ceylon）。

除了以斯里兰卡为专门对象的游记，还有一些旅行家途经斯里兰卡并留下记录。例如，亚历山大·汉密尔顿（Alexander Hamilton）撰写的《东印度群岛新记》（A New Account of the East Indies），在第17章"锡兰岛的经历"（Treats of the Island of Ceylon）中描写了斯里兰卡。这部游记记载了汉密尔顿从非洲到东方沿途

[①] James Emerson Tennent, *The Wild Elephant and the Method of Capturing and Taming It in Ceylon*, London: Longmans, Green, 1867.

各地的经历见闻，副标题是"船长亚历山大·汉密尔顿在1688年到1723年间从好望角到日本的贸易和旅途，包括对大多数沿途国家和岛屿贸易状况和航程的描述"。① 与纳克斯一样，汉密尔顿记录的实际上是荷兰殖民时期的斯里兰卡。

乔治·安尼斯利（George Annesley）在19世纪初到东方旅行，并且在1811年出版了4卷本《1802年、1803年、1804年、1805年和1806年在印度、锡兰、红海、阿比西尼亚和埃及的旅程》②。安尼斯利是英国贵族，尊称为瓦伦西亚伯爵（Lord Valentia），所以4卷本游记被统称为《瓦伦西亚伯爵游记》（*Voyages and Travels of Lord Valentia*）。在第1卷第6章和第7章，作者详细描述了在斯里兰卡的旅行经历。内容包括从加尔各答出发、前往锡兰的行程、抵达加勒、前往科伦坡、会见总督诺斯、锡兰的政治状况、英国的殖民拓展、总督诺斯在锡兰的治理、与康提的谈判、与康提的敌对、英军占领康提、康提战争及杀戮、僧伽罗人的情况、基督教传播的情况、本地学校、传教的前景、荷兰人的暴行、肉桂贸易、改善农业的措施、总督诺斯的理念、科伦坡的英国人社区、生活方式、热病及医治、离开科伦坡、前往尼甘布、英国人的城堡、马纳尔的情况等。在乔治·安尼斯利抵达斯里兰卡的19世纪初，英国人刚刚在斯里兰卡取代荷兰人的统治，对康提的征服还没有成功。《瓦伦西亚伯爵游记》记录的是第一任总督诺斯（Frederick North）时期斯里兰卡的交通、政治、经济和社会状况。

除了英国，很多其他国家的旅行家和探险者也来到斯里兰卡并留下观察记录。例如，法国探险家皮埃尔·索纳拉特（Pierre Sonnerat）在游记《1774年至1781年前往东印度及中国的旅程》（*Voyage aux Indes Orientales et à la Chine: fait par ordre du roi, depuis 1774 jusqu'en 1781*）中记载了斯里兰卡动植物和宝石的情况。法国人路易斯·德·葛朗伯莱（Louis de Grandpré）撰写了《1789年到1790年印度洋到孟加拉的旅程：包含塞舌尔群岛和亭可马里的描述》（*Voyage dans l'Inde et au*

---

① Alexander Hamilton, *A New Account of the East Indies, Being the Observations and Remarks of Capt. Alexander Hamilton, Who Spent His Time There from the Year 1688 to 1723, Trading and Travelling, by Sea and Land, to Most of the Countries and Islands of Commerce and Navigation, between the Cape of Good-hope, and the Island of Japon*, Edinburgh: John Mosman, 1727.

② Viscount Valentia George, *Voyages and Travels to India, Ceylon, the Red Sea, Abyssinia, and Egypt in the Years 1802, 1803, 1804, 1805 and 1806*, London: F., C., and J. Rivington, 1811.

Bengale fait dans les années 1789 et 1790, contenant la description des îles Séchelles et de Trinquemalay)[①]，其中记载了对亭可马里的观察。美国军医及作家威廉·罗森伯格（William Ruschenberger）在游记《环球航行记：包含 1835 年、1836 年和 1837 年出使马斯喀特和暹罗》(*A Voyage around the World: Including an Embassy to Muscat and Siam in 1835, 1836 and 1837*) 中记载了斯里兰卡。瑞典博物学家卡尔·彼德·桑伯格（Carl Peter Thunberg）在《1770 年至 1779 年间的欧亚非之旅》(*Travels in Europe, Africa and Asia, Made between the Years 1770 and 1779*) 中记载了斯里兰卡的植物和宝石。这些游记大多撰写于 18 世纪末到 19 世纪初英国殖民斯里兰卡的早期阶段，丰富了这一时期对印度洋岛国的记载。

二、英国殖民时期的斯里兰卡研究：概述与翻译

19 世纪到 20 世纪上半叶英国殖民时期，很多西方学者、研究者或者殖民官员以斯里兰卡为研究对象撰写了学术著作。这些著作可以大致分为几类：一是概览类著作，以全景式的描述介绍斯里兰卡的总体情况；二是以研究、介绍斯里兰卡历史和宗教为主要内容的翻译著作，包括古代史经典、上座部佛教经典及文学作品等；三是就某一专门领域开展深入研究并撰写的著作，研究对象包括历史、文学、语言、宗教、种姓、民俗、民间信仰和特殊物产等等。

（一）概览类著作：对斯里兰卡的全景式描述

早期的研究著作以概览类为主，从历史、地理、民俗风土到宗教，像游记一样常常试图包揽巨细。罗伯特·帕西瓦尔（Robert Percival）于 1803 年出版《锡兰岛的概述：包含历史、地理、自然史及其各民族风俗习惯》(*An Account of the Island*

[①] 该书英文版名为 *A Voyage in the Indian Ocean and to Bengal, Undertaken in the Years 1789 and 1790: Containing an Account of the Sechelles Islands and Trincomale; the Character and Arts of the People of India; with Some Remarkable Religious Rites of the Inhabotants of Bengal*。

of Ceylon: Containing Its History, Geography, Natural History, with the Manners and Customs of Its Various Inhabitants)。帕西瓦尔是英国海军军官，原在南非服役，1797年来到斯里兰卡与荷兰作战。他在斯里兰卡留驻3年，其间探访各地并记录了岛国的地理、自然、历史和经济状况而成这本著作。这本著作在英国出版后，很快被翻译成法文，以《锡兰岛之旅》(*Voyage à l'île de Ceylan*)为名于1804年出版，次年又新出英文第2版并在其中增补了康提王国的相关信息。第2版题为《锡兰岛的概述：包含历史、地理、自然史及其各民族风俗习惯，及出使康提王国札记、一些关于岛国的地图、图画以及有趣场景的版画，附近期与康提国王的敌对细节》(*An Account of the Island of Ceylon: Containing its History, Geography, Natural History, with the Manners and Customs of Its Various Inhabitants, to Which Is Added, The Journal of An Embassy to the Court of Candy. Illustrated by A Map, Charts, and Engravings of Some Interesting Scenes in the Island. With an Appendix; Containing Some Particulars of Recent Hostilities with the King of Candy*)。在这部著作中，作者回顾了英国殖民时期之前的斯里兰卡，包括葡萄牙、荷兰和英国对斯里兰卡的征服和统治；概述部分则详细描写斯里兰卡总体情况，包括港口、季风、气候、河流、内陆交通、土壤、行政区划、英国的统治、亭可马里、贾夫纳、马纳尔的情况。著作对斯里兰卡的资源及相关情况有具体介绍，包括珍珠渔业以及经常前来开展珍珠贸易的印度人的情况、普特拉姆及尼甘布的盐业和渔业、英国的军事行动以及占领科伦坡等情况。著作对科伦坡的介绍包括堡垒、港口、军民、商业和生活细节，以及对科伦坡以南各地城市及港口的介绍，包括加勒、马得勒及巴拉卡洛等。书后附录包括"1800出使康提札记""锡兰道路交通图""1803年英军在锡兰战争记录"。这部著作显然是作者的随军日志，旨在总结当时英国在斯里兰卡拓展殖民地的进程，并且为后来者提供详细信息。书中一些细节饶有趣味，比如沿海地区的低地人被称为"僧伽罗人"，而高地被称为"康提人"，并详述了这两个人群的区别。

两卷本《锡兰岛概述》(*Ceylon: An Account of the Island*)是19世纪关于斯里兰卡最详细、篇幅最长、百科全书式的概览式著作。作者詹姆斯·艾默森·田纳特在这部著作中提供了一个关于斯里兰卡的全景描述。著作于1859年首次出版，分上下两卷共一千多页，全称为《锡兰岛的自然、历史及地理概述，包括其自然史、文物古迹及物产》(*Ceylon, An Account of the Island Physical, Historical and Topographical with Notices of its Natural History, Antiquities and Productions*)。全书共分10部分，上下卷各5部分。田纳特在殖民地担任官员期间专注学术创作，既掌握有关斯里兰卡的丰富一手知识资料又长于学术写作，所以创作了多部关于斯里兰卡的学术著作。《锡兰岛概述》实际上是包含斯里兰卡宗教史、文化史、对外关系史、自然史以及文学史等不同切入视角的综合性著作，成为19世纪中期英国对斯里兰卡研究的代表性作品。

"概述类"著作数量很多，例如《锡兰内陆及其居民概述》(*Account of the Interior of Ceylon and of Its Inhabitants*)、《岛国锡兰的历史和自然概述》(*Ceylon: A General Description of the Island, Historical, Physical and Statistical*)、两卷本《锡兰和僧伽罗人》(*Ceylon and the Sinhalese*)等等。虽然这些"概述"不是深入探讨某一专门领域或问题的著作，但还是完整记录了早期研究者的整体观感，具有史料研究价值。此外，这些内容广泛的"概述"还代表着斯里兰卡现代学术的萌芽和发轫。一些原本限于历史和宗教研究范畴下的问题逐步成为专门的学科领域，并在随后的19—20世纪得到发展。在上述内容中可以看到各种不同学科视角的讨论，包括考古、美术、动物学、植物学、人类学、经济学和地质学等，它们都将成为独立的学科体系，并得以发展和完善，而学术史的追溯往往可以回到殖民时期，尤其是英国殖民早期的学术活动。

（二）翻译著作：传统东方学的研究视角

近代被译介到西方的斯里兰卡著作主要包括上座部佛教经典、巴利语历史著作和一些文学作品。这里虽统而论之，但三类译著的情况并不完全一样。以《大史》为代表的斯里兰卡古代史著作由佛教僧侣用巴利文撰写，是古代编年史及佛教史，其译本可以归入近代西方对斯里兰卡著作的译介；以《五百五十本生书》为代表的文学作品则经过佛教僧侣由巴利语至僧伽罗语再至巴利语的转译，僧伽罗僧侣为这部经典的传承作出了贡献。上座部经典在斯里兰卡的传承，由于参与译者众多，此处仅举代表性学者为例。

18世纪下半叶欧洲东方学兴起，东方国家的古代经典越来越多地进入西方学术视野。斯里兰卡最重要的古代史著作，包括《岛史》(*Dipavamsa*)、《大史》(*Mahavamsa*) 和《小史》(*Culavamsa*)，引起了西方学者关注。最早完成《大史》较完整英译的是殖民地官员、学者乔治·特诺（George Turnour）。他的父亲长期在斯里兰卡任职，他本人则出生在斯里兰卡并谙熟本地文化。1837年，特诺将《大史》翻译成英文，并且在译本中附了一篇介绍巴利语文学经典的文章，受到一定关注。特诺还撰写了《锡兰历史》(*History of Ceylon*) 并以在斯里兰卡的经历为背景写了《锡兰十一年》(*Eleven Years in Ceylon*)。由于其对斯里兰卡研究的贡献，他被选为皇家亚洲学会荣誉院士。1912年，德国东方学家威廉·路德维希·盖格（Wilhelm Ludwig Geiger）将《大史》译成德语，之后又与英国学者合作译出了更加广为人知的英译本。盖格还翻译了《小史》并撰写了多部关于斯里兰卡宗教和语言文学研究的著作，包括《〈岛史〉和〈大史〉及其在锡兰的历史发展》(*The Dipavamsa and Mahavamsa and Their Historical Development in Ceylon*) 和《僧伽罗语语法》(*A Grammar of the Sinhala Language*) 等。《岛史》则由德国印度学家赫尔曼·奥登伯格（Hermann Oldenberg）翻译。《岛史》《大史》和《小史》的翻译具有双重意义：一方面，完整的斯里兰卡古代史得以呈现给西方读者；另一方面，从文化交流的角度看，这些翻译丰富了佛教史的研究。《岛史》和《大史》也出版了中译本，由佛教研究学者、中国社会科学院韩廷杰教授翻译。①

在古典佛教文学方面，重要的翻译作品是《本生故事》(*The Jataka*)。这部在文学史和佛教史上都有重要地位的著作在流传过程中被翻译成诸多文字版本，书名亦各略有不同。斯里兰卡流传的僧伽罗语版名为《五百五十本生书》(*Pansiyapanas Jataka Pota*)。② 本生故事很早就进入了研究者的视野，并被陆续翻译成英文。1895年，爱德华·拜尔斯·柯卫尔（Edward Byles Cowell）将多位学者翻译的本生故事汇编成集并出版，名为《本生》(*The Jataka*)，一共6卷。第1卷由罗伯特·查默斯（Robert Chalmers）于1895年翻译出版，其中包含150个本

---

① 〔斯〕摩诃那摩等:《大史：斯里兰卡佛教史》，韩廷杰译，台湾：佛光文化事业有限公司，1996。
② 邓殿臣:《〈南传大藏经·佛本生〉初探》，《佛学研究》1992年第1期，第59—61页。

生，查默斯于1913—1915年担任驻锡兰总督，其间在佛经翻译方面用力颇勤。第2卷和第4卷由威廉·劳斯（William H. D. Rouse）和柯卫尔翻译，其中第2卷共150个本生，第4卷70个本生。第3卷译者是亨利·托马斯·弗朗西斯（Henry Thomas Francis）和罗伯特·内尔（Robert A. Neil）。第5卷译者为弗朗西斯，近40个本生。第6卷译者为柯卫尔和劳斯，共10个本生。《本生故事》的集成和流传经历了"原始巴利语、僧伽罗语和巴利语三个阶段"，[①] 并对斯里兰卡古典文学产生了重要影响。英文版本生故事的翻译和流传，一定程度上也可以视为近代斯里兰卡对外文化交流的内容。译介南传佛教经典的英国学者主要包括托马斯·威廉·李斯·戴维斯（Thomas William Rhys Davids）等东方学家。

斯里兰卡对南传佛教经典的历史传承发挥了重要作用，在历史上一直是最重要的南传佛教国家之一。作为西方东方学传统的一部分，南传佛教经典的译介在世界范围内加深了对斯里兰卡宗教文化传统的认识与了解。中国的南传佛教研究则有着一千多年的悠久历史，也成为中斯文化交流的重要内容。

三、皇家亚洲学会锡兰分会的斯里兰卡研究

18世纪末，英国在印度的殖民拓展不断深入，越来越需要从学术研究的角度加强对殖民地的了解。一大批东方学家对印度的历史语言和宗教文化等问题开展了广泛研究。1784年，威廉·琼斯（William Jones）等学者在印度创建了亚洲学会。1823年，一些东方学家在英国建立了皇家亚洲学会。在随后的19世纪中后期和20世纪初，很多东方国家和地区陆续成立学会分会，在东方学的学术逻辑之下开展研究活动。1845年，皇家亚洲学会锡兰分会（The Ceylon Branch of Royal Asiatic Society）成立，并由此开始机构化的斯里兰卡研究活动，直到今天仍是在斯里兰卡运行历史最悠久的学术研究机构。[②] 从1845年锡兰分会成立到1948年斯里兰卡

---

① 邓殿臣:《〈南传大藏经·佛本生〉初探》,《佛学研究》1992年第1期, 第58页。
② 详情见皇家亚洲学会斯里兰卡分会网站 https://www.royalasiaticsociety.lk。

独立期间，共有 25 名学者担任分会主席，其中有很多都是极具代表性的斯里兰卡研究学者。自成立伊始，锡兰分会定期出版学会刊物，其中刊载的学术研究文章代表了斯里兰卡研究的主流内容和水准。

锡兰分会成立之后，于 1845 年出版了学会刊物《皇家亚洲学会锡兰分会会刊》（Journal of the Ceylon Branch of the Royal Asiatic Society）第 1 期。除了刊发关于学会成立的相关规章制度文件，会刊还刊载了 8 篇关于斯里兰卡研究的论文，内容涉及佛教、锡兰文学翻译、僧伽罗语的罗马字书写、椰子树病虫害问题、锡兰的犯罪问题、古钱币和统计报告等。可以看到，学会关注的既有宗教、文学和考古等学术问题，也有社会治安和病虫害防治等殖民地治理的实际问题。从 1845 年开始，锡兰分会大约每年出版一期会刊，并且以刊物为中心形成了一个稳定的斯里兰卡研究学者团队。他们之中有殖民地公务人员、传教士和专业学者等，研究内容几乎无所限制，从宗教到文学、从语言学到人类学、从地质到动植物研究，取得了丰富、深入的研究成果。1845—1949 年，锡兰学会的会刊不间断出版，持续了上百年，共刊发百余期，数百页一卷的合订本达到三十多卷，是近代斯里兰卡研究最主要的学术平台。斯里兰卡独立之后，锡兰学会继续开展研究活动并出版会刊。会刊于 1972 年更名为《皇家亚洲学会斯里兰卡分会会刊》（Journal of the Sri Lanka Branch of the Royal Asiatic Society），1985 年更名为《斯里兰卡皇家亚洲学会会刊》（Journal of the Royal Asiatic Society of Sri Lanka），至今仍是活跃于学术界的斯里兰卡研究相关刊物。

1845—1949 年间，主流的斯里兰卡研究学者大都参与了锡兰分会，并不定期在会刊上发表研究成果。因此，通过回顾锡兰分会的代表性学者及其研究成果，我们可以梳理近代英国对斯里兰卡的研究活动。这些学者及其代表作品可划分为若干类型，包括：欧洲视角之下的佛教研究，如丹尼尔·约翰·高葛立（Daniel John Gogerly）；殖民地治理研究，如上文提到的田纳特；东方学视角下本地学者的研究活动，如詹姆斯·德·阿尔维斯（James De Alwis）和保罗·爱德华·佩里斯（Paul Edward Pieris）等。

近代英国对斯里兰卡上座部佛教的研究是欧洲东方学传统的一部分。在戴维斯 1881 年于伦敦创建巴利圣典协会（Pali Text Society）之前，高葛立等传教士对南传佛教的研究是域外对斯里兰卡观察的重要内容。高葛立是卫斯理会传教士，在斯里兰卡传教期间致力于佛教研究，并对19世纪斯里兰卡的佛教复兴作出了贡献。[①] 在会刊创刊之前，高葛立已经开始了佛教研究，并且在锡兰学会成立后成为活跃的研究者。例如，他在第一期上就发表了两篇关于佛教研究的论文，分别是《论佛教》（On Buddhism）和《论佛教续》（On Buddhism 2）。在1845年之后的几年中，高葛立几乎在每一期会刊上都发表有论文。与专业的巴利语研究者相比，高葛立的研究似乎毁誉参半。他的成果既极具开拓性，同时也多有瑕疵。但不论后世评价如何，高葛立是锡兰学会成立前后的一位重要学者。1858年，由于在斯里兰卡佛教研究方面成绩斐然，他被选为锡兰学会主席。除了撰写佛教研究论文，高葛立还在佛经翻译、本生翻译、巴利语-英语词典编纂等方面做了很多工作。

近代英国学者以殖民地治理为视角对斯里兰卡开展了内容庞杂的研究。此类研究主要服务殖民政府的统治需要，田纳特的研究在其中具有一定代表性。1846—1857年，田纳特担任皇家亚洲学会锡兰分会主席。他的最重要著作是上文提到的两卷本巨著《锡兰岛的自然、历史及地理概述，包括其自然史、文物古迹及物产》。除此之外，他还撰写了《锡兰的基督教》（Christianity in Ceylon）以及《锡兰野象的捕捉及驯化方法》。为了纪念他在担任殖民地官员期间的工作贡献，斯里兰卡的一种特产"叶鼻蜥蜴"（Ceratophora Tennentii）以他的名字命名。

吸纳本地学者加入研究者队伍是近代英国对斯里兰卡研究的一个特点。对本地民风民俗及语言宗教等问题的研究实际上脱离不了本地学者的参与。阿尔维斯是锡兰立法会委员，在佛教研究方面著作颇丰，并且在锡兰分会早期会刊上发表了多篇关于僧伽罗语的语言学论文，例如第10期的《僧伽罗人的称谓语及敬语》（Terms of Address and Modes of Salutation in Use amongst the Sinhalese）和第11期的《僧伽罗语修辞》（Sinhalese Rhetoric）等。这些论文对于僧伽罗读者而言意义并不大，但是可以帮助域外观察者了解斯里兰卡语言文化。这也是锡兰分会研究活动的一个特色，即将本土学者的研究纳入学会的研究框架，既能够丰富学会的

[①] 黄原竟：《1830—1880年：英国卫斯理会传教士与锡兰佛教复兴》，《世界宗教文化》2019年第2期，第81页。

研究视角，又可以影响本地学术。或者说，只有融合或影响了本地学术的研究才能产生活力和生命力。在锡兰分会的研究队伍中，本地学者也扮演着重要角色。例如，殖民史编纂是近代英国在殖民地学术建构过程中重点关注的问题。本地学者在了解本地历史文化方面有明显优势，他们在殖民地学术发展的框架之下成长起来，成为近代斯里兰卡的著名学者，佩里斯就是其中之一。他的《锡兰与荷兰人：1658—1796》（Ceylon and the Hollanders, 1658-1796）以及《锡兰与葡萄牙人：1505—1658》（Ceylon and the Portuguese, 1505-1658）成为研究近代斯里兰卡，尤其是葡萄牙及荷兰统治时期斯里兰卡的代表性作品。

四、结语

近代英国在斯里兰卡殖民约150年并开展了深入研究。这些研究既是近代西方对斯里兰卡殖民过程的组成部分，因此具有"知识生产"和文化殖民的根本属性；同时，也不能否认这些研究活动对斯里兰卡的历史文化传承产生了深刻影响，需要加以批判性认识。对这些研究成果进行总结梳理，可以帮助我们理解斯里兰卡近代以来学术和知识传统的塑形过程，从而能够在历史文化的维度上更好地认识斯里兰卡。整体审视这些研究成果，可以得出以下结论。

首先，文学化的游记类作品是早期对斯里兰卡域外观察的主要内容。实际上，不仅在近代英国殖民时期，游记类著作在历史上不同时期、不同地区的域外观察中都扮演着重要角色，可以说，游记是跨文化交流的一个常规内容。回顾近代英国对斯里兰卡的游记式记录，可以把其中一个显著特点总结为"文学性描述"，即用具有表现力的文学化语言展开叙述。这一点在《东印度锡兰的历史渊源》和《锡兰漫游八年》等作品中都体现得十分明显。对于当前区域和国别问题中屡被提及的田野类研究，也可以形成有益启发，即我们需要考虑文学化的语言描述是否可以赋予田野式域外观察更多生命力。

其次，近代英国的斯里兰卡研究反映出的另一个特点是有本地参与，即本地研究者成为研究活动的一个组成部分。在殖民统治确立的过程中，政治经济领域的矛盾和冲突成为一种常态。相比之下，文化领域的合作和互动成为磨合和缓解矛盾的黏合剂。本地学者的深度参与也成为产出客观和丰富研究成果的一种保证，亚洲学会锡兰分会的会刊也有稳定的本地学者群参与。甚至可以说，只有实现了外来观察与本地参与的密切结合，才能真正确保研究活动"接地气"。例如，对僧伽罗语罗马字化的处理是由本地学者提出和推动的；锡兰分会会刊中关于僧伽罗语语法问题的讨论也主要由本地学者完成。

第三，近代英国的斯里兰卡研究体现出较为明显的整体规划。不论是游记的框架设计和文字修饰，还是概览式著作的团队合作，或者是会刊的制度化建设，都表现出这一特点。从锡兰分会会刊的研究内容来看，研究话题高度分散，从古典文化到经济治理，从动植物分布到诗歌文学，涉及与国别相关的各个领域。这种高度分散的研究话题需要一种总体的制度约束，以实现某种研究框架之下合理的内容安排。为了避免论题过于分散，锡兰分会会刊以专刊形式讨论某一些具体问题，形成解决某些专门问题的有效研究。

斯里兰卡于1948年摆脱了英国的殖民统治，但是后殖民时代的教育、文化和学术等诸多领域仍然面临彻底去殖民化的重任。今天斯里兰卡面对的诸多问题中不乏因袭西方制度的后果。如何看待旧殖民宗主国的学术遗产是一个严肃的历史命题。

［责任编辑：何演］

东非医疗旅游的崛起及其中的印度因素[*]

高良敏　张仁烨　程　峰[**]

摘要：长期以来，医疗旅游发展叙事主要关注从全球南方到全球北方的"南北"叙事以及以全球南方部分国家如印度、泰国等为医疗旅游目的地的"南南"叙事，很少触及医疗卫生事业后发国家和地区的区域性医疗旅游领域。本文以东非三国为例，探讨东非相关医疗旅游项目的崛起及其关联性因素。研究发现，东非医疗旅游崛起的根本原因是东非为适应慢性非传染性疾病多发而对医疗卫生格局的一次重大调整。而新冠疫情的全球大流行成为东非区域医疗旅游发展的重大契机。同时，研究发现东非医疗旅游发展的变迁规律和多元路径，即东非人从前往印度境外求医向留在东非区域内求医转变，且两种路径并存。在东非区域性医疗旅游崛起中出现了三种不同发展模式：肯尼亚主要为公立医疗和私立医疗共同发展，坦桑尼亚为政府主导、公立医院扮演重要角色，乌干达则侧重推广"医疗+旅游"模式，即将医疗服务与优质的旅游资源相结合。在此三种模式中，来自印度的私立医疗集团都扮演了重要的角色，促进了东非私立医疗领域的发展。然而，由此可能带来的对东非医疗资源分配公平性的影响及使东非对外部医疗依赖性的加深值得进一步观察。

关键词：医疗旅游；印非关系；新冠疫情；东非；印度

---

[*] 本文系深圳市"医疗卫生三名工程"项目（项目编号：SZSM202111001）的阶段性成果。

[**] 高良敏，清华大学国际与地区研究院助理研究员，主要研究方向为东非的医学人类学、全球健康问题；张仁烨，清华大学社会学系博士生，主要研究方向为乌干达移民问题；程峰，清华大学万科公共卫生与健康学院教授，主要研究方向为全球健康问题。

所谓的医疗旅游（medical tourism），主要指某国病人到另一国家的目的是寻求医疗服务，是跨境求医行为。[1] 大多数参与医疗旅游的病人往往具有足够的财力和精力，其目的就是为了获得本国不具备的医疗服务。这一现象产生的直接原因大致包括前往目的国可接受较低费用的医疗服务以及寻求在本国无法获得或本国未批准的医疗服务等。[2] 常见医疗旅游项目包括牙齿护理、外科手术、整容手术、生育治疗、器官组织移植、重大心血管疾病及癌症治疗等。从全球层面来看，医疗旅游的叙事范式主要是从全球南方到全球北方的"南北"叙事以及以全球南方部分国家如印度、泰国等为目的地的"南南"叙事，很少触及医疗卫生事业后发国家和地区的区域性医疗旅游。随着部分发展中国家医疗卫生事业的发展，部分区域也逐步深度参与并发展自身的医疗旅游。可以说，医疗旅游在一定程度上是全球化的产物，是全球性医疗的重要实践方式。

自2016年以来，医疗旅游全球市场规模稳步增长，从2021年的320.2亿美元增至2022年的357.7亿美元，预计将于2026年达到544.3亿美元，预计年均增长11.1%。[3] 其中，发达国家和医疗卫生领域发达的国家成为医疗旅游的主要目的地。2020年，国际医疗卫生机构认证联合委员会（Joint Commission International，简称JCI）将哥斯达黎加、印度、以色列、马来西亚、墨西哥、新加坡、韩国、中国台湾地区、泰国、土耳其和美国等地列为世界顶级医疗旅游目的地。医疗旅游协会（Medical Tourism Association，简称MTA）发布的2020—2021年医疗旅游指数（The Medical Tourism Index，简称MTI）显示，在46个世界最主要的医疗旅游目的地中，来自非洲的仅有南非、埃及、摩洛哥和突尼斯4个。[4]

---

[1] 学界曾使用国际医疗旅行（international medical travel）或健康旅游（health tourism）、医疗旅行（medical travel）、健康旅行（health travel）和跨境健康保健（cross-border healthcare）等概念，"医疗旅游"（medical tourism）因其强调"医疗+旅游"两个属性的结合而被广泛使用。参见 Swati Gola, "Medical Tourism in India – In Whose Interest?", *Journal of International Trade Law and Policy*, vol. 15, no. 2, 2016, pp. 115-120。

[2] Mohammad Jamal Khan et al., "Push Factors, Risks, and Types of Visit Intentions of International Medical Travelers – A Conceptual Model", *International Journal of Healthcare Management*, vol. 10, no. 1, 2017, pp. 3-5.

[3] "Global Medical Tourism Market Report 2022 – Market Forecast, Trends and Strategies", The Business Research Company, February 15, 2022, https://www.thebusinessresearchcompany.com/press-release/medical-tourism-market-2022.

[4] "Medical Tourism Index 2020-2021 Global Destination", Medical Tourism, July 2020, https://www.medicaltourism.com/mti/home.

从医疗旅游的全球格局来看，非洲在其中都长期扮演输出地，而非目的地的角色。近二十年来，与非洲相关的"医疗旅游"现象持续增长，其中欧美发达国家、印度及非洲部分医疗发展较好的国家成为非洲患者的医疗旅游目的地。数据表明，2003—2008年期间，超过200万的病人前往南非寻求医疗服务，平均每年约40万人次，每年总计花费近10亿美元。[1]2016年，非洲民众在国外接受治疗的费用更是高达60亿美元。[2]在尼日利亚，2010年就有3000名病人前往印度就医，医疗费用大概2亿美元，且逐年增长。在东非，每年约有10万名病人前往印度寻求医疗服务，其中仅2016年就有10万肯尼亚人出国寻求医疗服务，其中大约十分之一的人是为治疗癌症，印度更是大多数人医疗旅游的首选目的地。[3]

　　尽管非洲没有一个国家成为全球顶级医疗旅游目的地，但这并未影响非洲国家发展医疗旅游以期推动医疗卫生体系建设的雄心。近年来，肯尼亚、坦桑尼亚、乌干达等东非三国相继倡导本国应在全球医疗旅游市场中占有一席之地，至少在非洲或东非发展成为区域性的医疗旅游中心。《2022年医疗旅游：非洲的潜力》报告指出，非洲有11个国家具有成为医疗旅游目的地的潜力，其中就包括肯尼亚、毛里求斯、卢旺达、坦桑尼亚等4个东非国家。[4]而医疗旅游之所以能成为该区域医疗自主的重要内容，一方面是这些国家想借助医疗旅游助推本地医疗卫生事业的发展，实现"非洲病人非洲治"（treat African patients in Africa）的长远目标；另一方面则是利用好当地生态旅游资源的优势，促进"医疗+旅游"的共同发展，进而在全球医疗旅游市场中分一杯羹。

　　更重要的是，由于新冠病毒的流行，跨国旅行长期受到限制，跨境医疗旅游

---

[1] Jonathan Crush and Abel Chikanda, "South-South Medical Tourism and the Quest for Health in Southern Africa", *Social Science Medicine*, vol. 124, no. 1, 2015, pp. 315-317.

[2] Tahiru Azaaviele Liedong, "African Politicians Seeking Medical Help abroad is Shameful, and Harms Health Care", *The Conversation*, August 24, 2017, https://theconversation.com/african-politicians-seeking-medical-help-abroad-is-shamefuland-harms-health-care-82771.

[3] "Rising Medical Bills Sending East African Patients abroad", *The East African*, May 20, 2015, https://www.theeastafrican.co.ke/tea/news/east-africa/rising-medical-bills-sending-east-african-patients-abroad-1336196.

[4] Research and Markets, "African Medical Tourism Market Potential in 2022", *PR Newswire*, November 8, 2021, https://www.prnewswire.com/news-releases/african-medical-tourism-market-potential-in-2022-301418370.html.

的难度增加，前往印度等国家就医的非洲病人数量也大幅下滑，区域内部与日俱增的医疗需求进一步推动了东非医疗旅游的发展。[①] 此外，随着经济发展，非洲的中产阶级群体进一步扩大，社会对于优质医疗资源的渴求与日俱增，这也有利于促进医疗设施的改善以及医疗服务质量的提升。可以说，东非医疗旅游发展的根本动因是东非国家对于医疗事业和社会经济的发展需求，而2020年以来新冠病毒的全球大流行则为区域医疗旅游发展提供了重要契机。

东非医疗旅游的发展整体上以实现"非洲病人非洲治"的愿景和在全球医疗旅游市场中扮演主动角色为目标。那么，东非医疗旅游崛起的逻辑何在？就医疗卫生需求而言，根本动力是什么？不同东非国家在实践路径上是否有差异？印度[②]等外部因素如何参与并推动东非医疗旅游？带着上述问题，本文基于课题组在坦桑尼亚、肯尼亚和乌干达长期从事与医疗相关的调研经历及对相关文献资料的分析，从东非医疗旅游崛起的区域性因素、实践路径及其崛起过程中的印度因素来阐释这些问题。

一、从印度到东非：东非医疗旅游的崛起

基于对东非医疗卫生事业发展的长时段观察，笔者发现东非医疗旅游正在发

[①] Research and Markets, "African Medical Tourism Market Potential in 2022", *PR Newswire*, November 8, 2021, https://www.prnewswire.com/news-releases/african-medical-tourism-market-potential-in-2022-301418370.html.

[②] 在东非历史文化语境下，"亚洲人/印度人"（Asian/Indians）是一个不断变化的概念，有社会治理功用及种族、宗教等意涵。英国殖民当局常用"亚洲人社区"（Asian community），目的是团结来自印度次大陆的商业精英；乌干达官员用"亚洲人"表达地理概念，用"亚洲人种"表达种族概念，主要指来自亚洲的伊斯玛仪派教徒。尽管1931年人口普查时因印度教教徒占多数，而用"印度人"取代"亚洲人"，但直到20世纪40年代"亚洲人"仍被广泛使用。原因是1947年印巴分治后，印度人在东非成为一个有争议的政治身份。当今史学界仍倾向用"印度人"，其囊括来自当今印度、巴基斯坦等国的印度次大陆人。当然，东非语境与印度本土语境对"印度"概念的解读也有关联性。因本文的医疗旅游领域主要涉及当今印度，特用"印度"。参见 Edgar Curtis Taylor, *Asians and Africans in Ugandan Urban Life, 1959–1972*, PhD Dissertation, University of Michigan, 2016, pp. 17-19；姜景奎、贾岩：《从多元到一元："印度"概念的当代变迁》，《世界知识》2020年第21期，第17—19页。

生从"东非病人到印度就医"到"东非病人东非治"的变迁，或将形成两者长期并存和发展的格局。可以说，东非不再满足于被动地成为医疗旅游的参与者，而是致力于成为医疗旅游领域的主体，即实践者和经济受益者。为此，本部分先从医疗旅游本身出发，首先分析为何东非人会选择印度作为医疗旅游的主要目的地，并在此基础上探讨东非医疗旅游崛起的原因和社会事实。

正如前文所述，印度一直是非洲医疗旅游最主要的目的地。[①] 以 2012 年为例，印度向尼日利亚发放了 1.8 万份医疗签证（Medical Visa），获得医疗相关收入高达 2.6 亿美元。[②] 而在东非，每年有约 10 万名病人前往印度寻求医疗服务。[③] 那么，为什么是印度？一方面，这与印度发达的医药产业有关，特别是印度医药领域、医院集团在全球南方国家市场中占据的主导地位。[④] 相比欧美，印度不仅能提供廉价而优质的医疗服务，还有全球顶尖的医疗服务机构和医药公司。[⑤] 在过去 20 年间，许多印度医院相继获得国际医疗卫生机构认证联合委员会等组织的国际认证。2006 年，印度质量委员会（Quality Council of India）还组建了国家医院和医疗机构认证委员会（National Accreditation Board for Hospitals and Healthcare Providers，简称 NABH）来监督印度医疗机构。另一方面，印度医疗旅游的发展与印度政府的助推密不可分。印度政府将医疗与健康视为一项重要国家政策在全球进行推广，还将其嵌入印度与非洲的官方合作。印度政府第 11 个五年计划中特别指出上述认

---

① Indian Institute of Tourism and Travel Management, "A Study of Problems and Challenges Faced by Medical Tourists Visiting India 2011", *Medical Tourism Training*, February 2011, pp. 21-22, https://www.medicaltourismtraining.com/wp-content/uploads/2015/07/Med.pdf.

② Seye Abimbola, "Using the High-End Health Market for Regional Integration in Africa", *How We Made It in Africa*, April 15, 2014, https://www.howwemadeitinafrica.com/using-the-high-end-health-market-for-regional-integration-in-africa/38019/.

③ "Rising Medical Bills Sending East African Patients abroad", *The East African*, May 20, 2015, https://www.theeastafrican.co.ke/tea/news/east-africa/rising-medical-bills-sending-east-african-patients-abroad-1336196.

④ Yves-Marie Rault-Chodankar & Dinar Kale, " 'Manufacturers without Factories' and Economic Development in the Global South: India's Pharmaceutical Firms", *Journal of Economic Geography*, vol. 23, no. 2, 2023, pp. 319-341.

⑤ David Rasquinha, "Healthcare in Africa, Built by India", *The Gateway of India Dialogue 2016*, https://www.eximbankindia.in/blog/blogcontent.aspx?BlogID=7&BlogTitle=Healthcare%20in%20Africa,%20built%20by%20India.

证的重要性，显示出期望建立"世界级的医疗旅游目的地"的雄心。①同时，印度官方还设置医疗签证制度，允许病人及家属入境。此外，因印度与东非共处印度洋区域，两者存在天然的地理便利性和文化亲缘性，印度医生在英语交流方面的优势也为非洲患者就医提供了极大便利。相比之下，东非医疗卫生资源可及性、服务质量等长期维持在较低水平，在一定程度上反向推动了东非患者前往印度就医的行为。

尽管长期以来，东非人民将印度作为寻求医疗服务的最佳选择之一，但近年来以东非为主体的医疗旅游也在崛起，东非国家积极倡导和实践将自身作为医疗旅游目的地。②这一新的趋势具有多重原因。在宏观层面，这一过程体现了东非社会的发展进步以及医疗卫生事业的发展，并具有重塑本土医疗格局的可能。而直接原因则是每年因医疗旅游而产生的巨大支出引发了健康不平等的社会争议。面对这一困境，东非国家期望通过吸引各方资源促进自身医疗旅游行业的发展，同时提升本国医疗卫生系统的水平。但在笔者看来，东非切实推动医疗旅游发展的根本原因是因为自身医疗保障体系无法满足国民医疗健康的现实及改善医疗保障体系的迫切需求，所以主动谋求新的发展方向，从而调整区域内医疗卫生服务格局。

如今，传染病不再是东非唯一的主要健康威胁，慢性病已成为东非地区的主要疾病之一，而且其流行日趋严峻。③这一疾病谱变迁使心血管疾病和癌症等慢性病和疑难杂症成为东非人民，特别是政治精英和社会精英出国治疗的主要疾病。肯尼亚国民议会卫生委员会（National Assembly Health Committee）指出，每年有超过1万人出国寻求医疗服务，癌症患者占50%以上，其次是肾脏疾病（16.8%）、心血

---

① Planning Commission Government of India, "Eleventh Five Year Plan (2007–2012), Volume I: Inclusive Growth", New Delhi: Oxford University Press, 2008, p. 275. 电子版书籍详见 The Asian and Pacific Energy Forum, https://policy.asiapacificenergy.org/sites/default/files/Eleventh%20Five%20Year%20Plan%202007-12.pdf.
② Conrad Onyango, "Regional Medical Tourism Set to Grow in Africa", *How We Made It in Africa*, November 18, 2021, https://www.howwemadeitinafrica.com/regional-medical-tourism-set-to-grow-in-africa/132718/.
③ 富晓星等：《非洲疾病谱变迁与中国参与非洲卫生治理的再思考》，《中国卫生政策研究》2020年第13期，第53—54页。

管疾病（7.8%）和骨骼疾病（3.4%）。① 尽管此陈述并非事实的全部，但也体现了肯尼亚的基本就医格局，其中社会精英和政府官员是寻求境外医疗服务的主体。

那么，为什么东非现行的医疗卫生服务无法承接本区域逐渐增多的心血管疾病和癌症等慢性疾病患者呢？原因在于东非的医疗卫生体系存在重大局限。长期以来，东非的医疗卫生服务体系以应对艾滋病、结核病、疟疾等传染病为主要目标，对于慢性疾病患者逐渐增多的事实重视不足或选择性忽略，而且现行的医疗卫生体系高度依赖外部资源援助。尽管近年来，东非国家正在尝试将慢性病防治工作整合到传染病（如艾滋病）防治体系之中，② 但短期内很难撼动以应对传染性疾病为主的医疗卫生格局，心血管疾病和癌症等自然成为东非人民境外求医的主要疾病。

诚然，在新冠病毒流行之前，南非、摩洛哥、埃及、突尼斯、肯尼亚等被认为是非洲大陆拥有最为先进医疗技术的国家，也是非洲区域内医疗旅游的重要目的地。同样，东非多国也认识到境外医疗旅游使自身外汇收入大量损失，转而注重自身医疗卫生设施建设，努力将自身打造成为区域性医疗旅游的新目的地，肯尼亚、毛里求斯、卢旺达、坦桑尼亚、乌干达等国就进一步调整医疗卫生格局来适应疾病谱的变迁。③ 尽管如此，东非区域旅游的发展仍然较为缓慢，直到2020年新冠病毒的流行，东非医疗旅游发展才出现重大契机。原因在于，新冠病毒在全球的流行使世界各国相继关闭边境，境外医疗旅游受到极大限制，迫使东非加速完善自身医疗格局，特别是引入各方资源，投资并改善医疗卫生基础设施，提升医疗服务质量，扩大医疗服务范围，致力于将自身打造成为区域医疗旅游的重要目的地，以实现"非洲病人非洲治"的愿景。

整体而言，东非这一重塑医疗卫生格局的实践行动具有区域共性和国别差异性两个特征。就区域性特征而言，东非各国都在探索完善自身医疗卫生体系的路

---

① George Kebaso, "Kenya Set Sights on Rising Medical Tourism Sub-Sector", *People Daily*, December 26, 2019, https://www.pd.co.ke/news/kenya-sets-sights-on-rising-medical-tourism-sub-sector-17271/.
② 富晓星等：《东非两国公共卫生体系的新探索与启示》，《中国卫生政策研究》2021年第14期，第63—64页。
③ Research and Markets, "African Medical Tourism Market Potential in 2022", *PR Newswire*, November 8, 2021, https://www.prnewswire.com/news-releases/african-medical-tourism-market-potential-in-2022-301418370.html.

径，进而促进医疗卫生领域的创新和发展。《2022年医疗旅游：非洲的潜力》报告显示，新冠病毒流行导致跨国流动受限，非洲前往印度等地进行医疗旅游的病患数量持续减少。① 同时，非洲中产阶级扩大迫使非洲医疗设施亟待完善，医疗服务质量急需提高。也正是在此重大背景下，2022年5月25日—27日，肯尼亚斯特拉斯莫尔大学（Strathmore University）举行了以"东非作为专业医疗、健康投资和创新医疗解决方案的枢纽"为主题的东非健康博览会，有10个国家的352名代表和52家商家参会，博览会传达出以"发现新的医疗卫生问题、解决迫切的社会需求"为当前东非医疗卫生事业的发展理念。②

在会上，医疗旅游作为重要的现实问题得到讨论，会议认为非洲应作为医疗旅游的主体扮演能动性角色，而非被动地提供病患。主要表现在如下六个方面：第一，私立医疗应在医疗旅游中扮演关键角色，提供创新的高质量的医疗服务，从而带动非洲旅游医疗发展；第二，医疗旅游行业需大量投资，而吸引投资者的关键在于转变非洲在医疗旅游中的角色，即非洲应从"运动员或导游"角色转变为"企业家"；第三，基于东非相当一部分医疗卫生资源来自私立医疗机构的事实，因此提升监管能力有助于高效地利用医疗卫生资源，并在此基础上探索和引入数字化监管模式；第四，应有多部门参与医疗旅游行业，建立一个跨领域的生态系统来支持其发展，不仅应包括交通和酒店等，还应创建私营部门、政府和发展伙伴等多方在内的互动空间；第五，为了减少东非区域内病人向境外流动，需加强东非本土优质医疗服务的供给和获得，应专设一个有弹性的卫生部门，以减少国际转诊并规范区域内转诊制度；第六，东非各国政府应鼓励非洲医学精英，特别是在海外工作或接受医学教育的医学精英返回非洲，加强医学科研能力。

简言之，从东非区域相关的"医疗旅游"来看，印度等南亚地区曾在过去长

---

① Research and Markets, "African Medical Tourism Market Potential in 2022", *PR Newswire*, November 8, 2021, https://www.prnewswire.com/news-releases/african-medical-tourism-market-potential-in-2022-301418370.html.

② Shailja Sharma, "The East Africa Health Expo: Positioning East Africa as a Hub for Specialized Medical Care, Investments in Health, and Innovative Healthcare Solutions", *Strathmore University Business School*, May 30, 2022, https://sbs.strathmore.edu/the-east-africa-health-expo-positioning-east-africa-as-a-hub-for-specialized-medical-care-investments-in-health-and-innovative-healthcare-solutions/.

期作为东非人民到海外就医的主要目的地,但随着东非疾病谱变迁,慢性非传染性疾病增多,迫使东非思考如何调整医疗卫生格局,建设和完善医疗卫生基础设施。更重要的是,由于新冠疫情限制了当地社会精英或政要的海外就医行为,他们也自然成为推动东非区域医疗旅游的先锋和获益者。因此,新冠病毒全球大流行的到来成为东非重塑医疗卫生格局的重大契机,各国自此开始倡导发展区域性的医疗旅游,从而在区域内部实现就近获得高质量医疗服务的目标。但在东非医疗旅游的发展与实践中,也表现出多元化的路径,显示出国别差异性的特征。

二、东非医疗旅游实践的多元路径

尽管东非地区的医疗旅游呈整体崛起之势,但鉴于各国医疗卫生事业发展程度不同,社会情境和医疗基础不同,区域内部发展路径呈差异化,国别差异性特征凸显。下文将从肯尼亚、坦桑尼亚和乌干达这三个着重倡导和发展医疗旅游的国家入手,分析三种实践模式,即公私合营模式、政府主导模式、"医疗+旅游"模式。

(一)以肯尼亚为代表的公私医疗共同发展模式

这一模式的推出与肯尼亚自身的医疗格局有关。与很多非洲国家一样,根据国际货币基金组织和世界银行的贷款要求,肯尼亚在20世纪80年代进行了结构调整,私立医疗被大量引入。在私立医疗极大发展的同时,公立医院却时常缺医少药,因其薪酬较低,医务人员不仅时常罢工,而且不断流失,有大量医务人员到国外就业,或到私立医院兼职。此外,公立系统医务人员与政府长期处于关系紧张状态,这也使他们时常被政府解雇。2000—2022年有5300名医务人员被政府解雇,[①]其间,私立机构逐步发展壮大,并在医疗技术和医疗服务等方面优于公立医院。这一基本医疗格局也成为政府推广医疗旅游的基本着力点。

---

① Emma Mawdsley & Gerard McCann eds., *India in Africa: Changing Geographies of Power*, Cape Town: Pambazuka Press, 2011, p. 133.

肯尼亚医疗事业在东非发展最为迅速，成为医疗旅游行业的领头羊。[①] 2013年，肯尼亚政府就发布了以"通过开放和提供世界一流的专业医疗保健产品、技术和服务，将肯尼亚人（病人）留在肯尼亚，并将非洲人（病人）带到肯尼亚"为核心的医疗旅游战略。[②] 2015年，肯尼亚旅游局与全球高端医疗旅游公司A&K公司（Abercrombie & Kent Global Health）签署合作协议，宣传并推广医疗服务机构。在《2030年远景规划》（Vision 2030）中，肯尼亚试图将自身打造成"区域性高级专业化医疗服务的首选提供者"[③]。之后，长期存在的出境医疗旅游趋势逐渐逆转，出境治疗病患逐渐减少。同时，每年都有3000—5000名来自布隆迪、卢旺达、坦桑尼亚和乌干达等邻国或中部非洲的患者前往肯尼亚寻求医疗救治。[④] 肯尼亚正试图将自身打造成东非医疗旅游的中心，并借此促进私立医疗和国家经济的发展。

肯尼亚发展医疗旅游的具体措施主要有四方面：首先，多渠道投入与增加医疗卫生资源。一是逐年减少政府医疗支出，即从2012—2013财年的6.8%降低到2015—2016财年的5.2%。[⑤] 二是立法推动地方医疗发展。2010年，肯尼亚政府推进医疗领域地方分权，将医疗卫生权力从中央政府转移到郡级等地方政府，提升农村医疗卫生服务可及性。2014年，肯尼亚已建立9000多个医疗基础设施。[⑥] 三

[①] "Why Kenya is Fast Becoming an African Centre of Medical Excellence", Lifecare, May 28, 2017, https://lifecareinternational.com/why-kenya-is-fast-becoming-an-african-centre-of-medical-excellence/.

[②] "National Tourism Strategy, 2013-2018", Department of Tourism, Kenya, 2013, pp. 21-25. 电子版书籍详见 Kenya Institute for Public Policy Research and Anaysis, https://repository.kippra.or.ke/bitstream/handle/123456789/2796/MEACT-National-Tourism-Srategy-2013-2018.pdf?sequence=1&isAllowed=y。

[③] "Why Kenya is Fast Becoming an African Centre of Medical Excellence", Lifecare, May 28, 2017, https://lifecareinternational.com/why-kenya-is-fast-becoming-an-african-centre-of-medical-excellence/.

[④] "Why Kenya is Fast Becoming an African Centre of Medical Excellence", Lifecare, May 28, 2017, https://lifecareinternational.com/why-kenya-is-fast-becoming-an-african-centre-of-medical-excellence/.

[⑤] Njuguna David & Pepela Wanjala, "A Case for Increasing Public Investments in Health: Raising Public Commitments to Kenya's Health Sector", Ministry of Health, Kenya, January 2019, p. 3, https://www.health.go.ke/wp-content/uploads/2019/01/Healthcare-financing-Policy-Brief.pdf.

[⑥] Lifecare, "Why Kenya is Fast Becoming an African Centre of Medical Excellence", Lifecare, May 28, 2017, https://lifecareinternational.com/why-kenya-is-fast-becoming-an-african-centre-of-medical-excellence/.

是推动私立医疗快速发展，填补政府投入的不足。在过去十年间，肯尼亚政府与私人或信仰组织（faith-based organizations）合作，建设了覆盖全境60%的初级卫生保健设施。[①]在撒哈拉以南非洲国家中，肯尼亚的私立医疗系统是促进医疗旅游发展最为有效的措施之一。

其次，以发展医疗卫生事业促进高技术医疗服务的可及性。主要体现在三个领域：一是肾脏移植。2014年时，肯尼亚当地的肾脏移植费高达2万美元，而前往印度治疗包括交通费用在内的总花费仅需1.7万美元。[②]而且在肯尼亚就医需长时间等待，因此很多病人更愿意前往印度治疗。对此，肯尼亚通过人力资源的培养和对基础设施的投资来提升该领域的就医可及性。如肯尼亚的莫伊教学和转诊医院（Moi Teaching and Referral Hospital）邀请来自荷兰阿姆斯特丹的外科医生前来培训和指导，培养了多批外科医生。同时，2015年东非肾脏研究所（East African Kidney Institute）在肯雅塔国立医院（Kenyatta National Hospital）设立。随着外科医务人员数量增多，基础设施逐渐完善，肾脏移植手术费用开始下降，服务质量也进一步提高。二是试管婴儿。自2006年肯尼亚第一批体外受精的婴儿在内罗毕医疗生殖中心出生以来，目前已有超过2000名试管婴儿在肯尼亚出生。[③]其间，阿迦汗大学医院（Aga Khan University Hospital）、哈雷街生育中心（Harley Street Fertility Centre）等相继加入，使肯尼亚的试管婴儿技术在东非遥遥领先。不仅如此，肯尼亚试管婴儿费用较低，吸引了大批东非患者。据了解，肯尼亚试管婴儿的整个周期花费约3675美元，南非约6770美元，而英国则达到了8000美元及以上；仅2014年，前往肯尼亚就医的群体中就有70%的人是为寻求体外受精而来。[④]三是眼科领域。目

[①] "Why Kenya is Fast Becoming an African Centre of Medical Excellence", Lifecare, May 28, 2017, https://lifecareinternational.com/why-kenya-is-fast-becoming-an-african-centre-of-medical-excellence/.

[②] "Why Kenya is Fast Becoming an African Centre of Medical Excellence", Lifecare, May 28, 2017, https://lifecareinternational.com/why-kenya-is-fast-becoming-an-african-centre-of-medical-excellence/.

[③] "Why Kenya is Fast Becoming an African Centre of Medical Excellence", Lifecare, May 28, 2017, https://lifecareinternational.com/why-kenya-is-fast-becoming-an-african-centre-of-medical-excellence/.

[④] "Why Kenya is Fast Becoming an African Centre of Medical Excellence", Lifecare, May 28, 2017, https://lifecareinternational.com/why-kenya-is-fast-becoming-an-african-centre-of-medical-excellence/.

前，肯尼亚拥有非洲最为先进的眼科诊所，如"眼睛与你"（Eye & U Ophthalmics）和激光眼科中心（Laser Eye Centre）等专科诊所，同时还是发展中国家中可进行微创激光眼科手术（cTEN）的少数国家之一。肯尼亚眼科医疗的发展不仅吸引了非洲多国患者，甚至吸引了不少欧洲患者。

再次，近年来肯尼亚在多个医学研究领域取得重大突破。2014年，肯尼亚医学研究所（Kenya Medical Research Institute，简称KEMRI）的菲斯·奥西尔（Faith Osier）博士因其对疟疾免疫机制的研究贡献获英国皇家学会辉瑞奖。同时，肯尼亚医学研究所还被世界卫生组织认定为疟疾、营养和病毒学领域的卓越研究中心。阿迦汗大学医院也在糖尿病、心血管疾病和癌症以及感染、免疫和神经科学等领域取得突破。2016年，由肯雅塔国立医院组建的医疗团队成功地完成一项复杂的连体婴儿分离手术。2021年，肯尼亚启动了用于癌症治疗的综合分子成像中心，将节省每年因在国外治疗癌症所消耗的大量外汇。

最后，因印度医疗集团的投资和参与，肯尼亚私立医疗领域获得空前发展。例如，除私立医院基督教基雅贝医院（Kijabe Hospital）由欧美投资外，大部分优质私立医院的投资者均来自印度。例如东非第一个获JCI认证的综合医院阿迦汗大学医院与印度纳拉亚纳·赫如达亚拉亚有限公司（Narayana Hrudayalaya Limited，简称NH）在内罗毕建立的三级护理医院纳拉亚纳健康医院（Narayana Health Hospital），印度与肯尼亚的梅占塔关爱非洲公司（Medanta Africare Limited）也计划在内罗毕建一家大型医院，东非第一次肾脏移植手术则由印度美迪惠尔医疗集团（Mediheal Group of Hospitals）完成，卢艾家庭医院（Ruai Family Hospital）的医生和企业家麦克斯韦·奥克斯（Maxwel Okoth）也开始投资私人医疗。除了基础设施外，来自南亚的医生因没有语言障碍且医疗技术水平较高等原因也在肯尼亚广受欢迎。

（二）以坦桑尼亚为代表的政府主导模式

1964年坦桑尼亚联合共和国建立后逐步进入社会主义时期，国家长期主导医疗卫生事业的发展。依据坦桑尼亚1977年颁发的《私立医院法案》（Private

Hospital Act），国家限制私立医疗的发展，并将有宗教性质的医疗机构和私立医疗机构进行国有化。在此期间，因公立医疗机构技术水平有限，大量富有的病人出国求医。1991 年，允许发展私立医疗的《私立医院修正法案》（Private Hospital Amendment Act）出台，吸引了印度等众多南亚国家的医疗集团参与，如 2005 年印度的 NH 公司进入坦桑尼亚市场。而且，阿迦汗发展网络（Aga Khan Development Network）早在 1929 年就在坦桑尼亚设有医务室，阿迦汗医院及其网络如今仍是坦桑尼亚最好的私立医院。同时，成立于 1918 年的印度曼达尔医院网络（Hindu Mandal Hospitals）也较早在坦桑尼亚发展布局。尽管私立医疗机构获得极大发展，但在当下坦桑尼亚的国家医疗卫生体系中，公立医院仍为主导。私立医疗机构高昂的医疗费使大量病人望而却步，加之公立医疗机构发展滞后，大量中产阶级病人纷纷选择前往印度等地就医。这一基本医疗卫生格局也是坦桑尼亚政府近年以国家级或部分省级公立医院为主导助推医疗旅游产业发展的基础。

近年来，随着旅游业的发展，坦桑尼亚政府注意到建设医疗旅游产业不仅可以为国家经济发展作出贡献，还能减少国民境外就医导致的大量外汇支出。[1] 随着政府在医疗卫生领域投入的增加以及一系列高技术含量医疗机构的建立，医疗旅游的发展取得了积极成果。一方面，坦桑尼亚人到海外就医的数量逐年减少，坦桑尼亚卫生部每年平均转介到海外就医的人数由两三百人下降到不足 60 人。[2] 另一方面，坦桑尼亚也成为潜在的医疗旅游目的地。如，达累斯萨拉姆穆希比利国立医院基奎特心脏病研究所（Jakaya Kikwete Cardiac Institute, Muhimbili National Hospital，简称 JKCI）[3] 不仅可为本国的心血管病人提供优质服务，还接收了大量来自刚果民主共和国、科摩罗、乌干达、肯尼亚、马拉维、卢旺达和布隆迪等邻国的病人，由此成为政府首推和重点资助的官方医疗旅游机构。正如 2021 年 7 月 15 日，总统萨米亚（Samia Suluhu Hassan）在 JKCI 引进两台先进心血管治疗设备时表示，"这是坦桑尼亚向成为非洲医疗服务和专业知识中心的目标迈出的良好一

---

[1] Deogratius Kamagi, "Samia Stresses Medical Tourism", *Daily News*, October 19, 2022，https://dailynews.co.tz/samia-stresses-medical-tourism/.
[2] IMTJ Team, "Tanzania: A New Medical Travel Destination?", *Laing Buisson*, July 22, 2020, https://www.laingbuissonnews.com/imtj/news-imtj/tanzania-a-new-medical-travel-destination/.
[3] 该研究所由我国政府于 2007 年援建，山东省医疗队部分队员在该所行医。

步，也促进了坦桑尼亚成为医疗旅游中心愿望的实现"，"我们的目标是将全球医疗旅游市场利润的一部分吸引到坦桑尼亚"。[①] 此外，达累斯萨拉姆海洋之路癌症研究所（Ocean Road Cancer Institute，简称 ORCI）、乞力马扎罗省基督教医疗中心（Kilimanjaro Medical Christian Center，简称 KCMC）也得到官方的推介。当然，官方也注意到应提高医疗护理质量、解决语言障碍等问题来全面改善医疗旅游的服务质量。除了官方助推的医疗机构外，印度人在坦桑尼亚开办的阿迦汗医院及其医疗网络也因其较高的服务质量和较强的综合性广受坦桑尼亚国内外病人欢迎。

（三）以乌干达为代表的"医疗+旅游"模式

在英国殖民者到来之前和英国殖民时期，乌干达就先于肯尼亚和坦桑尼亚建立了医学中心、医院、医学院校等医疗卫生机构，为东非培养了大批早期现代医学人才。[②]1962 年乌干达独立后，由于长期内战及政局动荡等原因，原有的医疗卫生基础未得到很好的维护和发展。尤其是在 1971—1979 年期间，伊迪·阿明（Idi Amin）政府不仅忽视了医疗卫生事业的发展，而且对印度人的驱逐更使私立医疗一度陷入停滞。直到 1986 年穆塞韦尼（Museveni）政府成立后，医疗卫生事业的发展才步入正轨。与此同时，专业医生卷入政治斗争、社会经济发展整体滞后等诸多因素仍旧阻碍着乌干达医疗卫生水平的进一步提高，[③] 拥有一定财富和政治地位的乌干达病人都选择前往肯尼亚、印度和南非等地就医。乌干达的审计报告显示，2014 年，乌干达政府除支出 7300 万美元用于官员的境外治疗费用外，还支出 1.13 亿美元用于与此相关的旅行费和生活费；2016 年，乌干达政府为官员前往印度

---

① "Tanzania Targets Becoming Africa's Medical Tourism Hub", *Further Africa*, June 15, 2021, https://furtherafrica.com/2021/06/15/tanzania-targets-becoming-africas-medical-tourism-hub/.
② 乌干达早期现代医学体系建立历程大致如下：1875 年，应布干达国王穆特萨一世（Kabaka Mutesa I）的邀请，英国派遣传教士兼医生艾伯特·库克（Albert Cook）于 1896 年进入乌干达。在库克及其夫人的推动下，1897 年乌干达第一所医院蒙戈医院（Mengo Hospital）建立，1908 年在坎帕拉老城区建立第一个医学中心，1923 年该中心发展成为医学院和医院。1921 年建立第一所母婴培训学校。1917 年非洲医学助理学校（School of African Medical Assistants）建立。1924 年，传教士兼医生罗伯特·威廉·费尔金（Robert William Felkin）推动建立穆拉戈医院（Mulago Hospital），同年，麦克雷雷大学医学院（Makerere University School of Medicine）成立。
③ Anthony K. Mbonye, *Uganda's Health Sector through Turbulent Politics (1958-2018)*, Kampala: Print Farm FZE, 2018.

治病支出高达 1.23 亿美元，仅 140 名官员出国看病就花费了政府 280 万美元。[①] 总之，相比肯尼亚和坦桑尼亚两国，乌干达因医疗事业发展相对滞后，医疗旅游发展亦相对滞后。

因此，乌干达发展医疗旅游的初衷是考虑如何在通过医疗基础设施的改善吸引外国病人的同时，控制每年出国治疗的巨大开销并减少出国求医的病人数量。[②] 乌干达政府采取的主要举措有两方面。一是对国家级公立医院进行升级改造。如 2020—2021 年间，乌干达政府对穆拉戈（Mulago）地区医院进行升级改造，并计划在卢博瓦（Lubowa）地区建造一所国际大型专科医院；2021 年 10 月，埃及在乌干达金甲（Jinja）地区投资的一所高科技医疗中心——非埃医疗服务中心（Afri-Egypt Health Services Center）落成。二是将医疗旅游纳入国家旅游规划之中，特别是利用好森林、温泉等旅游资源。[③] 比如，鉴于温泉的药用特效，乌干达拟开发西部的基塔嘎塔温泉（Kitagata hot springs）、斯穆尔基国家公园的森帕亚温泉（Sempaya hot springs in Ssemulki National Park）和基代波谷国家公园的卡南戈罗克温泉（Kanangorok hot springs in Kidepo Valley National Park）。然而，有学者对于这些举措能否减少境外医疗旅游持质疑态度，认为医疗旅游不仅发生在富人或政府高官中，也发生在普通民众之中；同时，医疗水平低、患者对医疗系统和医生的不信任、医生对疾病的误诊、医生充当经纪人通过转介病人获利、政府对境外就医监管不力等原因会继续使乌干达病患热衷于到境外求医。[④] 对此，尽管乌干达加大了对医疗卫生的投入，短期内也很难减少向外医疗旅游人数。

综上而言，东非医疗旅游实践呈多元路径，尽管各国根据自身医疗卫生事业现状和国情采取了不同的实践模式，但共同的初衷是"非洲病人非洲治"并积

---

① Edris Kiggundu, "Shs 10bn Spent on 140 Top Govt Officials' Health", *The Observer*, January 25, 2017, https://observer.ug/news/headlines/50964-shs-10bn-spent-on-140-top-govt-officials-health.
② Richard Kintu, "Medical Tourism: How Ugandan Medics Bag Fat Commissions for Shady Referrals abroad", *The Second Opinion*, June 7, 2019, https://www.secondopinion.co.ug/medical-tourism-ugandan-medics-bag-fat-commissions-shady-referrals-abroad/.
③ Edward Kafufu Baliddawa, "Opinion: Growing the Economy through Medical Tourism", *NilePost*, April 5, 2022, https://nilepost.co.ug/2022/04/05/opinion-growing-the-economy-through-medical-tourism/.
④ Flavia Nassaka, "New Health Facilities Can't Stop Medical Tourism-Experts", Uganda Radio Network, July 7, 2019, https://ugandaradionetwork.net/story/new-health-facilities-cant-stop-medical-tourism-experts.

极带动自身医疗卫生事业发展。各国着力点和力度有所不同,作为各国重要收入来源的"旅游"与"医疗"结合的程度也不同。尽管目前东非医疗旅游的崛起之势体现了东非调适和发展自身社会的主体能动性,然而其中一个重要的事实是,在东非,私立医疗和外国医疗集团势力强大且分布广泛,并先于政府看到医疗旅游市场的潜力。而在东非的私立医疗和外国医疗集团中,印度因素占主导性力量,其谋利的本质必将使其在东非医疗旅游事业发展中扮演重要角色。

三、东非医疗旅游崛起中的印度因素

从上述三国案例可见,印度因素在东非医疗旅游的崛起中扮演着重要角色,其背后彰显的是印度和非洲关系中深厚的历史和社会基础。长期以来,印度将"印度洋"作为印度和东非共享的社会地理基础,试图通过形塑"姐妹大陆"（sister continent）来促进印度与东非在地理上的认同。同时,印度洋悠久的商贸文化史也进一步强化了印度与东非在社会文化上的关联。此外,印度以历史关系为纽带[1]强化两者共同的价值认同,特别是在西方殖民时代[2]以及双方的民族独立进程中,这种价值认同得到极大彰显。[3]对印度来说,非洲是国父圣雄甘地的觉醒之地,印度与非洲国家都有着长期遭受殖民统治和取得民族独立的类似历程;同时,印度和非洲国家还在当下的社会和经济发展上面临相似的挑战。[4]也正是这样的历史基础和社会基础使得印非民间存在广泛的合作与互动。其中,医药卫生领域合作具有民间广泛合作、官方政治支持的特点,呈现出一个自下而上的发展过程。

长期以来,印非关系被以"印度方式"（Indian way）形塑为"姐妹大陆"关

---

[1] Samwiri Lwanga-Lunyiigo, *Uganda: An Indian Colony, 1897–1972*, Kampala: The African Studies Bookstore, 2021, pp. 15–25.
[2] Shula Marks, "What is Colonial about Colonial Medicine? And What Has Happened to Imperialism and Health?", *Social History of Medicine*, vol. 10, no. 2, 1997, pp. 205–219.
[3] Tarsis Bazana Kabwegyere, "The Asian Question in Uganda, 1894–1972", in William Arens ed., *A Century of Change in Eastern Africa*, New York: De Gruyter Mouton, 2011, pp. 47–64.
[4] Manmohan Singh, "A Time for Renewal", in Manish Chand ed., *Two Billion Dreams...: Celebrating India-Africa Friendship*, New Delhi: IANS Publishing, 2011, p. 4.

系。① 随着印非民间经贸关系的益发活跃，以及 2008 年新德里首次印非峰会（India-Africa Forum Summit）和 2011 年亚的斯亚贝巴第二届印非峰会的举行，贸易与科技在双边经贸关系中扮演着越发重要的角色。② 印非关系也发生了重大变迁，印度模式（Indian model）助推了印非关系的发展。所谓的"印度模式"指主要依托私营部门参与者推动印非之间的贸易与投资，强调印度私立企业在其中扮演的重要角色并逐步成为印非关系的核心特征，③ 同时，强调以此促进非洲的企业家精神和经济增长。印非峰会之后，双边贸易迅速增长，20 世纪 60 年代的每年 9.67 亿美元发展至 2005 年的 120 亿美元和 2011 年的 630 亿美元，6 年间年增长率近 32%；但双边贸易也极度不平衡，其中印度对非出口年增长率达 23.6%。④

医药领域一直是印非民间合作和官方着力推广的主要领域之一，主要表现为如下三方面。第一，在医药商品的提供和投资领域，印度是非洲医药领域的主要供应商和投资者，同时，许多非洲国家也将印度视为该领域的可靠合作伙伴，这一双向互动提升了印度医药产业在非洲的本土化进程。印度对非洲医药产品的出口从 2000 年的 2.48 亿美元增加到 2014 年的 35 亿美元；2008—2014 年间，印度对非洲制药直接投资累计约 2.46 亿美元。⑤ 2014—2015 年，药品成为印度对非洲的第二大出口商品，约 30 亿美元，其中 7.04 亿美元药品出口到东非。⑥

---

① Emma Mawdsley, "The Rhetorics and Rituals of 'South-South' Development Cooperation: Notes on India and Africa", in Emma Mawdsley & Gerard McCann eds., *India in Africa: Changing Geographies of Power*, Cape Town: Pambazuka Press, 2011, pp. 166-186.
② Alex Vines, "India's Africa Engagement: Prospects for the 2011 India-Africa Forum", *Chatham House*, 2010, pp. 11-14, https://www.chathamhouse.org/sites/default/files/public/Research/Africa/1210vines.pdf.
③ IANS, "Tharoor Unveils Indian Model of Engagement with Africa", *Daijiworld*, March 15, 2010, https://www.daijiworld.com/news/newsDisplay?newsID=73873.
④ CII & WTO, *India-Africa: South-South Trade and Investment for Development*, 2013, pp. 14-15, https://www.wto.org/english/tratop_e/devel_e/a4t_e/global_review13prog_e/india_africa_report.pdf.
⑤ T. C. James et al., "India-Africa Partnership in Healthcare: Accomplishments and Prospects", *Research and Information System for Developing Countries Delhi*, October 17, 2015, https://www.researchgate.net/publication/316668143_IndiaAfrica_Partnership_in_Health_Care_Accomplishments_and_Prospects.
⑥ Rajeev Ahuja, "Health Systems in the BIMSTEC and East Africa: Current and Future Engagements", *Observer Research Foundation Occasional Paper No. 197*, June 2019, p. 10, https://www.orfonline.org/research/health-systems-in-the-bimstec-and-east-africa-current-and-future-engagements-51877/.

例如，坦桑尼亚的医疗卫生领域一直是印度与其合作的重点领域。2002年两国签署了医药健康领域合作协议，坦桑尼亚还成为2009年印度发起的旨在提供远程医疗和教育的泛非电子网络项目（Pan-Africa e-Network Project）的重要合作方。两国之间医药领域的合作有诸多特点。例如，坦桑尼亚是印度医疗旅游领域中非洲病患的第三大来源国，作为"全球药房"的印度是坦桑尼亚最大的药品供应商，印度还是坦桑尼亚医疗基础设施的主要投资者。[1] 再如，肯尼亚政府与印度政府达成合作意向，通过印度医疗集团在肯尼亚投资来控制肯尼亚境外医疗旅游的上升势头。2016年，印度NH公司与肯尼亚医生和国际金融机构合作，在内罗毕建立了一家三级护理的专科医院。[2]

第二，在东非医疗卫生人才的培养和投资领域，印度也积极参与。众所周知，尽管非洲的医疗卫生事业取得了一定发展，但医疗卫生人才仍极度缺乏。2014年世界卫生组织报告显示，撒哈拉以南非洲是世界最缺乏医务人员的地区，每10万人仅有18名医务人员，总计缺少约180万名医务人员。随着人口数量的增长，到2035年，这一地区预计将缺少430万名医务人员，其中，仅肯尼亚就缺少8.3万名医务人员。[3] 尽管多个国家或国际组织都派遣了援非医疗队，但加强医务人员的培养仍然是东非国家医疗卫生事业发展的关键。印度私立医疗集团不仅派遣医务人员前往非洲分部行医，还尝试在医务人员的培养方面提升与非洲的合作。在此基础上，印度政府利用医疗信息和技术，试图通过远程医疗教育服务，借助印度高校和医疗集团在印度本土和非洲的网络资源完成对非洲医疗人才的培养。为此，印度政府主导的泛非电子网络项目应运而生。

---

[1] Laxmi Yadav, "Tanzania Allows Drug Exporters to Modify Specifications of Registered Medicinal Products", *Pharmabiz*, July 4, 2020, http://www.pharmabiz.com/NewsDetails.aspx?aid=129335&sid=1; Alok Ranjan et al., "The Advent and Growth of Medical Tourism in India with Reference to Neurosurgery", *Spine Section*, March 26, 2017, https://www.spinesection.org/news-detail/advent-growth-of-medical-tourism-in-india-with-ref#.

[2] Paul Wafula, "Top Indian Hospital Sets Foothold in Nairobi", *The Standard*, May 5, 2016, https://www.standardmedia.co.ke/news/article/2000204275/top-indian-hospital-sets-foothold-in-nairobi.

[3] WHO, "A Universal Truth: No Health without a Workforce", 2014, p. 62, https://www.researchgate.net/profile/Gesmar-Segundo/publication/286420844_Prevalence_of_IgE-mediated_latex_allergy_at_a_university_hospital/links/5699197d08ae6169e5516a31/Prevalence-of-IgE-mediated-latex-allergy-at-a-university-hospital.pdf.

提及医学教育及远程医疗方面，笔者曾短期访学的阿迦汗大学医学院就属于来自南亚的阿迦汗发展网络，其在东非的肯尼亚、乌干达和坦桑尼亚等国都广泛参与了当地的医疗和医学教育，不仅在主要国家建立有医科大学（如肯尼亚阿迦汗大学医学院）、医疗护理培训学校（在坦桑尼亚、乌干达、莫桑比克等国），还开设有多所高端医疗机构（肯尼亚阿迦汗大学医院、坦桑尼亚阿迦汗医院以及乌干达阿迦汗医院）及大量遍及大城市和中等城市的医疗诊所网络。同时，还建立了先进的电子信息中心，可开展远程医疗服务。[1]

第三，在医疗信息和技术领域，印度医疗集团旨在通过投资电子信息技术，加强印度本土和非洲分支机构之间的联系，提升国内医疗旅游产业和非洲医疗旅游产业的关联性，如医疗信息和数据共享、疾病联合诊治、病人转诊等服务。尽管各医疗集团之间有各自的发展渠道，但自2009年由印度政府赞助的泛非电子网络项目启动以来，这一领域发展较快。该项目覆盖了48个非洲国家和地区，在双边的医疗信息和技术等6个领域的合作中扮演重要角色。[2] 在医疗卫生领域，该项目不仅将远程医疗和远程医学教育相结合，还使印度医疗集团在非洲城市和乡村的布局成为可能。该项目利益相关者包括印度政府外交部、印度赞助商、非洲联盟委员会及其成员国、印度的大学和大型医疗集团、印度电信咨询有限公司等。尽管在实施过程中受到基础设施和人力资源等方面的挑战，但该项目仍取得了重大成就。该项目在非洲东南西北中5个区域共设有5个区域大学中心和5个区域超级专科医院；在48个非洲国家配有学习中心和病人终端，可提供远程医疗和远程医疗教育服务。截至2020年，有超过19 268名非洲学生注册了教育课程，来自不同非洲国家的医生进行了约700次在线医疗咨询，举办了超过5643次医学继续教育课程。[3]

简言之，印度因素在东非医疗旅游领域的崛起中扮演了重要角色。这一过程

---

[1] 高良敏、程峰：《"阿迦汗发展网络"：东非百年全球卫生治理经验与借鉴》，《太平洋学报》2019年第7期，第96页。
[2] "Pan-African e-Network Project", *South-South Galaxy*, https://my.southsouthgalaxy.org/en/solutions/detail/pan-african-e-network-project.
[3] "Pan-African e-Network Project", *South-South Galaxy*, https://my.southsouthgalaxy.org/en/solutions/detail/pan-african-e-network-project.

不仅嵌入了地理、历史和社会等因素，还与印度的私立医疗行业在东非的广泛发展同步。与此同时，印度还依托本国引领全球医疗旅游的发展优势，布局东非乃至全非洲的医疗旅游产业，促进非洲和印度在医疗旅游方面的深度合作。印度私立医疗广泛进入非洲，一方面体现了非洲医疗卫生格局，尤其是由非洲社会精英主导的医疗旅游产业的调整趋势；另一方面还可触及更为广泛的病患群体，具有较大的市场前景。在此意义上，"健康"成为印非官方关系发展和互动的重要内容，使印度进入东非医疗旅游领域具备了天然的优势。印度在非洲发展医疗旅游不仅与本土关联，具有较高的完整性，同时运用了先进的信息科技，加深了双方的合作，为大量非洲病患和相关利益群体提供了便捷。

四、结语

东非医疗旅游叙事方式围绕印度、东非区域等"目的地"展开，其中以印度为主的南亚地区成为东非人最为主要的医疗旅游目的地，而近年新冠病毒的全球流行则扭转了这一趋势，使东非地区逐渐发展成为重要的医疗旅游中心。整体上，东非"医疗旅游"图景丰富了全球医疗旅游叙事范式，这一叙事首先是主要从全球南方到全球北方的"南北"叙事，或从发展中国家到欧美的路径；[1] 其次是"南南"叙事，即全球南方居民到医疗卫生资源相对丰富、经济成本相对较低、服务质量相对较高的全球南方国家或地区寻求医疗服务，如以亚洲的泰国、印度，非洲的南非等为目的地的医疗旅游。而以"东非区域"为目的地的医疗旅游的出现，一方面展现了该区域医疗卫生事业的发展与进步，另一方面则体现了东非通过重塑自身医疗卫生格局，以期适应或解决本土医疗卫生问题的迫切需求。

东非医疗旅游的变化也呈现出一定关联性，尽管医疗旅游的目的地从印度逐渐转向东非地区内部，但一定程度上两者都会成为今后东非人民医疗旅游的主要选择。进一步而言，变化的关联性也体现在印度因素在其中扮演的重要角色。一

---

[1] Abel Chikanda, Jonathan Crush & Belinda Maswikwa, "Patients without Borders: Medical Tourism and Medical Migration in Southern Africa", *Migration Policy Series*, no. 57, 2012, pp. 20–28.

方面，印度凭借其发达的医药产业和强大的医疗集团在全球医疗旅游中发挥关键作用。由于与东非在社会地理和历史等维度的亲缘性，印度是东非乃至其他非洲国家医疗旅游的重要目的地，随着以印度为首的南亚地区私立医疗集团逐渐在东非扎根和发展，亦成为东非医疗旅游崛起的重要力量。另一方面，当东非因疾病谱变迁、医疗卫生结构限制等原因，试图将自身打造成为区域性旅游中心时，印度凭借其多年与东非在医疗卫生领域合作的基础而获得先机，并在东非发展医疗旅游时再次发挥重要作用。在此过程中，印度政府将"健康"视为国民经济发展的关键领域，将其嵌入印度与非洲的关系中。由此，大量印度私立医疗集团在获得政治支持后进入非洲，并通过远程医疗和远程医学教育等现代医学信息和数字科技，强化了与印度本土的关联。

然而，印度在医疗领域的举措并不一定被东非各国积极看待。如东非各国都在强化自身国家级公立医院的建设、公共医疗人才的培养和服务质量的提高，甚至积极探索将"旅游"纳入医疗旅游领域中。尽管印度的一些低端医疗产品的技术转让和参与促进了东非医疗卫生能力的提升，但因印度在出口药品、建设医院、改善医院管理和建设信息和科技基础设施等方面的巨大优势，使双边的合作极度不平衡，东非医疗卫生领域有再次陷入依赖陷阱的可能。诚然，有印度等外部力量和资源的加持，东非高端医疗领域可获重大发展，也可增强东非应对心血管疾病和癌症等慢性非传染性疾病的能力，还可在一定程度上减轻东非国家每年支付大量资金用于社会、政治精英境外求医的负担，对实现"非洲病人非洲治"的愿景具有重大意义。

此外，我们也应该注意到医疗旅游归根结底是服务于非洲本土的社会精英和政治精英。这一现象增长的背后凸显非洲国家国内健康不平等、医疗卫生资源分配公平性等问题，即对于社会经济资源尚不富足的非洲大部分病患群体而言，昂贵的、跨境的、跨文化的医疗旅游行为仍遥不可及。尽管东非自身医疗旅游崛起，但从东非国家政府推动医疗旅游发展的动机来看，很大程度上仍是解决社会精英和政治精英或中产阶级"就地就医"的医疗服务可及性问题。而印度私立医疗参与的逐利本质也可能会进一步强化和凸显健康不平等和医疗卫生资源分配公平性问题。对此，笔者认为，东非应同时强化面向大众的医疗卫生事业的建设，将医疗旅游领域作为其补充，而不是使医疗旅游主导国家医疗卫生格局。

而对于印度因素在东非医疗旅游中的重要角色，笔者认为还应嵌入历史和社会文化维度来分析。例如在东非扎根百余年的阿迦汗发展网络及其医疗服务体系，之所以能够在东非深度扎根和广泛存在，与印度洋地区的地理、历史，甚至宗教与文化等因素有重大关联，呈现出历史基础和社会基础的双重厚度。此外，在桑给巴尔阿曼苏丹帝国统治时期以及殖民时期，特别是英国殖民时期，引入了大量包括医生在内的印度技术工人或医药商贩，这些在东非的印度人均被视为帝国统治下的"中间人"（mid-men），[1]再加上印度的宗教和家族企业文化更进一步使印度医疗长期存在并扎根于东非，并与印度本土密切关联。总之，印度人在东非的存在与扩张与历史、社会文化有着深度关联。

［责任编辑：毛悦］

---

[1] Anna Greenwood & Harshad Topiwala, *Indian Doctors in Kenya, 1895-1940: The Forgotten History*, New York: Palgrave Macmillan, 2015, pp. 7-33.

斯里兰卡的政治家族叙事与权力影响：
基于维克拉马辛哈及其家族的视角[*]

何 演[**]

摘要：2022年，斯里兰卡经历了历史上最严重的经济危机，一系列事件导致经济危机并引发政治动荡和政府更迭。为缓和局势，拉尼尔·维克拉马辛哈出任斯里兰卡新一任总统并带领新政府上台执政，以拉贾帕克萨为代表的兄弟政权宣告垮台。拉贾帕克萨家族是近年来斯里兰卡政坛具有巨大影响力的政治家族，舆论普遍认为，拉贾帕克萨兄弟政权的下台预示着斯里兰卡的家族政治走向终结。然而，斯里兰卡的政治体系具有深厚的历史和根源，政治家族在政治发展中扮演着重要角色，维克拉马辛哈作为传统执政精英，其本人与其政治家族的关系值得深入研究。本文对维克拉马辛哈的政治生涯和家族网络进行分析，尝试回答维克拉马辛哈五次出任总理而未展现家族影响力的原因。研究发现，维克拉马辛哈总统具有雄厚的家族背景支持，但维克拉马辛哈家族的优势集中在商业领域而非政治领域，家族规模及影响力侧重于母系家族而非父系家族。同时，本文也探讨了家族因素对维克拉马辛哈巩固政治权力的影响，阐明维克拉马辛哈借助母系家族优势构建了一条以党内追随、党外联盟为特征的政治发展道路。家族谱系重心和联盟脆弱性共同作用于维克拉马辛哈的执政过程，维克拉马辛哈执政并不意味着家族政治的终结。

关键词：斯里兰卡；维克拉马辛哈；政治家族；亲属关系；政党政治

---

[*] 本文系清华大学文科建设"双高"计划项目"理论与实践：发展中国家研究探索"（项目批准号：2022TSG08103）的阶段性研究成果。

[**] 何演，清华大学国际与地区研究院助理研究员，主要研究方向为斯里兰卡国别研究、家族政治、南亚比较政治等。

一、问题的提出与既有研究述评

2022年3月，斯里兰卡经济危机日益加重，燃料、电力、食品和药品等生活必需品严重短缺，政治局势持续动荡，社会秩序陷入混乱，全国性抗议示威活动和集体罢工运动此起彼伏，流血冲突时有发生。对此，时任总统戈塔巴雅·拉贾帕克萨（Gotabaya Rajapaksa）分别于4月1日和5月6日两次宣布国家进入紧急状态。期间，抗议民众要求总统戈塔巴雅下台和总理马欣达·拉贾帕克萨（Mahinda Rajapaksa）辞职的呼声日益高涨。5月9日，迫于逐渐恶化的国内安全局势，总理马欣达宣布辞职。5月12日，戈塔巴雅任命拉尼尔·维克拉马辛哈（Ranil Wickremesinghe）为总理，试图通过重组内阁以缓解紧张局势。然而，好景不长，戈塔巴雅-拉尼尔政府组建两个月后，7月9日科伦坡再次发生大规模抗议示威，抗议者闯入总统官邸和总理府，这一政治闹剧引起世界关注，随后戈塔巴雅于7月13日辞职。7月20日，维克拉马辛哈当选新总统并组建新内阁。一系列事件表明，2022年的斯里兰卡进入了危机的紧要关头，处于国家"破产"和"崩溃"的边缘，其经济状况及国家发展态势备受各方关注。[①]

值得注意的是，斯里兰卡的经济危机引发了政治危机，国内政治的无序与混乱直接威胁国家安全和政权存续，最终导致国家领导人更替和政府更迭。自2009年斯里兰卡内战结束以来，无论是马欣达执政还是戈塔巴雅执政，以拉贾帕克萨家族为代表的政治力量成为西方学界长期讨论的对象，此次2022年政治危机更使拉贾帕克萨家族重新回归舆论焦点。舆论普遍认为，拉贾帕克萨家族的倒台标志

---

① 对于斯里兰卡发生政治经济危机的原因，已有诸多研究分别从新冠疫情影响、俄乌冲突以及斯国内宏观经济不稳定等角度进行解释，为理解这一危机提供了多元视角。参见李艳芳：《斯里兰卡何以走到"国家破产"边缘》，《世界知识》2022年第4期，第56—57页；刘小雪：《斯里兰卡危机为何愈演越烈》，《世界知识》2022年第15期，第26—27页；A. S. Hovan George, A. Shaji George & T. Baskar, "Sri Lanka's Economic Crisis: A Brief Overview", *Partners Universal International Research Journal (PUIRJ)*, vol. 1, no. 2, 2022, pp. 9–19.

着斯里兰卡的家族政治走向终结。①

新总统维克拉马辛哈并非新兴政治力量，其所代表的是传统精英阶层，甚至可以称维克拉马辛哈为"新总统、老政客"。维克拉马辛哈分别在1993—1994年、2001—2004年、2015—2018年、2018—2019年四次担任总理，并于2022年5月12日第五次出任总理，成为斯里兰卡历史上任职次数最多的总理。与拉贾帕克萨兄弟相较，维克拉马辛哈参与政治的时间更早、利益规模更广。若以此断言家族政治走向终结，则该论断显然与事实存在相悖之处。同时，由于南亚国家的家族政治在制度和文化上存在本土特殊性和延续性，②维克拉马辛哈作为传统精英，其执政是否具有家族特征以及其能否在短期内扭转家族政治模式成为一个亟待探讨的问题。据此，本文提出的研究问题是：维克拉马辛哈作为老牌政治精英，为什么在其政治历程中家族影响力缺位？维克拉马辛哈及其家族具备什么样的家族网络特征，家族对其执政又产生了何种影响？

通过文献调研可以发现，既有研究中并无针对本文研究问题的直接相关解释，而更多的集中在维克拉马辛哈的个人传记书写及其执政过程方面。一方面，有斯里兰卡学者专门为维克拉马辛哈撰写政治家传记，较为详尽地记叙了其成长过程和政治历程，该传记也是为数不多的可以系统了解维克拉马辛哈及其家族的著作。③另一方面，不少学者关注维克拉马辛哈在不同总理任期的政策动向及权力地位，分析了维克拉马辛哈执政时期推行的各项措施，描述了维克拉马辛哈与其他政客进行政治斗争与维护权力合法性的经过。④既有研究尽管在一定程度上对维克

---

① 相关报道见 P. K. Balachandran, "The Rajapaksa Regime Is Gone. What Next for Sri Lanka?", *The Diplomat*, July 12, 2022, https://thediplomat.com/2022/07/the-rajapaksa-regime-is-gone-what-next-for-sri-lanka/; Alasdair Pal, "Sri Lanka's Gotabaya Rajapaksa: Civil War Victor Brought Down by Protests", *Reuters*, July 13, 2022, https://www.reuters.com/world/asia-pacific/sri-lankas-gotabaya-rajapaksa-civil-war-victor-brought-down-by-protests-2022-07-13/; Niha Masih & Hafeel Farisz, "Sri Lanka President Finally Resigns after Fleeing to a Second Country", *The Washington Post*, July 14, 2022, https://www.washingtonpost.com/world/2022/07/14/sri-lanka-protests-president-rajapaksa-resign/。

② 陈金英：《南亚现代家族政治研究》，《国际论坛》2011年第4期，第73—78页。

③ සම්පත් බණ්ඩාර, රනිල් වික්‍රමසිංහ: දේශපාලනික චරිතාපදනය, නුගේගොඩ, ශ්‍රී ලංකාව: සරසවි ප්‍රකාශකයෝ, 2016.

④ 刘小雪：《斯里兰卡政治乱局的根源所在》，《世界知识》2019年第2期，第36—37页；Sree Padma, "Sri Lanka in 2018: Seeking a Way Forward", *Asian Survey*, vol. 59, no. 1, 2019, pp. 108-113；

拉马辛哈的各方面情况有所涉及，为读者了解维克拉马辛哈奠定了一定基础，但是在研究的系统性和整体性上仍然存在较大的发展空间。为此，本文聚焦于维克拉马辛哈的家族网络及其政治权力影响，以求更为直接地、合理地回答本文所提出的研究问题。

二、商业家族传统：维克拉马辛哈家族和维杰瓦德纳家族

拉尼尔·维克拉马辛哈[①]所属的维克拉马辛哈家族是科伦坡的精英阶层。从已有的历史档案和传记资料来看，近代的维克拉马辛哈家族可以追溯到拉尼尔的曾祖父母，詹姆斯·维克拉马辛哈（James Henry Wickremasinghe）和玛丽·萨玛拉维克拉玛（Mary Helen Samarawickrema），不过关于他们的记载不甚详细，只知道他们育有8个子女。[②]其中，拉尼尔的祖父伦纳德·维克拉马辛哈（Cyril Leonard Wickremasinghe）排行第六，是较有成就的一位，也是维克拉马辛哈家族史上第一位在政府担任行政管理职务的家庭成员。

伦纳德毕业于加勒的里士满学院和科伦坡的皇家学院，在校学习期间，他几乎每年都获得数学和化学优秀奖。1912年8月23日，21岁的伦纳德通过了公务员考试，成为一名行政管理官员。1920年，伦纳德任玛纳尔地区助理行政长官；1930年任萨巴拉加穆瓦省行政升官；1931年任中北省行政长官，在同年的国务委员会选举中，斯蒂芬·森纳那亚克（Stephen Senanayake）出任农业与土地部部长。当时，森纳那亚克着力推动中北省的农业安置工程，在中北省任职的伦纳德

（接上页）佟加蒙：《斯里兰卡政治变局的背景和前景》，《世界知识》2018年第23期，第28—29页；杜敏、李泉：《斯里兰卡西里塞纳政府的政治形势与前景探析》，《学术探索》2016年第12期，第33—38页；刊物记者：《专访斯里兰卡统一国民党领袖、前总理拉尼尔·维克拉马辛哈》，《当代世界》2012年第8期，第57—58页；Rajat Ganguly, "Sri Lanka's Ethnic Conflict: At a Crossroad between Peace and War", *Third World Quarterly*, vol. 25, no. 5, 2004, pp. 903-917；张位均：《斯里兰卡政治危机十问》，《当代亚太》2004年第3期，第24—28页。

① 为便于区分，正文中"拉尼尔"或"维克拉马辛哈"的表述特指"拉尼尔·维克拉马辛哈"，其他与维克拉马辛哈家族相关的人名统一使用汉译全名或只用汉译名。

② Manjula de Livera, "Sri Lanka Sinhalese Family Genealogy: Wickremasinghe Family", *World Gen Web,* May 25, 2020, http://www.worldgenweb.org/lkawgw/gen3103.html.

正是森纳那亚克的首席顾问。尤其是 1933 年森纳那亚克在起草《土地发展条例》（ඉඩම්සංවර්ධනපනත）时，伦纳德提供了极大的帮助并获得认可。1936 年，伦纳德在森纳那亚克的推荐下进入土地部任职，进一步为更多农民提供服务。伦纳德的政绩主要集中在两个项目上：一是 1934 年实施的"米内瑞亚湖项目"（මින්නේරිය යෝජනාක්‍රමය）；二是 1942 年顺利完成了由森纳那亚克提出的"米尼沛水渠灌溉项目"（මිනිපේ ඇල වාරිමාර්ග යෝජනාක්‍රමය）。不过，随着身体健康每况愈下，伦纳德于 1943 年退休，后于 1945 年去世。[①]

拉尼尔的父亲埃斯蒙德·维克拉马辛哈（Esmond Wickremasinghe）是伦纳德四个孩子中的长子。在埃斯蒙德的其他三个兄弟姐妹中，弟弟提萨（Tissa）于 1961 年早逝，小弟拉克什曼（Lakshman）是基督教主教，[②] 而妹妹穆克塔（Muktha）的丈夫则在 1964—1981 年担任议会秘书长。[③] 埃斯蒙德早年在皇家学院读书，1938 年考进科伦坡大学，1941 年当选为学生会主席，同年通过了伦敦历史学学位考试，随后进入锡兰法学院学习并最终成为一名辩护律师。在学习期间，埃斯蒙德的政治兴趣主要集中在左翼运动上，他曾在科伦坡大学发起并组建左翼政党兰卡平等社会党。与此同时，埃斯蒙德还在大学时找到了人生伴侣，两人在校园相恋并完婚。这位伴侣正是埃斯蒙德的妻子、拉尼尔的母亲娜丽妮·维杰瓦德纳（Nalini Wijewardene）。娜丽妮是锡兰联合报业有限公司创始人理查德·维杰瓦德纳（D. R. Wijewardena）的长女。埃斯蒙德与娜丽妮的婚姻，是维克拉马辛哈家族与维杰瓦德纳家族建立家族关系的一次联姻。于是，在 1950 年时年 30 岁时，埃斯蒙德的人生轨迹开始发生变化。在理查德的安排下，埃斯蒙德加入锡兰联合报业有限公司（又称湖畔报业）担任编辑部总经理。此后，埃斯蒙德在事业发展上告别了律师职业，进入商业领域；在政治思想上，他放弃了左翼思想，转向右翼保守的政治立场。[④]

---

① සම්පත් බණ්ඩාර, රනිල් වික්‍රමසිංහ: දේශපාලනික චරිතාපදානය, නුගේගොඩ, ශ්‍රී ලංකාව: සරසවි ප්‍රකාශකයෝ, 2016, pp. 142–143.
② Manjula de Livera, "Sri Lanka Sinhalese Family Genealogy: Wickremasinghe Family", *World Gen Web,* May 25, 2020, http://www.worldgenweb.org/lkawgw/gen3103.html.
③ සම්පත් බණ්ඩාර, රනිල් වික්‍රමසිංහ: දේශපාලනික චරිතාපදානය, නුගේගොඩ, ශ්‍රී ලංකාව: සරසවි ප්‍රකාශකයෝ, 2016, p. 143.
④ සම්පත් බණ්ඩාර, රනිල් වික්‍රමසිංහ: දේශපාලනික චරිතාපදානය, නුගේගොඩ, ශ්‍රී ලංකාව: සරසවි ප්‍රකාශකයෝ, 2016, pp. 144–145.

理查德·维杰瓦德纳是拉尼尔的外祖父，维杰瓦德纳家族作为拉尼尔的母系世家，对拉尼尔的影响更为深远（见图1）。维杰瓦德纳家族的祖先可以追溯至15世纪的科特王朝统治时期，在多个世纪的家族传承中，不乏声名显赫者。[1] 到了近代的19世纪，理查德的父亲菲利浦·维杰瓦德纳（D. P. Wijewardena）是这一家族近现代家业的奠基人。菲利浦是一位精明的商人，由于菲利浦的家在凯拉尼亚河边，河运的便利为他的生意提供了交通优势。他从事木材、沙石和砖瓦等建筑原材料贸易，并迅速在商业上取得成功，尤其是19世纪的最后20年，科伦坡各大酒店和办公楼等工程项目动工，拉动了建筑原材料的需求，菲利浦抓住这一时机，成为第一位为铁路和港口提供原木材的商人。[2]

1880年，菲利浦与著名商人德普·维勒辛哈（Dep Weerasinghe）的女儿海伦娜·维勒辛哈（Helena Weerasinghe）成婚。海伦娜是推动凯拉尼亚皇家大庙从1888年起进行修缮复兴的重要人物，[3] 她虔诚的信仰及其享有的极高的声望为维杰瓦德纳家族在凯拉尼亚地区积累了美名，奠定了其后辈们可充分依靠的民众基础。菲利浦和海伦娜在婚后育有七个儿子和两个女儿。长子亚历山大·维杰瓦德纳（Alexander Wijewardena）子承父业，成为船运业巨头；次子路易斯·维杰瓦德纳（Luis Wijewardena）是从事椰子油生产与出口贸易的企业家；三子理查德；四子艾蒙德·维杰瓦德纳（Edmund Wijewardena）赴伦敦学医，毕业回国后放弃医生职业进入湖畔报业集团经营管理层工作；五子查尔斯·维杰瓦德纳（Charles Wijewardena）从事传媒出版行业，查尔斯的妻子卫玛拉·维杰瓦德纳（Vimala Wijewardene）是锡兰第一位女内阁部长；[4] 六子沃尔特·维杰瓦德纳（Walter Wijewardena）

---

[1] D. M. K. G. K. Dissanayake, G. A. A. N. Sri Shan & W. K. M. Wijayarathna, "Wijewardena Family: Foundation of a Long-lasting Political Family in Sri Lanka", *International Conference on Heritage as Soft Power,* Kelaniya: Centre for Heritage Studies, University of Kelaniya, Sri Lanka, 2019.

[2] Sampat Bandara, *Ranil Wickremesinghe: Four Time Prime Minister of Sri Lanka: A Political Biography*, Fernando Vijita trans., Nugegoda, Sri Lanka: Sarasavi Publishers, 2016, pp. 157-158.

[3] දොම්පෙ අජිත් මදුරප්පෙරුම, "කැලණි පුදබිම බොදු ජනයාට රැකදුන් හෙලේනා විජයවර්ධන ළමාතැනිය", ලංකාදීප, කොළඹ: සීමාසහිත විජය පුවත්පත් සමාගම, ජූලි 18, 2020, www.lankadeepa.lk/rasawitha/කැලණි-පුදබිම---බොදු-ජනයාට-රැකදුන්--හෙලේනා-විජයවර්ධන-ළමාතැනිය/57-575569.

[4] අහුන්ගල්ලේ දේ සූ ද සොයිසා, "සිරිලක මැති සබයේ මෙතෙක් නොකැඩුණු වාර්තාව නැන්දා ගේ සහ බෑණා ගේ නියෝජනය", දිනමිණ, කොළඹ: සීමාසහිත ලංකාවේ එක්සත් ජ්‍රවෘත්ති පත්‍ර සමාගම, මැයි 05, 2009, http://archives.dinamina.lk/2009/05/05/_art.asp?fn=f0905053.

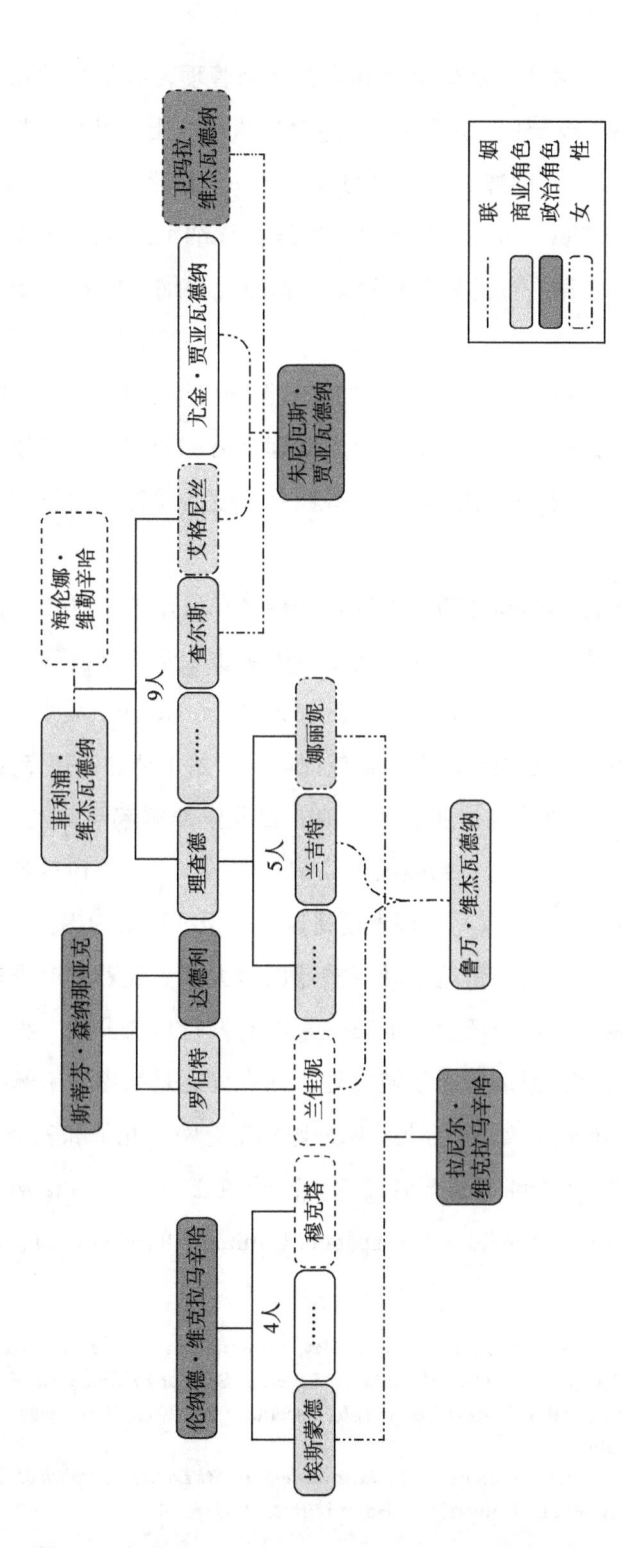

图1 维克拉马辛哈-维杰瓦德纳家谱系图

供职于凯拉尼亚皇家大庙，从事佛事和宗教活动管理，沃尔特的儿子尤波利·维杰瓦德纳（Upali Wijewardena）是斯里兰卡商业大亨；七子艾尔伯特·维杰瓦德纳（Albert Wijewardena）是湖畔报业集团的股东之一。除此之外，长女艾格尼丝·维杰瓦德纳（Agnes Wijewardena）与尤金·贾亚瓦德纳（Eugene W. Jayewarden）结婚，她也是斯里兰卡第一任总统朱尼厄斯·贾亚瓦德纳（J. R. Jayewardene）的母亲；而二女儿哈里奥特（Harriot Wijewardena）则与一位眼科医生结婚。[1]

就公共生活的影响力来看，在19世纪末至20世纪初的十年时间，维杰瓦德纳家族中仅有两个人有政治方面的抱负，即理查德和查尔斯，其他大多数人都满足于经商，这一点与贾亚瓦德纳家族希望在公共生活发挥重要影响力的追求形成鲜明对比。[2]

理查德·维杰瓦德纳和他的兄弟姐妹一样，在科伦坡郊区芒特拉维尼的圣托马斯学院完成基础教育。随后，理查德赴英国剑桥大学法学院接受高等教育，当时他的同班同学之一贾瓦哈拉尔·尼赫鲁（Jawahalal Nehru）后来成为印度独立后的第一任总理。1912年理查德从英国学成回国，开始了他的法律专业实践。不过，理查德很快就开始转向传媒报业领域。他的报业生涯源起于收购《每日太阳报》（දිනමිණ），于1918创办《每日新闻报》（Daily News），并在1934年收购《锡兰观察家报》（The Ceylon Observer），理查德将这三家报纸注册为锡兰联合报业有限公司，之后在科伦坡贝拉湖旁建造了湖畔报业出版大厦。随着湖畔报业的发展，其并购规模也越来越大，成为斯里兰卡第一家同时发行僧伽罗语、英语和泰米尔语三种语言的出版商。在报纸传媒领域之外，理查德还是斯里兰卡佩拉德尼亚大学（University of Peradeniya）的创始人。理查德共育有两个儿子和三个女儿。长子西瓦里（Seewali Wijewardena）是著名商人，次子兰吉特（Ranjith Wijewardena）则是维杰亚报业有限公司（Wijeya Newspapers Limited）的创始人和总裁，包括娜丽

---

[1] සම්පත් බණ්ඩාර, රනිල් වික්‍රමසිංහ: දේශපාලනික චරිතාපදානය, නුගේගොඩ, ශ්‍රී ලංකාව: සරසවි ප්‍රකාශකයෝ, 2016, pp. 149–150; Manjula de Livera, "Sri Lanka Sinhalese Family Genealogy: Wijewardena Family #3062", *World Gen Web,* December 21, 2011, http://www.worldgenweb.org/lkawgw/gen3062.htm.

[2] K. M. de Silva & Howard Wriggins, *J. R. Jayewardene of Sri Lanka: A Political Biography Volume One, 1906–1956*, Honolulu: University of Hawaii Press, 1988, p. 34.

妮（Nalini Wijewardena）在内的三个女儿都在湖畔报业集团工作。①

兰吉特·维杰瓦德纳是拉尼尔的舅舅，也是理查德商业传统的重要传承者。兰吉特出生于1938年，与其父亲理查德一样，在圣托马斯学院结束中学教育后，赴英国剑桥大学深造获法学学位。1962年，24岁的兰吉特回国出任湖畔报业集团总裁。1967年，兰吉特与国父斯蒂芬·森纳那亚克的孙女兰佳妮（Ranjani Senanayake）结婚，建立了与森纳那亚克家族的联系。1973年，班夫人政府推行国有化政策，维杰瓦德纳家族的湖畔报业集团大部分财产被收归国有。兰吉特不忍看到父亲一生的心血付诸东流，1979年，他毅然决然在困境中新成立了维杰亚报业有限公司，并引领其发展壮大。目前，维杰亚报业集团旗下的《兰卡岛报》（ලංකාදීප）、《每日镜报》（Daily Mirror）和《每日金融时报》（Daily FT）等报纸在斯里兰卡传媒报纸领域占据主导地位。② 兰吉特和兰佳妮的小儿子鲁万（Ruwan Wijewardene）生于1974年，在英国萨塞克斯大学获得国际传媒与政治科学专业学位。鲁万回国后步入政坛，成为统一国民党（United National Party）青年阵线的领导人，2015—2019年，鲁万在拉尼尔的联合政府中出任国防国务部部长和大众媒体部非内阁部长。③

娜丽妮是拉尼尔的母亲，也是理查德的长女。她的生活与艺术、报纸联系紧密。1944年，娜丽妮与埃斯蒙德·维克拉马辛哈结婚。婚后，娜丽妮投身于促进当地艺术文化发展的事业中。1954年11月，娜丽妮创办了科伦坡僧伽罗文化中心，培养了一批知名音乐家和舞蹈家。后来，娜丽妮回到湖畔报业集团工作。1968年其父理查德辞去职务后，她加入董事会，直到1973年湖畔报业被收归国有。④

埃斯蒙德由于在报纸传媒业的声誉以及自身的法律专业背景，得以与多位国家领导人保持紧密的友好关系，如达德利·森纳那亚克（Dudley Senanayake）、约

---

① Sampat Bandara, *Ranil Wickremesinghe: Four Time Prime Minister of Sri Lanka: A Political Biography*, Fernando Vijita trans., Nugegoda, Sri Lanka: Sarasavi Publishers, 2016, pp. 165-168.

② සම්පත් බණ්ඩාර,රනිල් වික්‍රමසිංහ: දේශපාලනික චරිතාපදානය, නුගේගොඩ, ශ්‍රී ලංකාව: සරස්වි ප්‍රකාශකයෝ, 2016, pp. 159-160.

③ පාර්ලිමේන්තුව ශ්‍රී ලංකා, "පාර්ලිමේන්තුවේ කාර්ය සටහන්", කොළඹ: පාර්ලිමේන්තුව, 2018.

④ Sampat Bandara, *Ranil Wickremesinghe: Four Time Prime Minister of Sri Lanka: A Political Biography*, Fernando Vijita trans., Nugegoda, Sri Lanka: Sarasavi Publishers, 2016, p. 158.

翰·科特拉瓦拉（John Kotelawala）、所罗门·班达拉奈克（S. W. R. D. Bandaranaike）以及朱尼厄斯·贾亚瓦德纳等。① 埃斯蒙德与这些国家领导人的接触，为其子拉尼尔日后从政奠定了基础。同时，埃斯蒙德与娜丽妮将维杰瓦德纳家族在报纸传媒领域的家业发展壮大，为拉尼尔提供了一个优渥的成长环境。

拉尼尔是埃斯蒙德和娜丽妮的次子，良好的家庭熏陶和扎实的精英教育为拉尼尔步入政坛打下牢固的基础。1954年1月，拉尼尔进入皇家学院学习，与所罗门·班达拉奈克的儿子阿努拉（Anura Bandaranaike）以及兰卡平等社会党创始人之一菲利普·古纳瓦德纳（Philip Gunawardena）的儿子迪内希（Dinesh Gunawardena）是同班同学，其中拉尼尔与阿努拉的关系最为要好。课余，拉尼尔时常陪伴父亲左右，而埃斯蒙德由于工作需要可以经常接触到如森纳那亚克、贾亚瓦德纳等实权政治家，父亲的政治倾向与社交圈子对拉尼尔产生了潜移默化的影响。② 1967年，拉尼尔进入科伦坡大学法学院学习，于1971年获得法学学士学位并通过律师考试。1972年拉尼尔在首席大法官面前进行律师宣誓，年仅23岁便成为青年律师。③ 此后，拉尼尔跟随五位资深律师从事法律工作，积累了宝贵的经验。拉尼尔的法学背景为其政治生涯奠定了基础。④

拉尼尔的妻子不问政治。1995年，拉尼尔与迈特丽·维克拉马辛哈（Maitree Wickramasinghe）结婚。迈特丽来自科伦坡纳瓦拉片区的一个中产家庭，在完成中学学业后，赴英国深造。她先在伦敦大学国王学院取得英语文学学士学位，随后回到科伦坡大学取得女性研究硕士学位，最后在伦敦大学教育学院获得教育学博士学位。目前，迈特丽是凯拉尼亚大学人文学院英语系教授。⑤ 迈特丽专心于学术

---

① සම්පත් බණ්ඩාර, රනිල් වික්‍රමසිංහ: දේශපාලනික චරිතාපදානය, නුගේගොඩ, ශ්‍රී ලංකාව: සරසවි ප්‍රකාශකයෝ, 2016, p. 145.
② සම්පත් බණ්ඩාර, රනිල් වික්‍රමසිංහ: දේශපාලනික චරිතාපදානය, නුගේගොඩ, ශ්‍රී ලංකාව: සරසවි ප්‍රකාශකයෝ, 2016, pp. 13-17.
③ "A Political Leader with The Power of Vision", *Daily Mirror*, Colombo: Wijeya Newspapers Limited, August 2, 2017, https://www.dailymirror.lk/133934/A-political-leader-with-the-power-of-vision.
④ සම්පත් බණ්ඩාර, රනිල් වික්‍රමසිංහ: දේශපාලනික චරිතාපදානය, නුගේගොඩ, ශ්‍රී ලංකාව: සරසවි ප්‍රකාශකයෝ, 2016, pp. 18-20.
⑤ Wickramasinghe Maitree, "Academic Staff, Department of English, University of Kelaniya", Kelaniya: Department of English, University of Kelaniya, 2021, https://hu.kln.ac.lk/depts/english/index.php/prof-maithree-wickramasinghe.

研究，尽管另一重身份是一位著名政治家的妻子，但是她从不干涉拉尼尔的政治事务，几乎没有与拉尼尔共同出现在公开媒体场合，也很少参加国家政治活动。①此外，值得注意的是，拉尼尔与迈特丽夫妇二人膝下无子女。

拉尼尔的其他兄弟姐妹也未参与到政治中。拉尼尔的哥哥沙恩·维克拉马辛哈（Shan Wickremesinghe）于1967年取得伦敦帝国理工学院的电视技术专业学位，回到斯里兰卡后花费十余年时间，致力于开办电视广播公司，最终于1992年获得投资委员会的许可，创立了沙恩电视网络公司（Telshan Network Limited，简称TNL）。尽管公司与政府机构存在业务往来，沙恩也偶尔会参加一些政治联谊活动，但他并不愿意在政治上耗费过多的精力。②

同样地，拉尼尔的妹妹卡莎尼卡·维克拉马辛哈（Kshanika Wickremesinghe）、弟弟尼拉吉·维克拉马辛哈（Niraj Wickremesinghe）和钱纳·维克拉马辛哈（Channa Wickremesinghe）都希望远离政治。尼拉吉在沙恩电视网络公司的电台频道担任首席执行官；钱纳则在父亲埃斯蒙德创立的两个公司担任总经理；卡莎尼卡则是一名律师，担任沙恩电视网络公司的法务总监，同时也投身于促进农村妇女发展的慈善活动。③从拉尼尔几位兄弟妹的职业发展路径来看，他们多是依靠家族企业维持生计，家族成员不问政治的倾向也注定拉尼尔在政治道路上孤身前行。

从以上家族谱系与发展传统来看，维克拉马辛哈家族和维杰瓦德纳家族对拉尼尔均有一定影响，但影响有限。一方面，拉尼尔在维克拉马辛哈家族的谱系中可承袭的政治传统和商业传统都较少。另一方面，维杰瓦德纳家族中菲利浦与理查德两代人的主业基本集中在商业领域，他们打造了稳固的产业集团并创造了丰厚的财富。不过，维杰瓦德纳家族在政治上并不具有传统优势的特点也很明显，主要体现在家族政客数量少。虽然维杰瓦德纳家族也培养出了贾亚瓦德纳和拉尼尔等重要领导人，但依据斯里兰卡的传统文化，严格意义上而言，他们属于维杰

---

① සම්පත් බණ්ඩාර, රනිල් වික්‍රමසිංහ: දේශපාලනික චරිතාපදානය, නුගේගොඩ, ශ්‍රී ලංකාව: සරසවි ප්‍රකාශකයෝ, 2016, pp. 66-69.

② සම්පත් බණ්ඩාර, රනිල් වික්‍රමසිංහ: දේශපාලනික චරිතාපදානය, නුගේගොඩ, ශ්‍රී ලංකාව: සරසවි ප්‍රකාශකයෝ, 2016, pp. 28-30.

③ ඇත්ත, "ශාන් වික්‍රමසිංහ එවැනි චරිතයක්", Colombo: The Truth, August 1, 2020, https://www.thetruth.lk/archives/28699.

瓦德纳家族的表亲外戚，如此一来更进一步削弱了维杰瓦德纳家族在政治上的代表性和影响力。因此，拉尼尔的家族传统更依赖于维杰瓦德纳家族，而维杰瓦德纳家族的政治传统远远弱于其商业传统。

三、维克拉马辛哈的政治选择：党内追随、党外联盟

在父辈关系荫护和法律专业支持的基础之上，拉尼尔开始步入政坛。1973年森纳那亚克去世，贾亚瓦德纳接手统一国民党事务，提出重视青年人才的政策以培养下一代领导人。因此，拉尼尔进入了贾亚瓦德纳的重点培养人选名单。贾亚瓦德纳交给拉尼尔的第一项任务是重组统一国民党工会领导机构以及包括工人组织、青年联合会和妇女联合会在内的全国各种青年组织。由于当时统一国民党青年阵线的主席由贾亚瓦德纳兼任，于是拉尼尔被任命为青年阵线的司库，同时还出任科伦坡南部选区办公室的联合秘书。从那时起，拉尼尔开始全权负责党内组织事务。凭借其法学背景，拉尼尔也成为统一国民党法律协会的主要负责人，为统一国民党在1973—1975年的大小选举中提供法律支持，获得了贾亚瓦德纳的认可，积累了政治经验。[①]

1975年5月，贾亚瓦德纳将凯拉尼亚选区交由拉尼尔负责，拉尼尔的政治生涯正式开启，并迅速获得重用。值得注意的是，凯拉尼亚选区也是贾亚瓦德纳1943年第一次参加国务委员会席位竞选时的选区。可以说，拉尼尔从迈入选举政治的第一步起就获得了统一国民党领导人的眷顾和支持。1977年议会大选，统一国民党大获全胜，拉尼尔也成功赢得凯拉尼亚选区的议席。[②] 拉尼尔精通英语，从小受其父亲影响，阅读了许多关于国际关系和外交事务等方面的书籍。结合这些优势，在贾亚瓦德纳组阁后，年仅28岁的拉尼尔被任命为外交部副部长，成为斯

[①] සම්පත් බණ්ඩාර, රනිල් වික්‍රමසිංහ: දේශපාලනික චරිතාපදානය, නුගේගොඩ, ශ්‍රී ලංකාව: සරසවි ප්‍රකාශකයෝ, 2016, pp. 21–22.

[②] "A Political Leader with The Power of Vision", *Daily Mirror*, Colombo: Wijeya Newspapers Limited, August 2, 2017, https://www.dailymirror.lk/133934/A-political-leader-with-the-power-of-vision.

里兰卡历史上最年轻的外交部副部长。一年后的 1978 年 9 月 7 日，新宪法生效，与此同时新内阁也随之产生。29 岁的拉尼尔进入内阁，出任青年事务与就业部部长，成为当时最年轻的内阁部长。1980 年 2 月 15 日，贾亚瓦德纳进行内阁改组，拉尼尔同时出任教育部部长一职。①

拉尼尔在其政治生涯早期巩固组织基础并提倡教育改革。截至 1989 年总统大选换届，拉尼尔在青年事务与就业部部长、教育部部长两个重要职位上分别工作了 11 年和 9 年，还担任了 4 年的人力资源发展与国家服务部副部长，极大程度地积累了工作经验并赢得了政治资本。该阶段可以视为拉尼尔政治生涯的早期，而拉尼尔早期的突出贡献是重组和壮大全国青年服务委员会，此举既是拉尼尔积极推动落实贾亚瓦德纳对青年工作要求的体现，也是拉尼尔通过青年团体来巩固立身之本的一种策略。拉尼尔任命童年好友、皇家学院同学查里特·拉特瓦特（Charitha Ratwatte）为全国青年服务委员会主席和总负责人。通过两人的努力，全国青年服务委员会成为保护青年权益的重要机构，建立了 23 个部门，在农村组织青年协会，设立了外事、体育、文艺等多个项目部门，影响广泛。② 在教育上，拉尼尔主张科学的教育方法，创造性地运用多种措施对旧教育体制进行改革。③

1988 年 12 月总统大选后，拉尼尔的职位有所变动，转向掌管工业和科技领域，从而积累了丰富的工业和经济管理经验。1989 年 2 月 18 日，总统拉纳辛哈·普雷马达萨（Ranasinghe Premadasa）任命拉尼尔为工业部部长；1990 年 3 月 30 日，普雷马达萨对内阁进行改组，拉尼尔被任命为科技部部长兼工业部部长。在政策上，拉尼尔推动斯里兰卡当地工业发展与国际接轨，关注工业去中心化，通过在农村地区启动工业项目来促进投资和发展等。④ 科技部和工业部的工作历练，提升了拉尼尔的专业知识和能力，奠定了拉尼尔政治生涯后期进行经济治理的基础。

---

① සම්පත් බණ්ඩාර, රනිල් වික්රමසිංහ: දේශපාලනික චරිතාපදානය, නුගේගොඩ, ශ්‍රී ලංකාව: සරසවි ප්‍රකාශකයෝ, 2016, p. 32, 39.
② සම්පත් බණ්ඩාර, රනිල් වික්රමසිංහ: දේශපාලනික චරිතාපදානය, නුගේගොඩ, ශ්‍රී ලංකාව: සරසවි ප්‍රකාශකයෝ, 2016, pp. 34–38.
③ 在教育上的详细改革措施，参见සම්පත් බණ්ඩාර, රනිල් වික්රමසිංහ: දේශපාලනික චරිතාපදානය, නුගේගොඩ, ශ්‍රී ලංකාව: සරසවි ප්‍රකාශකයෝ, 2016, pp. 39–45。
④ සම්පත් බණ්ඩාර, රනිල් වික්රමසිංහ: දේශපාලනික චරිතාපදානය, නුගේගොඩ, ශ්‍රී ලංකාව: සරසවි ප්‍රකාශකයෝ, 2016, pp. 49–53.

除了专业领域的管理能力之外，拉尼尔还具备坚定的政治立场与果断处理危机的能力。普雷马达萨政府时期，统一国民党也面临着严峻的党内斗争环境。1991年8月28日的弹劾总统案引发了统一国民党的党内分裂。然而，拉尼尔从容应对这一危机并采取了有效阻止分裂的手段，带领内阁成功发起对普雷马达萨总统的全力支持，获得了党内高层的一致认可。而后，在1993年"五一"国际劳动节筹备活动中，普雷马达萨总统在街头爆炸事件中丧生。拉尼尔得知消息后，紧急赶往总统办公室进行应急处置。在处理政治危机时，他思路清晰、行动果断，获得了统一国民党党内其他政治领导人的称赞。[1]

普雷马达萨遇难后，1993年5月7日，时任总理丁吉利·维杰通加（Dingiri Wijetunga）接任总统一职，同时拉尼尔在维杰通加的提名下出任总理。尽管此次任期短暂，仅持续了一年有余，但对于拉尼尔而言，这是他首次进入国家领导人行列，象征性地登上了国家权力顶峰。在拉尼尔担任总理的1993—1994年期间，国家的主要政治活动多集中在推进选举上，分别是1993年开始的省议会选举和1994年的国家议会大选。值得注意的是，在1993年省议会选举中，人民联盟（People's Alliance）的钱德里卡·库马拉通加（Chandrika Kumaratunga）出任西方省首席部长，她也是拉尼尔日后的竞争对手和合作伙伴。1994年6月26日，维杰通加宣布解散议会，8月16日举行议会大选。执政了十七年的统一国民党全面溃败，自由党（Sri Lanka Freedom Party）领导的人民联盟取而代之成为执政党，8月19日，库马拉通加夫人宣誓就任总理。议会选举结束后不到三个月，11月9日又举行了总统大选。[2] 在1993年至1994年的时间里，密集的选举重新塑造了斯里兰卡的政治力量格局，拉尼尔在其中也面临许多内外压力。

在1994年的总统大选候选人提名中，拉尼尔没有获得充分的党内支持以参加竞选角逐。从主导党内力量的角度来看，他在主观愿望上仍有所顾忌，在实力上还存在差距。其中，最突出的例子是，拉尼尔受制于脱党后返党的加米尼·迪萨

---

[1] සම්පත් බණ්ඩාර, රනිල් වික්‍රමසිංහ: දේශපාලනික චරිතාපදානය, නුගේගොඩ, ශ්‍රී ලංකාව: සරසවි ප්‍රකාශකයෝ, 2016, pp. 54–58.

[2] පාර්ලිමේන්තු අත්පොත, "මැතිවරණ දිනයන්", කොළඹ: ශ්‍රී ලංකා පාර්ලිමේන්තුව, ඔක්තෝම්බර් 7, 2020, https://www.parliament.lk/si/dates-of-elections.

纳亚克（Gamini Dissanayake），先后失去成为党内领导人与党内提名总统候选人的机会。

在加米尼因政治立场摇摆而处于明显劣势的情况下，拉尼尔没能把握时机获得足够的支持。此前，加米尼等人与普雷马达萨总统存在政见分歧，鼓动了49名议员和78名反对党代表联合签署弹劾总统提案，并于1991年8月28日提交议会表决。此举被视为加米尼对普雷马达萨总统的公然挑衅，由此引发的暴乱长达42天，但最终该提案未获半数通过而遭否决。[1] 弹劾行动也使加米尼被驱逐出统一国民党。[2] 于是，统一国民党走向分裂，加米尼带领部分追随者成立民主统一国民阵线（Democratic United National Front）。在普雷马达萨遇难后，许多前党员回归统一国民党，而加米尼领导的民主统一国民阵线在省议会选举中未赢得任何席位遂开始走向瓦解，于是加米尼选择重回统一国民党。[3] 加米尼返党后，成为拉尼尔的党内劲敌。加米尼决心重掌统一国民党，但党的执行委员会决议，只有忠诚于党的党员才能出任党的领导人。显然，决议是对加米尼党内竞争资格的一种否定。尽管如此，加米尼仍在最后以两票的优势当选统一国民党领袖。由此看来，党内支持拉尼尔的人仍不占多数。

在总统候选人问题上，拉尼尔不敌加米尼的家族优势。尽管拉尼尔未能当选统一国民党领导人，但仍在后来的大选活动中对加米尼提供了全力支持。然而，不幸的是，1994年10月22日晚，在科伦坡的竞选集会上，猛虎组织实施了自杀式袭击，包括加米尼在内的几位统一国民党领导人遇袭身亡。事件发生后，接替加米尼参与总统角逐的人选成为摆在统一国民党面前的重要问题。此前支持过加米尼的拉尼尔仍抱有一丝希望，但最终再度落选。统一国民党执行委员会经慎重考虑，决定由加米尼的遗孀斯里玛·迪萨纳亚克（Srima Dissanayake）参与总统角

---

[1] සම්පත් බණ්ඩාර, රනිල් වික්‍රමසිංහ: දේශපාලනික චරිතාපදානය, නුගේගොඩ, ශ්‍රී ලංකාව: සරසවි ප්‍රකාශකයෝ, 2016, pp. 54-55.

[2] Angela S. Burger, "Changing Civil-Military Relations in Sri Lanka", *Asian Survey,* vol. 32, no. 8, 1992.

[3] Chandra R. de Silva,"The Elections of 1994 in Sri Lanka: Background and Analysis", *The Round Table*, vol. 84, no. 334, 1995; සම්පත් බණ්ඩාර, රනිල් වික්‍රමසිංහ: දේශපාලනික චරිතාපදානය, නුගේගොඩ, ශ්‍රී ලංකාව: සරසවි ප්‍රකාශකයෝ, 2016, pp. 60-61.

逐，以形成斯里玛和库马拉通加夫人两位遗孀相互较量的局面。① 统一国民党的决定表明，家族继承是政党竞争和选举政治中的一种有力筹码，显然拉尼尔在这方面存在明显劣势。

在库马拉通加夫人赢得1994年总统大选后，落败的斯里玛失去了在统一国民党内本就微弱的号召力，拉尼尔借此机会掌握党内领导权。1994年11月，拉尼尔出任统一国民党第七任领袖，同时担任斯里兰卡第十任反对党领袖。这一年，拉尼尔45岁。面对大选中的惨败教训，统一国民党希望拉尼尔临危受命，肩负起重振统一国民党的大任。② 不过，在库马拉通加夫人领导的人民联盟上台执政的第一任期内，拉尼尔一直保持着较为低调的状态。

直到1999年11月库马拉通加夫人宣布提前一年举行总统大选，拉尼尔再次以统一国民党候选人的身份回到政治聚光灯下。尽管当时各党提名的总统候选人共有13位，但实际上，真正的选票较量还是集中在库马拉通加夫人和拉尼尔两人之间。凭借"和谈解决冲突""繁荣国家经济"的政治理念，拉尼尔获得了大量民意支持，很有希望胜选。但是，一场恐怖袭击阻挡了拉尼尔通向总统之路。在大选前三天，即12月18日，库马拉通加夫人在科伦坡市政厅发表竞选演说时，遭遇猛虎组织的自杀式炸弹袭击，多人丧生，库马拉通加夫人失去右眼。这一袭击惨案直接导致选票结果逆转，选民对库马拉通加夫人的同情票纷至沓来，拉尼尔竞选总统落败。

2001年12月，总统库马拉通加夫人重新召集议会大选，以阻止人民联盟内讧和不信任动议，这次大选距2000年10月议会大选间隔仅一年。拉尼尔在2001年议会大选中取得压倒性胜利，统一国民阵线（United National Front）③ 获得109个议席，而人民联盟只有77个议席，拉尼尔取得议会多数执政地位，第二次出任总理。在2001—2004年的任期内，拉尼尔推动政府与猛虎组织的和谈进程，2002年2月22日通过挪威作为第三方调停国促成"停火协议"。此外，拉尼尔还通过

---

① සම්පත් බණ්ඩාර, රනිල් වික්‍රමසිංහ: දේශපාලනික චරිතාපදානය, නුගේගොඩ, ශ්‍රී ලංකාව: සරසවි ප්‍රකාශකයෝ, 2016, pp. 62–63.
② සම්පත් බණ්ඩාර, රනිල් වික්‍රමසිංහ: දේශපාලනික චරිතාපදානය, නුගේගොඩ, ශ්‍රී ලංකාව: සරසවි ප්‍රකාශකයෝ, 2016, pp. 64–65.
③ 统一国民阵线是由统一国民党领导的执政联盟，该联盟在议会选举和议席分配中扮演重要角色。

与联合国开发计划署实施救济、修复和重新安置的"3R"（Relief, Rehabilitation, Resettlement）项目，同时实行系列重振经济的举措。两年间，斯里兰卡经济增长率从 -1.5% 提升到 5.5%，拉尼尔在议会建立了足够的威望。① 这些和平措施也使拉尼尔获得 2003 年《时代》杂志的赞誉，被称为"亚洲英雄"。②

在联合执政的权力结构下，总理拉尼尔的雄心和政绩对总统库马拉通加夫人本就衰弱的权威形成巨大挑战。2003 年 11 月 4 日，正值拉尼尔在美国进行访问期间，库马拉通加夫人运用宪法赋予总统的权力，决定接管国防部、内政部和新闻媒体部，令议会休会。此举引发斯里兰卡持续 10 天的政治狂热和游行示威，影响也十分深远。一是拉尼尔失去对国防部的控制，冲击了其推动的和平进程；二是人民联盟和统一国民阵线两大政治联盟的权力斗争进入白热化阶段。在此情况下，拉尼尔仍坚持推动和平进程，双方同意各派一名代表进行磋商。库马拉通加夫人任命高级顾问马诺·迪特维拉（Mano Tittawella）为代表，拉尼尔一方则由其好友、统一国民党第十五届主席马利克·萨玛勒维克拉马（Malik Samarawickrama）出任代表。2003 年 12 月—2004 年 1 月，双方举行了七轮会谈以重启和谈进程与经济发展项目，成为著名的"马利克-马诺对话"。③ 2004 年 1 月，自由党和人民解放阵线组建统一人民自由联盟，该联盟的目标是推翻统一国民阵线政府，由此，库马拉通加夫人获得政党支持的信心。2004 年 2 月，库马拉通加夫人运用总统权力解散了拉尼尔内阁，同时解散议会，并于 4 月 2 日举行大选，这是 4 年内的第三次议会大选。④ 库马拉通加夫人领导的人民联盟不占议会多数，却解散了统一国民阵线占多数的议会，此次权力斗争以拉尼尔的失败而告终。

2015 年，在助力西里塞纳赢得总统大选后，拉尼尔第三次出任总理。在执政期间，拉尼尔与西里塞纳联合政府由于政治理念不合，执政中摩擦不断、分歧加

---

① සම්පත් බණ්ඩාර, රනිල් වික්‍රමසිංහ: දේශපාලනික චරිතාපදානය, නුගේගොඩ, ශ්‍රී ලංකාව: සරසවි ප්‍රකාශකයෝ, 2016, pp. 83–91.

② සම්පත් බණ්ඩාර, රනිල් වික්‍රමසිංහ: දේශපාලනික චරිතාපදානය, නුගේගොඩ, ශ්‍රී ලංකාව: සරසවි ප්‍රකාශකයෝ, 2016, p. 95.

③ සම්පත් බණ්ඩාර, රනිල් වික්‍රමසිංහ: දේශපාලනික චරිතාපදානය, නුගේගොඩ, ශ්‍රී ලංකාව: සරසවි ප්‍රකාශකයෝ, 2016, pp. 97–100.

④ Neil DeVotta, "Sri Lanka in 2004: Enduring Political Decay and a Failing Peace Process", *Asian Survey*, vol. 45, no. 1, 2005, pp. 98–104.

深,执政联盟的权力之争再次显现。2018年10月,西里塞纳任命马欣达为总理,试图取代拉尼尔,但拉尼尔拒绝卸任,并强调总理变更必须经议会投票通过。西里塞纳于11月宣布解散议会,并将原定于2020年的议会大选提前至2019年初举行。而拉尼尔及统一国民党认为,西里塞纳解散议会的行动不合法,并上诉至最高法院,最高法院颁布中止执行西里塞纳政令的临时命令。同时,议会在11月两次通过对马欣达及其政府的不信任案,并于12月12日通过对拉尼尔的信任案。最高法院裁定西里塞纳解散议会的决定违反宪法,持续两个月的"两个总理"政治僵局告一段落。[①] 12月16日,拉尼尔向总统宣誓,第四次出任总理。拉尼尔和西里塞纳的宪法危机表明,双头政治下的领导人权力难以实现巩固。

拉尼尔尽管具备较好的家族传统,但由于商业家族在政治领域未能形成支配政治权力的实力,因此,事实上维杰瓦德纳家族和维克拉马辛哈家族在助力拉尼尔的政治事业方面作用有限。在此种条件下,拉尼尔寻求政治权力的路径变得十分有限,政党内外联盟成为一条可行的实用主义选择。不过,政党内外联盟所涉及的关键问题是追随者队伍的打造。从拉尼尔2015—2019年的执政过程来看,政党联盟后的斯里兰卡官僚体系状况对其巩固权力有着重要的影响作用。

讨论斯里兰卡政权变迁的一个重要议题是官僚体系的形式、规模和状态。官员选拔和任用涉及利益集团或群体间的博弈,是检验政府效率和反馈政策的中间要素,打造一支优秀的官僚队伍可以为政治领导人执政效率带来丰硕成果。在政治领导人巩固权力的过程中,官僚体系更像是政府推动改革和发展的一把工具,它面临着一种困境,既要协调且高效,又要防止被利益集团绑架。分析斯里兰卡官僚体系,可以帮助理解斯里兰卡国内政党联盟为何效率低下,进而导致领导人巩固权力失败。在政党联盟中,尽管有个别高层领导人不具备家族因素,但政党中层和基层的家族关系是错综复杂的,也正是各政党的中、下层官僚构成了领导人的支持基础。因此,以家族政治和裙带关系为代表的斯里兰卡官僚体系,主要存在制度设计不足和组织安排失范两大问题,致使拉尼尔等联盟型政治领导人难以实现权力巩固。

---

① 朱瑞卿、唐璐:《斯里兰卡政治拉锯战暂告段落但危机尚存》,新华网,2018年12月17日,http://www.xinhuanet.com/world/2018-12/17/c_1210017343.htm。

首先，斯里兰卡官僚体系中存在的弊病主要来源于制度设计的不足和组织安排的失范。制度设计的不足应归因于宪法及其各次修正案所产生的根本性影响，而组织安排失范则源于在实际操作层面管辖官僚系统的各专门委员会在职能划分和权限上相互掣肘。1978年宪法改革后，总统及其组建的内阁政府权力过大，使得公共服务的官僚机构和文官体系成为总统实现政治意愿的工具。这一过程使总统对行政管理的各个阶段产生深刻的影响，也因此加深了公共服务的政治化程度。[①] 针对这一问题，斯里兰卡议会虽然在2001年的宪法第十七修正案中增加了限制总统对公共服务管辖权力的条款，但由于在主管人事机构的官员任命上存在政治分歧，因此该修正案难以存续，最终在2010年被第十八修正案取代。2001年的分歧主要集中在组建宪法委员会（Constitutional Council）的人员构成上。宪法委员会的重要性体现在它具有人事决议权，可以对各分委员会、办公室以及公共服务委员会（Public Service Commission）选拔合适的官员进行推荐和任命。而其中公共服务委员会负责公务人员的招考、晋升、调动以及纪律处分等事务，是斯里兰卡近代政治发展进程中协调官僚体系的重要机构。在第十七修正案中，公共服务委员会升级为独立机构，只对议会负责，此举也正是宪法委员会的目的所在，通过对政治当局的权力制衡来防止公共行政部门的过度政治化。[②]

2001年提出的宪法委员会主要由10人构成，[③] 这样一个由多方利益构成的委员会框架，旨在降低总统在行政机构中的权威和影响力。这种尝试对于斯里兰卡寻求权力制衡和追求西方式的民主精神是一次十分有意义的探索，遗憾的是，它最终还是失败了。直到2010年，总统在行政机构中的权威非但未能受到限制，其

[①] I. Renuka Priyantha, W. K. Ranjith Dickwella & Ravindra Gunasekara, "Public Administration in Sri Lanka: An Analysis of Evolution, Trends, and Challenges in Personnel Management", in Ishtiaq Jamil, Tek Nath Dhakal & Narendra Raj Paudel eds., *Civil Service Management and Administrative Systems in South Asia*, Cham: Springer International Publishing, 2019, pp. 208-211.

[②] I. Renuka Priyantha, W.K. Ranjith Dickwella and Ravindra Gunasekara, "Public Administration in Sri Lanka: An Analysis of Evolution, Trends, and Challenges in Personnel Management", in Ishtiaq Jamil, Tek Nath Dhakal & Narendra Raj Paudel eds., *Civil Service Management and Administrative Systems in South Asia*, Cham: Springer International Publishing, 2019, p. 198.

[③] 宪法委员会的构成人员分别是总理、议长、反对党领袖、由总统任命的一人、由总理和反对党领袖提名后总统任命的五人，以及由议会多数党提名的一人。

对公共服务的权力甚至得到了强化。马欣达政权通过宪法第十八修正案，成立议会委员会（Parliamentary Council）取代了上述的宪法委员会。议会委员会的最显要特征是，成员少但代表性强。一方面，议会委员会由5名成员组成；[①]另一方面，成员由代表总统政治抱负的执政党直接提名，从而强化了总统影响政治和行政决策的过程。宪法委员会被替代，意味着自2010年之后，总统只需要征询议会委员会的意见。而公共服务委员会重新归于内阁管辖，内阁部长有权直接任命各部门的负责人。2015年，宪法第十九修正案出台，整体而言，第十九修正案削弱了总统权力，但在公共服务委员会的职能安排上调整不大，其被重新确立为监督公共服务和行政管理的机构，承担着管理公共服务人员的重要行政责任。

其次，官员选拔中组织安排的失范导致政党中、下层组织的依附性增强，动摇了上层政治领导人的权力基础。斯里兰卡的官僚体系在制度设计上存在不足，虽然经历过数次调整，但仍未能取得最优效果或形成良性机制，直接影响官员选拔，进而导致组织安排的失范。在人才队伍结构中，专业的精英官僚占比相对较低，宪法第十八修正案颁布之后，高级官员职位的选拔主要偏向更为严格的忠诚测试，再加上政府薪资水平低于私营部门，进一步妨碍了高质量官员的选拔和留任。

而对于年轻公务员来说，通过公共服务委员会组织的公共选拔考试进入斯里兰卡行政服务局（Sri Lanka Administrative Service）是大学毕业生从政的理想选择，因为斯里兰卡行政服务局官员在社会上享有很高的威望，并且享有较大的权力，他们可以在中央政府、省政府和其他公共部门担任要职。22岁至28岁之间符合资格的高校毕业生均可参加考试，但竞争十分激烈，例如2011/2012年的考试中，仅有112人从13 423名考生中脱颖而出，录取率仅为0.83%。[②]如此低的录取率使得大学毕业生对行政服务局的重视程度异化，甚至对其从事公共服务的意愿都产生了消极的影响，阻碍了专业精英官僚新生代的形成。尽管如此，斯里兰卡庞大的官僚队伍仍然在发展，2012年有约3万毕业生加入公务员队伍。不过，新晋的年

---

① 议会委员会的构成人员分别是总理、议长、反对党领袖、由总理提名的议员一名，以及由反对党领袖提名的议员一名。
② V. K. Nanayakkara, "Sri Lanka Administrative Service (1963-2013): A Fifty Year Legacy", *Sri Lanka Journal of Development Administration*, vol. 5, 2015.

轻公务员在岗位上缺乏历练和发展技术专长的机会，加上调动频繁，使他们不固定于特定组织，从而增加了对特定干部或官员的忠诚，为建立人身依附和裙带关系提供了条件。①

综合以上分析可知，拉尼尔的权力分配受官僚体系在制度设计和组织安排上的影响较大。政党中、下层官僚具有政治目的性强、社会经济联系紧密、裙带任命、中央与地方官僚分离等特点。②由此也附带产生了政治集团利益分配不均的问题，进而影响政党领导人的权力巩固（见表1）。在2015—2019年的联合政府时期，尽管宪法有所调整，但是庞大的官僚体系难以在短时间内发生转变。联合政府针对马欣达·拉贾帕克萨的抨击和反腐败行动变成了一种政治口号，最终也未能扭转官僚体系积弊的局面，而政治集团内部缺乏一致的政治信念也为其走向衰亡埋下了伏笔，这种失败实质上是官僚体系和政治集团内部权力分配失衡的结果。

表1　斯里兰卡政治集团属性及相关利益（2005—2019）

	2005—2015	2015—2019	
领导人	马欣达·拉贾帕克萨	迈特里帕拉·西里塞纳	拉尼尔·维克拉马辛哈
党派	斯里兰卡自由党	斯里兰卡自由党	统一国民党
家族关系	拉贾帕克萨家族	无	维克拉马辛哈家族
身份属性	新晋统治精英	平民小资产阶级	老牌统治精英
意识形态	寡头精英主义	平民主义	民主精英主义
利益矛盾	外部矛盾：本集团与其他集团或大众的矛盾	内部矛盾：本集团内部派系间的矛盾	

四、结语

拉尼尔·维克拉马辛哈属于科伦坡政治精英的代表人物，很长一段时间内都

---

① K. Liyanage, R. Ramesh & N. Sivakumar, "Public Administration in Sri Lanka: An Inquiry into Structure, Reforms, and Management", in Ishtiaq Jamil, Tek Nath Dhakal & Narendra Raj Paudel eds., *Civil Service Management and Administrative Systems in South Asia*, Cham: Springer International Publishing, 2019, p. 297.

② Mohamed Ibrahim Mohamed Irfan, "Survival and Dysfunctions of Bureaucracy: A Critical Analysis of Public Bureaucracy in Sri Lanka", *Advances in Sciences and Humanities,* vol. 2, no. 4, 2016, p. 35.

担任斯里兰卡统一国民党的领袖。他1973年步入政坛，曾五次出任总理，2022年成为总统，在斯里兰卡政坛上拥有举足轻重的地位和作用。在多年的政治选举和博弈中，拉尼尔的政治道路既是充满希望的又是回环曲折的。从拉尼尔的政治历程来看，他的政治理想与所经历的政治现实间存在着激烈的矛盾。一方面，拉尼尔联结的维克拉马辛哈家族和维杰瓦德纳家族曾是斯里兰卡殖民统治时期的望族，优厚的家庭条件使拉尼尔迅速地走上了政治道路。不过，拉尼尔并未因此而占据先机和优势，反而在多次全国性选举中遭遇不顺，经历了三次议会大选以及一次总统大选的失利。另一方面，拉尼尔对政治权力的不懈追求又促使他另辟蹊径，致力于打造联合政府，通过与总统建立执政联盟来创造政治主动权。

　　本文重点分析了维克拉马辛哈家族属性对拉尼尔政治道路产生的影响，以及拉尼尔通过政党联盟试图夺取和巩固权力的过程。通过对拉尼尔·维克拉马辛哈及其政治力量的考察可以发现：第一，维克拉马辛哈具备浓厚的家族背景，但其家族传统优势在于母系家族的商业领域，属于商业家族而非政治家族，因此其个人仕途缺乏政治推力；第二，维克拉马辛哈从政过程中可依赖的直系家族成员较少，他打造了一条以党内追随和党外结盟为特色的政治道路，试图通过与库马拉通加夫人和西里塞纳建立联合政府巩固权力地位，但最终未能如愿。由此可见，维克拉马辛哈家族的商业谱系重心与拉尼尔执政联盟的脆弱性共同作用于维克拉马辛哈巩固政治权力的过程，塑造了其非斯里兰卡政坛传统家族政治的政治风格和形象。但拉尼尔当选总统并不意味着斯里兰卡政坛家族政治传统的结束，因为抛开家族的影响，拉尼尔也无法获得政治生涯的各种机会和历练，更无法达到现在的政治生涯高峰。家族因素对拉尼尔执政的影响，仍是一个需要谨慎观察的问题。

［责任编辑：曾琼］

胁迫式发展援助：基于美国-尼泊尔"千年挑战计划"协议的案例研究

赵 亮 陈 超[*]

摘要：美国长期以来一直是尼泊尔的重要发展援助国。千禧年挑战公司作为美国对外援助机构之一，声称带来"来自美国人民的礼物"，以"最终期限"的方式对尼施压，逼迫尼泊尔议会批准美尼"千年挑战计划"协议。本文通过梳理千禧年挑战公司成立以来的历史背景、受援国筛选流程及项目选择标准，结合美尼"千年挑战计划"协议案例研究，发现美国"印太战略"已由前期的概念塑造与舆论造势转向"印太经济框架"下具体国别的项目实施，反映出美国以经济援助为胁迫外交的重要工具，意图将尼泊尔打造成其实施"印太战略"的支点国家和合作试点，对冲中国"一带一路"倡议、全球发展和安全倡议等在南亚地区的影响力。在百年变局和世纪疫情叠加影响之下，南亚各国政治局势的复杂性与经济脆弱性更加显著，中国应高度关注美尼"千年挑战计划"协议生效后的实施情况与潜在影响，推动"一带一路"倡议在南亚地区高质量发展，推进中尼命运共同体建设。

关键词：尼泊尔；千禧年挑战公司；胁迫外交；印太经济框架；"一带一路"倡议

---

[*] 赵亮，中国社会科学院大学金融系经济学博士，主要研究方向为国际金融与发展援助；陈超，中国人民大学国际关系学院博士研究生、当代中国与世界研究院助理研究员，主要研究方向为国际发展合作与"一带一路"。

美国是胁迫外交的发明者和集大成者。1971年，美国学者亚历山大·乔治（Alexander L. George）最早提出"胁迫外交"概念，用来概括当时美国对老挝、古巴、越南的政策。[①]对美国而言，海外援助并不单纯是出于人道主义关怀，更是一种外交工具。[②]2017年，美国千禧年挑战公司（Millennium Challenge Corporation）与尼泊尔政府签署"千年挑战计划"协议（Millennium Challenge Compact，简称MCC协议），此后，为了逼迫尼泊尔批准该协议生效，美国公然下达"最后通牒"，称如尼议会不按时通过有关协议，将重新审视美尼外交关系，这是美国胁迫外交的典型案例。目前，国内相关研究较多关注美国对非洲或拉美地区的援助，随着美国印太战略深入实施并正式启动印太经济框架，南亚地区已经成为美国"重返亚太"经济战略的又一重点区域。现有研究已经关注到千禧年挑战公司、美国国际开发署等机构对南亚国家的援助计划和重要影响，并对中尼外交关系、政党关系等进行了较为深入的研究，[③]但围绕该议题仍存在进一步研究探讨的巨大空间。本文拟以美尼MCC协议签署及生效的案例为基础，对千禧年挑战公司项目筛选、评估流程及发展现状进行全面梳理，深入研究美国对南亚国家经济援助的最新动向以及协议生效后对我国周边环境的潜在影响，并提出对策建议。

一、"千年挑战计划"协议的由来和沿革

"9·11"事件之后，美国布什政府提出要建立一个采用竞争性筛选原则对

[①]《美国对华认知中的谬误和事实真相》，中华人民共和国外交部网站，2022年6月19日，http://spainembassy.fmprc.gov.cn/wjbxw_new/202206/t20220619_10706065.shtml。
[②] 王艳芬：《论美尼（泊尔）〈千禧年挑战合约〉的签订》，《苏州科技大学学报》（社会科学版）2022年第4期，第11页。
[③] 近期相关研究成果参见戴永红、姬广礼：《美国千禧年挑战公司对南亚国家的援助：进展、影响与对策》，《四川师范大学学报》（社会科学版）2021年第5期，第65—75页；唐鑫、张树彬：《尼泊尔共产党合并失败的原因和教训》，《南亚研究》2022年第1期，第133—160页；王世达：《美国胁迫尼泊尔通过MCC协议，难逆中尼合作势头》，《世界知识》2022年第6期，第28—29页；戴永红、姬广礼：《尼美千禧年挑战协议对尼共及中尼关系的影响与应对》，《当代世界社会主义问题》2022年第2期，第131—139页；王艳芬：《论美尼（泊尔）〈千禧年挑战合约〉的签订》，《苏州科技大学学报》（社会科学版）2022年第4期，第11—20页。

贫困国家进行资助的机构，并由美国国会启动组建程序。在这一背景下，千禧年挑战公司于2004年正式成立。[①] 该公司被定位为"独立的双边对外援助机构"，其主要宗旨为向发展中国家提供经济援助，协助受援国推进经济私有化，摆脱贫困并实现可持续发展，全方位输出美式民主价值理念。这一机构被视为与援助欧洲的"马歇尔计划"、援助拉美的"争取进步联盟计划"同级别的对外援助发展计划。

（一）千禧年挑战公司的受援国评估与筛选流程

成立近二十年来，千禧年挑战公司通过"千年挑战计划"协议、门槛项目（threshold program）以及区域投资协议（concurrent compacts for regional investment）三种形式向46个国家或地区提供了近150亿美元的经济援助。MCC协议适用于满足相应标准的国家，是千禧年挑战公司与受援国合作的主要方式；门槛项目适用于不满足标准但有望提高政府治理能力以及经济自由化程度的国家；区域投资协议是2018年以来新设立的产品，用于提高多个国家间的跨境经济一体化水平，促进跨境贸易与合作。

首先，受援国需要符合世界银行每年7月发布的低收入国家或中低收入国家标准。与此同时，还需符合美国《外国援助条例》（Foreign Assistance Act）确定的资助标准。[②] 如表1所示，由千禧年挑战公司管理层向美众议院提交候选国家报告（Candidate Country Report）及筛选标准与方法报告（Selection Criteria and Methodology Report）。[③]

[①] 千禧年挑战公司理事会由美国国务卿、财政部部长、贸易代表、国际开发署署长、公司首席执行官以及总统任命的四名私营部门成员组成，组织架构包括行政部、政策评估部、公关部、法务部、办公室以及协议执行部。其中协议执行部负责具体项目实施，下设两个分部，分别负责非洲地区和其他地区的协议实施管理。此外，千禧年挑战公司还设有两个外部委员会，其成员均由学者、私营机构雇员组成。
[②] 根据千禧年挑战公司《2021—2022财年候选国名单》，共有60个低收入国家及6个中低收入国家被列为MCC协议候选国。
[③] 若候选国存在已执行门槛项目，还需根据千禧年挑战公司《附加信息指引》（Guide to Supplemental Information），提供包括已执行项目进展、受援国合作关系以及受援国相关政策与标准执行以及承诺到位程度等情况。

表 1　千禧年挑战公司受援国资格评估流程及标准

操作流程	评估标准
每年 7 月，确定并向国会提交受援候选国家及符合援助标准但因美国相关法律禁令而不予援助的国家名单，并经国会审批。	1. 符合世界银行低收入国或中低收入国分类标准；① 2. 符合美国《外国援助条例》确定的资助标准。
每年 8 月，确定筛选评分标准及评估方法，并上报国会审批。	1. 制定评分标准与评估方法； 2. 根据《附加信息指引》提供包括已执行项目进展、受援国合作关系以及受援国政策标准执行与承诺到位程度等情况。
国会对候选国名单及评估标准批准后，对候选国设立国家计分板，每年对候选国良治、经济自由度以及民生投资三个方面进行评估打分，并形成国家计分簿。	1. 以该国所在收入分组的该指标中位值为标准，该国某一指标优于标准值的得 1 分，算出最终得分； 2. 候选国总分不得低于 10 分，且政治权利、民主自由以及腐败控制 3 项中至少得 1 分。
根据计分板得分及其他相关因素，于每年 12 月公布下一年度合格国家清单，由合格国家提出申请后，双方签订 MCC 协议。	1. 国家计分板得分情况； 2. 减少贫困和促进经济增长的可能性； 3. 千禧年挑战公司可支配的资金情况。

资料来源：根据千禧年挑战公司官网信息整理编制。

第二步，对于进入候选国名单的国家，千禧年挑战公司将上报国会评分标准与评估标准。第三步，在国会批准候选国名单及评估标准后，千禧年挑战公司对候选国设立国家计分板（Country Scorecards），外聘顾问团队并根据第三方评估指标从"经济自由度""政治公平性"和"民生投资"三个方面共计 20 个指标对候选国进行评估打分（见表 2），并汇编为国家计分簿（Country Scorebook），以便进行动态评估。值得关注的是，千禧年挑战公司标榜其评估标准是以"事实为基础"（evidence-based），然而又在所谓第三方评估数据中掺杂如传统基金会、"自由之家"、无国界记者等意识形态浓厚的智库或 NGO 组织等指标来源，在标榜美国价值标准"公正性"的同时，巧妙掩盖了美国的战略意志及主权侵犯等行为。

---

① 根据世界银行 2021 年评估标准，低收入国家、中低收入国家人均国民收入分别为低于 1965 美元、1965—4095 美元。

表 2　国家计分板评估指标及来源

指标类别	指标名称	指标来源
经济自由度	信贷可及度	世界银行、国际货币基金组织
	商业创业环境	世界银行
	财政政策	国际货币基金组织
	通货膨胀率①	国际货币基金组织
	土地权属及可获性	国际农业发展基金、民主研究所
	监管质量	世界银行、布鲁金斯学会
	贸易政策	传统基金会
	性别经济平等性	世界银行、加州大学
政治公平性	公民权利与言论自由②	"自由之家"
	腐败监管	世界银行、布鲁金斯学会
	信息自由度	无国界记者组织、法律及民主中心、人权组织"Access Now"
	行政效率	世界银行、布鲁金斯学会
	政治权利③	"自由之家"
	法制建设	世界银行、布鲁金斯学会
民生投资	儿童健康	哥伦比亚大学/耶鲁大学
	女童初等教育完成率	联合国教科文组织
	女童中等教育入学率	联合国教科文组织
	公共卫生支出	世界卫生组织
	疫苗接种率④	世界卫生组织、联合国儿童基金会
	自然资源保护	哥伦比亚大学/耶鲁大学
	初等教育支出	联合国教科文组织

资料来源：根据千禧年挑战公司官网信息整理编制。

第四步，根据各个国家得分，千禧年挑战公司结合"减少贫困和促进经济增长的可能性"与"可支配的资金情况"等其他因素，确定合格国家（eligible countries），于每年12月公布下一年度合格国家名单。⑤ 只有候选国达到相应的分

---

① 合格受援国年通货膨胀指数不得高于15%。
② 合格受援国的公民权利与言论自由（Civil Liberty）指标不得低于25分。
③ 合格受援国的政治权利（Political Rights）指标不得低于17分。
④ 合格受援国的疫苗接种率应实现国内覆盖率90%以上或达到同等类别国家的中位数水平。
⑤ 2021—2022财年合格受援国包括：伯利兹、赞比亚、贝宁、布基纳法索、印度尼西亚、莱索托、科特迪瓦、马拉维、莫桑比克、尼日尔、塞拉利昂、东帝汶。

值标准,才具有签署 MCC 协议的资格,而对于部分指标未达到要求的国家,则可以与千禧年挑战公司开展门槛项目合作。当然,需要由合格国家首先发起申请流程,千禧年挑战公司审核申请材料后,方可签署相应合作协议。

MCC 协议签署后,由受援国内阁设立特殊实体负责协议项目具体执行,并建立一个账户实体(Millennium Challenge Account,简称 MCA),通过该账户管理协议资金。此外,受援国需与千禧年挑战公司签订项目执行协议(Project Implementation Agreement,简称 PIA),项目执行协议具体规定了受援国政府的职责、特殊实体的职责、资金发放,以及项目的生效、中止、终止等。而千禧年挑战公司需要编制《项目效益评估》(Beneficiary Analysis Report)和《制约因素分析报告》(Constraints Analysis Report),并根据项目进展情况分期拨付承诺资金,同时将相关信息定期发布在官网,旨在显示援助项目的"公开"和"透明"。

(二)南亚地区渐成千禧年挑战公司新的重点投向区域

自 2004 年成立以来,千禧年挑战公司的业务重点主要集中在非洲地区(见表 3)。截至 2022 年 3 月,千禧年挑战公司在全球的签约合作国共计 46 个,已结束和在执行项目合计承诺金额 148.01 亿美元。其中,非洲地区合作国家为 24 个,承诺金额为 97.56 亿美元,分别占比 52.2% 和 65.9%。亚洲位居第二,合作国家为 7 个,承诺金额为 25.71 亿美元,分别占比 15.2% 和 17.4%。

表 3 千禧年挑战公司成立以来对外援助情况统计

地区分布	国家或地区数(个)	承诺金额(美元/亿)
非洲	24	97.56
亚洲	7	25.71
欧洲	6	11.81
中北美洲	4	11.00
南美洲	3	1.07
大洋洲	2	0.86
合计	46	148.01

资料来源:根据千禧年挑战公司官网公布数据整理统计。

若以美国不同总统任期进行划分，千禧年挑战公司的业务重点逐渐从非洲地区转移至亚太地区，其中南亚地区渐成新的重点投向区域。如图1和图2所示，在小布什任期内（2004—2008），千禧年挑战公司的业务重点在非洲，其余地区的投入分布较为均衡；在奥巴马任期内（2009—2016），非洲协议国家为12个，援助金额为37.46亿美元，分别占比57%和69%，仍均占据首位；与此同时，千禧年挑战公司将对大洋洲和欧洲的援助投入转移至亚洲地区，使其成为仅次于非洲地区的重点投入区域。特朗普政府（2017—2021）进一步整合印太战略，强调跨区域战略协调。2019年11月，美国国务院发布《一个自由的印度-太平洋：推进共同愿景》（A Free and Open Indo-Pacific: Advancing a Shared Vision），明确指出要将千禧年挑战公司援助项目作为"印太战略"经济合作的补充部分。[①] 亚洲协议国家及援助金额占比已分别上升至33%和44%，而大洋洲与拉丁美洲地区却无任何项目计划，反映出亚洲国家在美国的地区投向中的重要性不断强化。值得关注的是，此前南亚国家从未进入千禧年挑战公司受援助候选国清单，而自2017年起，该公司首次将尼泊尔和斯里兰卡列入援助候选国清单之中，亚洲5个候选国中（另外三个亚洲国家分别为蒙古、印度尼西亚和东帝汶），南亚国家占据两席，且对尼泊尔

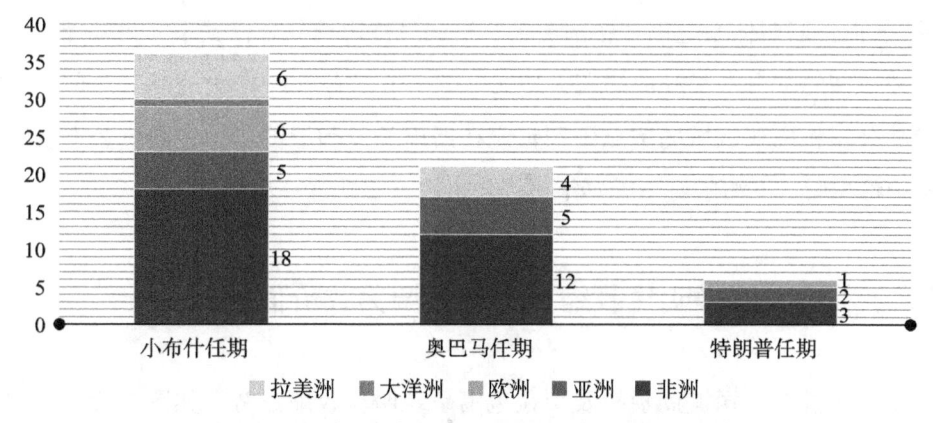

图1 千禧年挑战公司分阶段区域项目数分布

资料来源：根据千禧年挑战公司公布数据整理统计。

---

① "A Free and Open Indo-Pacific: Advancing a Shared Vision", Department of State of United States of America, November 4, 2010, https://www.state.gov/wp-content/uploads/2019/11/Free-and-Open-Indo-Pacific-4Nov2019.pdf.

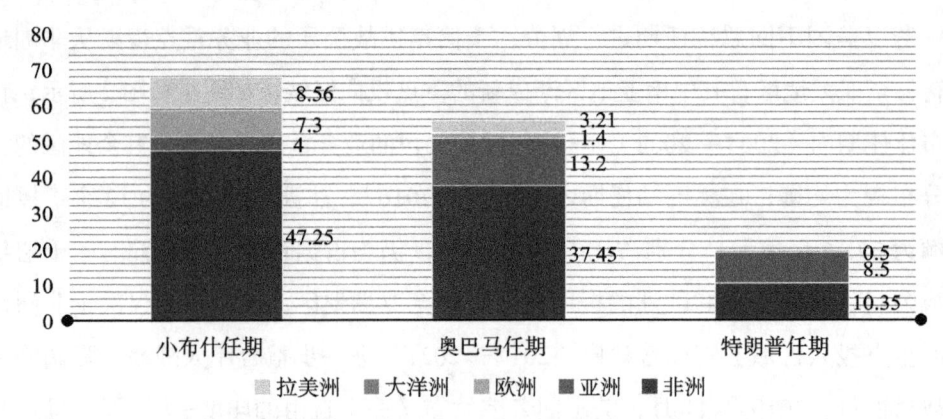

图 2 千禧年挑战公司分阶段区域投资金额分布

资料来源：根据千禧年挑战公司公布数据整理统计。

和斯里兰卡的拟投资金额分别为5亿美元和4.8亿美元，为千禧年挑战公司全球已签约68个国别项目金额的前10%，远高于项目中位数金额1.27亿美元。

拜登执政后，更加强调通过经济方式构筑合作联盟。如白宫2022年2月发布的《美国印太战略》中强调，"中国正在利用其经济、外交、军事及技术力量寻求强化其在印太地区的影响力"，因此对抗来自中国的挑战应建立"一个牢固的联盟体系"，而该联盟体系应以"各国更为紧密的经济协调与合作关系"为基础，并由此形成所谓的"自由与开放的印太地区"。[①] 在正式推出"印太战略"之前，千禧年挑战公司将南亚区域的重点国别锁定在斯里兰卡和尼泊尔，在斯里兰卡政府明确拒绝参与后，尼泊尔对于千禧年挑战公司的重要性进一步加强。

（三）援助规模明显收缩，更加强调美式价值输出

千禧年挑战公司援助规模及覆盖范围呈现明显收缩态势。如图3所示，在小布什总统任期中，MCC协议国家达35个，援助总额为67.79亿美元。但此后，协议国家及援助规模逐渐下降，在特朗普任期内，签署协议国家和地区仅有6个，

---

① "Indo-Pacific Strategy of the United States", The White House, February, 2022，https://www.whitehouse.gov/wp-content/uploads/2022/02/U.S.-Indo-Pacific-Strategy.pdf.

分别为蒙古、尼泊尔、布基纳法索、塞内加尔、多哥与科索沃地区,援助总额为19.34亿美元,仅为小布什时期的28.53%。

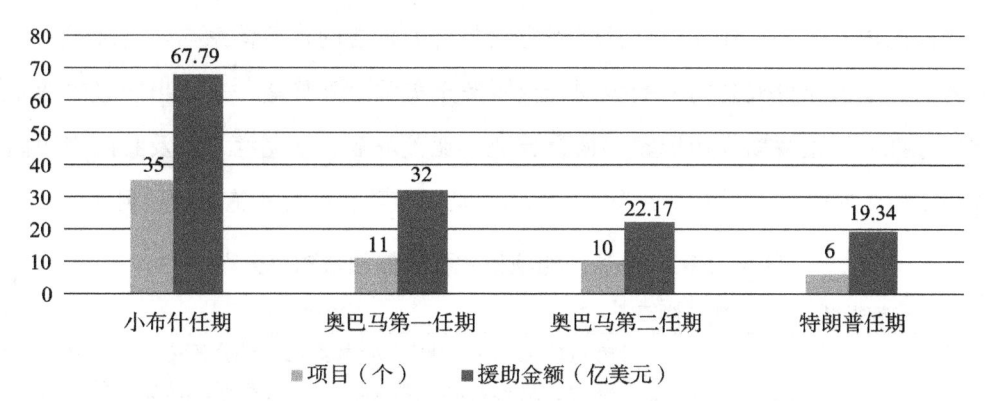

图3 2004—2020年MCC协议国家数量及援助规模

资料来源:根据千禧年挑战公司公布数据整理统计。

MCC协议国家数量及援助规模的减少,其原因固然与美国国会对千禧年挑战公司的授权资金限制有关,尤其是在金融危机爆发后,美国对外援助的意愿下降,千禧年挑战公司不得不收缩在大洋洲、中北美洲及南美洲的投入力度。更重要的是,千禧年挑战公司所谓的"竞争式"筛选原则,实质上是在强推美式民主价值理念,强迫受援国在政治民主化、经济私有化以及相应配套政策与资金等方面作出承诺。具体表现如下:

首先,千禧年挑战公司每年同时发布包括"受援候选国家名单"及"符合援助标准但不予援助国家名单"在内的"红黑名单"。以2021年9月发布的名单为例,共有60个低收入国家和6个中低收入国家入选受援候选国名单,但是缅甸、柬埔寨、伊朗、朝鲜、马里、苏丹、南苏丹、津巴布韦、厄立特里亚、科摩罗、埃塞俄比亚、叙利亚、几内亚比绍与尼加拉瓜等14个低收入国家以及中低收入国家斯里兰卡,由于不符合美国《外国援助条例》而被排除在候选国家名单之外。美国还逐一指出上述国家存在的所谓"问题",这种"红黑名单"的炮制体现了美国充当"国际警察"、干预别国内政的惯有习性。

其次,在受援候选国范围内,未完全符合评估标准的国家,需要先实施为期2—3年的"门槛项目"。如表4所示,项目类型主要涉及公共部门与服务改革、腐败监管与法制公平、民主权利、商业环境提升以及性别平等等相关领域，这也体现出美国政府以援助为名，对受援国内部政治体制及官僚体系进行干预，企图从受援国内部入手，建立符合其战略意图与价值理念的行政体系与经济环境。另一方面，千禧年挑战公司的受援国选择服务于美国对外战略，表现出明显的双重评估标准。对俄罗斯周边国家如格鲁吉亚、亚美尼亚、乌克兰，以及我国周边国家如蒙古、尼泊尔、斯里兰卡等国，无需启动门槛项目即可实施协议项目。

表4 MCC协议门槛项目主要实施领域频率分布

实施领域	实施频率	实施国别
公共部门与服务改革	19	阿尔巴尼亚（2期）、摩尔多瓦、科索沃地区、约旦、东帝汶、危地马拉、洪都拉斯、圭亚那、秘鲁、所罗门群岛、马拉维、尼日尔、圣多美和普林西比、塞拉利昂、坦桑尼亚、冈比亚、多哥、赞比亚
腐败监管与法制公平	16	阿尔巴尼亚（2期）、印尼、吉尔吉斯斯坦、菲律宾、东帝汶、巴拉圭（2期）、秘鲁、肯尼亚、尼日尔、坦桑尼亚、乌干达、赞比亚、圭亚那、卢旺达
民主权利与信息自由	8	约旦、圭亚那、利比里亚、尼日尔、坦桑尼亚、多哥、乌干达、赞比亚
商业环境提升、促进私人投资	8	阿尔巴尼亚（2期）、危地马拉、洪都拉斯、所罗门群岛、尼日尔、圣多美和普林西比、赞比亚
女童教育与性别平等	4	科索沃地区、布基纳法索、利比里亚、尼日尔

资料来源：根据千禧年挑战公司官网公布数据整理统计。

第三，待评估受援国在相关领域的改革承诺取得"成效"后，方可签订为期3—5年的"协定项目"。如图4所示，直接协议项目国家为17个，占比37%，而需要实施门槛项目的国家为29个，占比63%。其中，实施门槛项目后，因各方原因未继续执行协定项目的国家为18个，在实施门槛项目的国家中占比62%。如2009年，因不满马达加斯加、马里等国政局变化，千禧年挑战公司随即终止了对两国的援助项目。2016年，千禧年挑战公司又声称因坦桑尼亚选举过程不民主，言论自由受到限制，终止了对坦桑尼亚的援助计划。同年，千禧年挑战公司以菲律宾总统杜特尔特扫毒过程中侵犯人权为由，暂停了项目援助资金，体现了美国在受援国面前展现出强烈的道德优越感。与之相对应，越来越多发展中国家对千禧年挑战公司肆意评判及干涉他国内政、侵犯主权的行径提出质疑，其国际声誉与项目影响力也显著下降。如 2019 年 10 月，因千禧年挑战公司执意要求私营公司参与政府所有电力部门运营，加纳政府终止了千禧年挑战公司 1.9 亿美元的援助协议；2020 年 12 月，因斯里兰卡政府质疑 MCC 协议文本危害斯主权及安全，美国决定取消对斯的项目援助计划。正因为千禧年挑战公司援助项目体现了美国政府强烈的战略意志，使得美尼 MCC 协议的生效引发了尼泊尔国内以及国际社会的普遍关注。

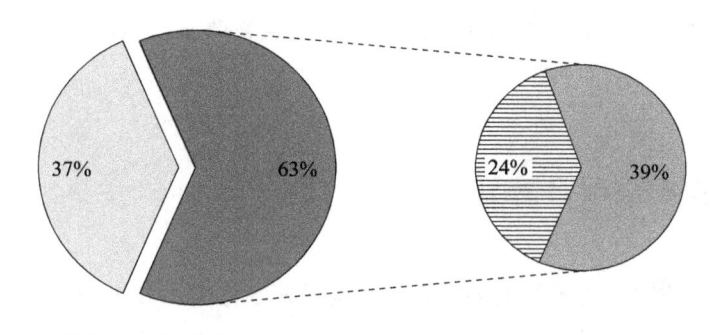

图 4　2004—2020 年千禧年挑战公司实施门槛项目国家与签订协议国家分布图

资料来源：根据千禧年挑战公司公布数据整理统计。

二、案例研究：美尼"千年挑战计划"协议

（一）协议内容与特点

尽管遭到尼泊尔部分政治势力和民众的抵制，2022 年 2 月 27 日，在历经尼三届内阁近五年时间的反复讨论后，尼泊尔议会最终以多数票表决通过了由美国千禧年挑战公司与尼泊尔财政部签订的 MCC 协议，并引发广泛关注。美国标榜其协议具有以下特点：一是强调可持续发展。通过寻找创新方法，在保护气候的同时增加清洁能源的获取，例如支持尼泊尔电力线路项目建设，将尼泊尔水电资源产

生的清洁能源输送至66%的家庭和企业，以及使用气候智能技术对道路沥青进行回收利用。二是扩大潜在受益群体。更好地获得可靠的电力意味着更多的学生可以在晚上学习，医院可以提供更好的护理，企业可以发展壮大；道路的改善将使尼泊尔道路网络沿线的司机、旅行者和通勤者的花费更低，货物运输更容易、更安全。三是国家主导。尼泊尔政府确定了尼泊尔人民对电力和道路的需求，并指出项目将重点放在国家优先事项上，在MCC协议的监督和协助下实施该项目。四是致力于改善私人投资环境。协议将为减少贫困和刺激经济增长的特定项目提供资金，帮助吸引和释放私人资本，从而降低风险并改善投资环境，创造新的商业和贸易机会。[1]

（二）拟实施项目情况

根据协议约定，美国和尼泊尔政府分别投入5亿美元和1.3亿美元，用于提升尼国内电力供应和道路维护。千禧年挑战公司的5亿美元为无偿援助资金，其中，4.505亿美元（占比约90%）授权尼政府执行具体援助项目，4950万美元则用于行政开支以及千禧年挑战公司对项目的监测和评估工作。这也是尼近年来接收的最大单笔援助资金。

如表5所示，该协议主要包括两个项目。其中，输变电线项目的两条线路均是从加德满都东北地区的拉普西赫迪（Lapsihedi）发起，向西经拉马特（Ratmate）后，分成向南至黑道达（Hetauda）的线路1，以及向西至达马利（Damauli）的线路2，终至尼印边境城市布德沃尔（Butwal），并分别在拉马特、达马利以及布德沃尔建设3座变电站，计划与印度北方邦的戈勒克布尔（Gorakhpur）连接，由此构建第二条尼-印跨境400kV输变电高压线路。[2] 东西高速路（East-West Highway）位于尼南部，因在马亨德拉国王时期修建，又称马亨德拉公路，为印度在20世纪60年代修建。该公路东起梅齐纳加尔（Mechinagar），西至马亨德拉纳格尔

---

[1] Features of the Nepal Compact, https://www.mcc.gov/where-we-work/program/nepal-compact.
[2] 尼印第一条跨境高压输变电线路为连接尼泊尔达尔克巴（Dhalkebar）与印度穆扎法尔浦尔（Muzzafarpur）的400kV高压线路，该线路于2016年建成。

（Mahendranagar），横贯尼第二省、第五省和远西省，与连接加德满都至博卡拉（Pokhara）的普利特维公路，以及连接加德满都至科达里（Kodari）及樟木口岸的阿尼哥公路均为尼主要骨干公路。

表 5　美尼 MCC 协议主要执行项目信息

项目领域	项目实施内容	投资金额（亿美元）
输变电线项目	新建拉普西赫迪—拉马特—黑道达 400kV 输电线路，以及拉普西赫迪—拉马特—达马利 400kV 输电线路以及 3 个变电站，线路全长 315 公里。	3.982
公路维护项目	对全长 300 公里的东西高速路（即马亨德拉公路）进行维护。	0.523

资料来源：根据千禧年挑战公司官网公布数据整理统计。

上述两个项目对尼泊尔国内社会经济发展有着重要意义。尼泊尔为世界第二大水电储能国家（统计蕴藏量 8.3 万 MW），但电力基础设施建设却长期滞后，随着马蒂河、马相迪河、崔树理河等流域水电站陆续并网发电，尼长期电力紧缺的局面得以有效缓解。2021 年 7 月，尼政府投资的最大水电工程上塔马克西水电站（Upper Tamakoshi Hydropower Project）并网发电，使尼泊尔由电能进口国转化为电能出口国。[①]2021 年 11 月，尼泊尔首次通过印度能源交易所向印度出口 39MW 电力。目前，尼雨季的电力盈余约为 400MW—600MW。根据尼能源部《电网发展规划》，预计到 2035 年，尼国内电力装机容量约为 25.6GW，而国内高峰时段电力需求仅为 4.7GW，预期尼未来在雨季电力丰沛期存在大量电能出口需求。[②]然而，目前尼现有电网仍以 132KV 为主，缺乏 220KV 骨干电网与 400KV 跨境电网配套建设。因此，尼政府在其电网规划中，明确将建设南北 400KV 和东西 400KV 两条骨干电网，并分别建设或升级 6 条对印度的跨境输变电线路和 2 条对中国的跨境

---

① 上塔马克西水电站由尼政府投资、中国电建公司承建，总装机容量 456MW，为尼当前装机容量最大的水电工程项目，被誉为尼泊尔的"三峡工程"。此外，中资企业还相继承包建设或投资上崔树理 3A 水电站、上马蒂水电站、上马相迪 A 水电站等项目。
② "Transmission System Development Plan of Nepal", Ministry of Energy, Water Resources and Irrigation, July, 2018, http://www.doed.gov.np/storage/listies/January2020/transmission-system-development-plan-of-nepal.pdf.

输变电线路。[1]根据2014年签署的《南盟能源合作（电力）框架协议》，尼泊尔将通过印度电网与孟加拉、不丹等国实现电力互联。

关于东西高速路项目，其主要位于尼泊尔南部特莱（Terai）平原区域，该区域是尼重要的农业经济产区，也是印裔马德西人的主要聚居地，由东向西分布着比拉德讷格尔（Biratnagar）、贾纳克布尔（Janakpur）、黑道达、巴拉特普尔（Bharatpur）以及马亨德拉纳加尔等中等城市，也是尼近年来人口增长最为快速、经济最具活力的地区。根据《项目效益评估》（Beneficiary Analysis）（见表6），上述项目的经济效益指标（Economic Return Rate）良好，受益群体规模约为500万个家庭（即2300万人口，占尼总人口的77%）。

表6 美尼MCC协议项目评估指标

项目名称	ERR指标	受益人群规模		受益人群结构		
^	^	家庭	人口	日均收入小于2美元	日均收入2—4美元	日均收入大于4美元
输变电项目	12%	503.5万	2265.9万	7%	31%	62%
公路维护项目	29%	20.5万	92.5万	8%	39%	53%

资料来源：根据千禧年挑战公司公布数据整理统计。

（三）美尼MCC协议签署及生效的历程回顾

早在2012年，尼泊尔政府就向千禧年挑战公司寻求援助，随后该公司对尼进行初步考察，并于2015年4月开设尼泊尔办公室，负责项目可行性研究工作。2017年9月14日，尼泊尔财政部部长贾南德拉·卡尔基（Gyanendra Bahadur Karki）与千禧年挑战公司首席执行官乔纳森·纳什（Jonathan Nash）签署美尼MCC协议，美副国务卿约翰·沙利文（John J. Sullivan）出席签约协议。当时签约的尼执政党为大会党，但仅过了半个月，尼共（毛主义中心）、尼共（联合马列）以及尼新力量党于2017年10月3日宣布成立"左翼联盟"，[2]并在2017年

---

[1] 尼境内水系主要为南北向，自东向西依次为戈西河（Koshi）水系、甘达基河（Gandaki）水系、卡纳利河（Karnali）水系以及马哈卡利河（Mahakali）水系，因而南北电网可以将尼境内电能有效整合与传输。

[2] 尼新力量党后退出"左翼联盟"，转而支持尼大会党主导的"民主联盟"。

12月击败大会党重新执政,这打乱了该协议的批准计划。因为以马达夫·尼帕尔(Madhav Kumar Nepal)、纳拉杨·施雷斯塔(Narayan Kaji Shrestha)、德维·古隆(Dev Gurung)为代表的左翼政党领导人坚决反对美尼 MCC 协议。时任众议院议长克里希纳·马哈拉(Krishna Bahadur Mahara)坚持不将该协议列入议会议程,导致协议因无法在尼议会进行表决而长期搁置。① 部分左派政党人士指责该协议堪比历史上尼泊尔与英国于1816年签署的《萨高利条约》(Treaty of Sugauli)与尼泊尔与印度于1950年签署的《和平与友好条约》(Nepal-India Peace and Friendship Treaty),首都加德满都也出现了数次群众游行示威。总体来说,左翼党派反对协议的理由主要有以下几点:

一是尼左翼政党将"反对外国干涉内政""反对印度霸权行为"作为主要政治立场。然而,在美尼 MCC 协议文本中,存在多处涉及尼宪法及主权的条款,如协议第7.1条中明确"该协议一旦生效,将优于尼本国法律";第3.8条规定"尼政府应确保项目审计应在由美国大法官审核的名单之中并经千禧年挑战公司批准或是由在美国注册的会计事务所执行";第6.8条规定"千禧年挑战公司和美国对因本协议下的活动产生的任何索赔和损失,均不承担任何责任,尼政府放弃因千禧年挑战公司员工失误或疏忽所造成损失的索赔,公司员工和美国政府官员均不受尼当地法律管辖"等;② 并且援助项目需要在"印度的同意"下方可实施,上述条款内容及实施条件被认定有损尼"主权独立"。二是作为不结盟成员国,尼长期奉行"平衡外交"政策,非常看重自身外交政策的"独立性"。而在美国国防部2019年6月的《印太战略报告》(Indo-Pacific Strategy Report)以及美国国务院2019年11月的《一个自由的印度-太平洋:推进共同愿景》中,均将 MCC 协议作为在尼推进"印太战略"的重要工具,并将尼列为"印太战略伙伴国"。2018年12月,尼媒体报道时任尼外交部部长普拉迪普·贾瓦利(Pradeep Gyawali)曾与美国务卿迈克·蓬佩奥(Mike Pompeo)谈及尼加入"印太战略"一事,而后贾瓦利本人

---

① 2019年10月,马哈拉因"莫须有"的性丑闻事件被迫辞去议长职务,而这也直接影响了现任议长萨普科塔对 MCC 协议的态度。
② "Millennium Challenge Compact between the United States of America Acting through the Millennium Challenge Corporation and the Federal Democratic Republic of Nepal Acting through the Ministry of Finance", MCC, https://assets.mcc.gov/content/uploads/compact-nepal.pdf.

予以否认。①2019年5月，美副助理国务卿戴维·兰茨（David Ranz）访尼时声称美尼MCC协议是"印太战略"的重要组成部分，上述事件均引发尼左翼党派强烈反应。②三是该协议为大会党执政期间签署，大会党谢尔·德乌帕（Sher Bahadur Deuba）等人将其作为重要的"政治遗产"，而部分左翼党派长期与大会党政见不和，阻碍其政策实施有利于在议会选举中压制对手或进行政治谈判。

虽然美尼MCC协议遭受较大质疑，但在尼国内经济下行及美国干预的双重压力下，卡德加·奥利（Khadga Prasad Sharma Oli）政府仍然意图推进协议生效。2020年9月，原尼共召开书记处会议，基于由前总理贾拉·卡纳尔（Jhala Nath Khanal）牵头的工作报告，决定需对协议部分内容完成必要修改后，再递交议会进行讨论。2021年7月，尼大会党借尼共分裂的机会，与尼共（毛主义中心）联合组阁，德乌帕第五次出任尼政府首脑，这也加快了推进协议生效的节奏。③一方面，德乌帕及大会党积极宣扬MCC协议将会为尼泊尔带来诸多好处。在2月27日表决前夕，德乌帕与其夫人分别与尼共（毛主义中心）和尼共（联合马列）领导人多次会面谈判，寄希望于议会在截止日前批准协议。另一方面，出于照顾左派政治盟友的"政治立场"以及安抚民众情绪等考虑，尼部长级会议在批准协议的同时发布了"解释性声明"，表明"尼将不参与美国的任何战略、军事或安全联盟，包括印太战略"；"尼泊尔宪法优先于MCC协议和其他相关协议"；"协议相关条款仅适用于MCC协议资金使用，不应要求尼在除使用MCC协议资金以外遵守任何当前或未来的美国法律或政策"等内容。④最终，在2月27日议会表决过程中，真正明确表态反对的尼左派重要人物仅剩前总理卡纳尔一人，仅占国会1席的

---

① Anil Giri, "Gyawali Refutes Reports about Nepal Joining US Indo-Pacific Strategy", *The Kathmandu Post*, December 24, 2018, https://kathmandupost.com/national/2018/12/24/gyawali-refutes-reports-about-nepal-joining-us-indo-pacific-strategy.
② Binod Ghimire, "Why the MCC Compact Countered Controversy in Nepal", *The Kathmandu Post*, January 9, 2020, https://kathmandupost.com/2/2020/01/09/why-the-mcc-compact-courted-controversy-in-nepal.
③ 德乌帕曾分别于1995年、2001年和2004年三次出任尼政府首相，2017年担任尼政府总理。
④ "MCC Nepal Compact: What is in the 'Interpretative Declaration' Endorsed by Nepal's Parliament?", *NL Today*, February 27, 2022, https://www.nepallivetoday.com/2022/02/27/mcc-nepal-compact-what-is-in-the-interpretative-declaration-adopted-by-nepals-parliament/.

国家人民阵线宣布退出执政联盟。千禧年挑战公司于3月1日发表声明,指出"千年挑战协议的通过取决于尼泊尔是一个具有主权的民主国家",但并未提及尼方的"解释性声明"。这表明尼方的"解释性声明"更像是政治人物的一块"遮羞布",对美国的实际约束效力值得怀疑。

三、美开展胁迫式经济援助的动机分析

名义上,美国通过MCC协议对尼实行经济援助,实际上通过协议附加政治条件,设置不平等条款,是一个"不正常"的协议。其背后既有尼泊尔内部的深层原因,又可以从中美印竞合关系中窥见美政策动机。

(一)以经济援助为工具,深度干预尼泊尔内政事务

显而易见,尼共合并的失败及最终分裂,是大会党能够借机上台并主导MCC协议获批生效的直接原因。2018年,尼共(联合马列)与尼共(毛主义中心)合并组建尼泊尔共产党,在众议院取得多数席位,由尼共(联合马列)领导人奥利组阁,成为2015年颁布新宪法以来第一届联邦政府,尼泊尔由此迎来相对稳定的政治局面,国家经济也开始恢复增长。然而,自2019年5月起,奥利与尼共其他领导人普拉昌达(Prachanda)和尼帕尔的权力斗争公开化。[①]2020年12月20日,时任总理奥利向总统比迪亚·班达里(Bidhya Devi Bhandari)提议解散众议院,而与此同时尼共中央常务委员会对奥利做出"纪律处分"。2021年3月7日,尼最高法院裁定,2018年选举委员会注册的政党"尼泊尔共产党"无效。上述两个标志性事件分别对应尼共的"实质分裂"与"法理分裂"。此后,尼帕尔及其他多名议员脱离尼共(联合马列),成立尼共(联合社会主义者)。大会党借此机会联合普拉昌达与尼帕尔,成立多党联合政府。

---

① 普拉昌达本名为普什帕·卡迈勒·达哈尔(Pushpa Kamal Dahal),普拉昌达在尼泊尔语中意为"威风凛凛"。

表7　尼主要政党众议院议员席位分布变化

政党名称	奥利政府时期	德乌帕政府时期
尼泊尔共产党	174席①	/
尼共（联合马列）	/	97席
尼共（毛中心主义）	/	49席（含议长）
尼共（联合社会主义者）	/	23席
大会党	63席	63席
其他政党	38席	43席
合计席位	275席	275席

美国向尼泊尔的经济援助始于1951年。从美尼外交的历史来看，美国一直将尼泊尔作为介入南亚地区事务的支点，并将经济援助作为主要手段，以维持"尼政权的非共性质"。②此次美国政府借援助议题深度干预尼国内政治，正是该长期战略目标的具体体现。首先，美方不断向尼政府施加外交压力，为尼议会审批结果划定"截止时限"。2021年7月27日，美国务卿安东尼·布林肯（Antony Blinken）致电尼首相德乌帕，进一步催促尼政府加快推进协议生效。11月17日和18日，美国助理国务卿唐纳德·卢（Donald Lu）和副助理国务卿凯利·凯德林（Kelly Kedrin）先后抵达加德满都，推动美尼MCC协议生效。2022年2月10日，卢声称，若尼议会未能在2月28日前批准合作协议，美国将重新审视其与尼泊尔的外交关系。③其次，美方在推进协议生效的过程中，有意对尼共领导人施加负面影响，并加速左派政党的分裂。如在奥利执政时期，尼财政部与千禧年挑战公司签署项目实施协议，但美方对于尼政府有关协议内容的质疑采取回避态度，直到2021年9月尼共分裂，大会党再次上台后才明确澄清"无意损害尼主权独立"。尼国内媒体也猜测美方可能会以"战争罪"或"侵犯人权"等名义对尼共领导人

---

① 在尼共的174席中，尼共（联合马列）获得121席，尼共（毛主义中心）获得53席，接近议会席位总数的三分之二。

② 温强、李星然：《美国对尼泊尔政策的形成与调整——以中尼建交为核心的考察》，《中山大学学报》（社会科学版）2020年第4期，第48—60页。

③ Anil Giri, "Americans are Flying into Nepal in Droves. Is There Any Renewed Interest?", *The Kathmandu Post*, May 1, 2022, https://kathmandupost.com/national/2022/05/01/americans-are-flying-into-nepal-in-droves-is-there-any-renewed-interest.

进行国际诉讼，以此来打击尼左派政党拒绝协议的底气。[1] 2022年2月6日，普拉昌达与德乌帕联合致信千禧年挑战公司主席的信函被尼媒体公开，信中内容表明普拉昌达虽然表面反对协议生效，却在信中向美方承诺会采取措施让议会批准合作协议。受此影响，原尼共的分裂趋势进一步增强，如原执政联盟国家人民阵线随即宣布退出联合政府，以施雷斯塔为代表的部分党员对普拉昌达的政治投机行为感到不满，开始与此前尼共（毛主义中心）分离派组织加强联系。第三，美国将援助资金的落实与受援国的民主政治进程相绑定，一旦受援国政治发展未符合美国的民主价值评判标准，美方可随时以各种借口中止提供援助资金或终止合作项目，预期美国政府将通过千禧年挑战公司的年度评估、承诺资金调拨等手段，深度干预尼内政外交政策。

（二）拓展与大会党政府的政治合作，打造新的区域战略支点

为了淡化美尼MCC协议生效的争议性，尼政府官员多次强调该协议仅涉及经济合作。然而，自协议生效后，两国政府以庆祝美尼建交75周年为契机开展一系列高层访问，美尼关系显著升温。2022年4月22日，5位美国国会议员到访加德满都，强调"国会互动对促进两国多层面友谊的重要性"[2]。4月29日，德乌帕携夫人亲自参加美尼建交庆祝活动。布林肯在其社交媒体上写道："尼泊尔的国家治理、经济发展和国际参与发生了令人难以置信的变化。我们为几十年来的合作伙伴所取得的成就感到自豪，并期待建立更广泛的友谊。"然而，历经宪政斗争、2015年大地震以及新冠疫情冲击之后的尼泊尔，被布林肯冠以"难以置信的发展"之赞誉，即便可以将其理解为"善意的外交辞令"，也多少让了解尼国内情况的人感到有些"反讽"的意味。可以看出，在斯里兰卡明确拒绝申请援助项目后，德乌帕政府对协议的接受，某种程度上挽回了美国在南亚地区的政治声誉，使美国决心

---

[1] 据尼媒体报道，普拉昌达曾在该党中央委员会议上指出若MCC协议不被批准，尼共部分领导人会因其在人民武装斗争期间的行为遭遇国际诉讼。

[2] "Press Release on the Visit of the US Congressional Delegation", Ministry of Foreign Affairs of Nepal, April 23, 2022, https://mofa.gov.np/press-release-on-the-visit-of-the-us-congressional-delegation.

将尼泊尔列为其在南亚地区的"试验田",作为其实施"印太战略"的支点国别。

在此背景下,美国政府强调美尼在主权维护、民主价值、人权保护乃至气候变化问题上具有共同利益,德乌帕政府也打破尼常规做法,频频给美方回报"惊喜"。尼泊尔在联合国人权理事会讨论谴责俄罗斯入侵乌克兰提案中投下赞成票,而其在2014年关于克里米亚的决议时选择投弃权票。2022年5月20日,美国副国务卿乌兹拉·泽雅(Uzra Zeya)到访尼泊尔,而其另一个官方身份为"西藏事务特别协调员"。此前,美国驻尼泊尔大使馆曾在官方推特上发布美军士兵和尼泊尔军人在尼泊尔北部的木斯塘地区进行联合训练的照片。木斯塘地区靠近中国西藏,正是当年美国中央情报局训练"四水六岗卫教军"的地方。[①] 2022年6月,尼媒体又报道美方有意接纳尼方加入"州伙伴关系计划"(State Partnership Program,简称 SPP),此后尼外长纳拉扬·卡德加(Narayan Khadka)在2022年7月29日宣布,尼方已于7月25日致函美方停止推进SPP协议。然而,美尼政府探讨SPP协议问题,意味着美国对尼的战略诉求绝不会局限于单纯的经济合作。虽然德乌帕在会见王毅时,明确表示"决不允许任何势力利用尼领土从事任何反华活动"[②],但美尼关系发展中,尼方是否能坚持上述表态仍有待后续观察。

(三)援助针对南亚国家短期偿付问题,对冲中国合作倡议

由于新冠疫情持续反复,尼泊尔的旅游业、侨汇等传统外汇来源受到严重冲击。以旅游业为例,2020年原本是尼官方确定的旅游文化年——"Visit Nepal 2020",但受新冠疫情影响,尼政府被迫于2020年4月取消该活动,当年赴尼外国游客数量也由高峰期的120万锐减至23万,2021年更是下跌至不足15万。[③] 与此同时,俄乌冲突又导致石油、粮食等大宗商品价格上涨,南亚各国均出现不同

[①] 张树彬:《警惕美国将尼泊尔拉入"印太战略"》,《环球时报》2021年11月17日,第15版。
[②] 《尼泊尔总理德乌帕会见王毅》,中华人民共和国外交部网站,2022年3月27日,https://www.mfa.gov.cn/web/wjbzhd/202203/t20220327_10656155.shtml。
[③] "2021年赴尼游客人数降至1977年最低水平",中华人民共和国商务部网站,2022年1月4日,http://np.mofcom.gov.cn/article/jmxw/202201/20220103234417.shtml。

程度的经济增长乏力、外汇储备下降、国际偿付能力出现流动性不足等问题。如表 8 所示，2020 年，尼 GDP 增长为 –2.1%，2021 年 GDP 也仅为 4%，远低于疫情前的经济增速，与此同时，尼贸易与财政情况却渐趋恶化。2021 年尼贸易逆差高达 117.1 亿美元，外汇储备则由 2021 年 7 月的 117.5 亿美元，下降至 2022 年 3 月的 97.5 亿美元，引发尼卢比进入长期贬值通道。为防止本国外汇储备下降，尼政府 2022 年 3 月宣布停止私家车、奢侈品及其他相关非必需品的进口。而为了应对"油荒"，尼政府又宣布自 5 月 15 日起试行双休制，并号召居民减少不必要的燃油出行消耗。

表 8 尼泊尔 2017—2021 年主要经济指标统计

	2017 年	2018 年	2019 年	2020 年	2021 年
名义 GDP（亿美元）[a]	289	333	342	339	361
实际 GDP 增长率（%）[b]	9.0	7.6	6.7	–2.1	4.0
人均 GDP（美元）[c]	1048.45	1178.53	1194.96	1155.14	1191
贸易差额（亿美元）[d]	–93.64	–119.31	–110.07	–87.07	–117.10
财政赤字（亿美元）[e]	–7.01	–17.08	–16.31	–17.68	–15.95

资料来源：a, b, c, d 来自 EIU Country Report 2021, e 来自 IMF Fiscal Monitor 2021。

如图 5 所示，尼近年来外债增长加速，远高于同期 GDP 平均增速。根据国际货币基金组织（IMF）测算，2021 年尼负债率（政府债务余额 /GDP）为 22.5%，预计未来 5 年尼外债规模和负债率仍将保持增长，到 2025 年负债率可能达到 26.8%，届时将高于国际警戒线（25%）。[①] 2021 年底尼储备债务系数（外汇储备 /政府债务余额）为 116%，按此趋势发展同样将下降触及国际警戒线（100%）。由于南亚国家存在区域性的"双赤字"特征，即财政赤字迫使政府存在举借外债的刚性需求，而经常性的项目赤字又削弱了政府归还外债的能力。[②] 在新冠疫情背景下，南亚国家普遍遭遇债务流动性问题，也增加了尼政府对其政府偿付能力及货币信用的忧虑。

[①] "Fiscal Monitor, October 2021: Strengthening the Credibility of Public Finances", IMF, October, 2021, https://www.imf.org/en/Publications/FM/Issues/2021/10/13/fiscal-monitor-october-2021.

[②] 宋颖慧、王瑟、赵亮：《"中国债务陷阱论剖析"——以斯里兰卡政府债务问题为视角》，《现代国际关系》2019 年第 6 期，第 1—9 页。

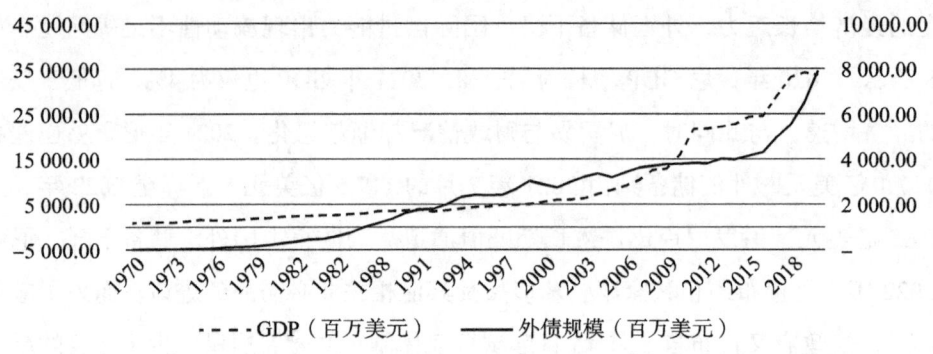

图 5 尼泊尔 GDP（左坐标轴）与外债总额（右坐标轴）对比 [1]

资料来源：根据世界银行季度债务统计数据（QEDS）绘制。

针对尼泊尔等南亚国家的经济脆弱性，美国以 MCC 协议无偿资金援助为诱饵，将显著增强其对相关国家的吸引力。在协议生效后，世界银行与美国国际开发署又相继分别向尼政府提供 1.5 亿美元软贷款和 5 年周期金额为 6.59 亿美元的无偿援助，这些援助资金对于陷入财政危机的尼政府而言不啻一笔救急巨款。美国对尼此番"密集且慷慨"的资金援助，是有意将尼泊尔打造成美国经济援助的"样本国别"，增加对其他南亚国家的"示范效应"，并以此对冲"一带一路"倡议在南亚地区的影响力。美国副国务卿兼"西藏事务特别协调员"泽雅于 2022 年 5 月中旬在未知会尼泊尔政府的状况下前往尼泊尔帕坦的藏人社区，一方面是说服尼泊尔呼应所谓"2020 年西藏政策及支持方案"，同时或也是施压尼政府采取更为开放的边境政策。在当下尼大会党于地方选举中取得优势的情况下，并不排除尼泊尔对美国作出更多的让步和妥协。

（四）协调印度南亚政策，尝试将尼打造为"印太战略"的合作试点

传统上，印度一直视南亚地区为自身的后院与禁脔，不愿其他国家势力染

---

[1] "Quarterly External Debt Statistics", World Bank, https://www.worldbank.org/en/programs/debt-statistics/qeds.

指。① 对于尼泊尔冒犯"尼印特殊关系"的行为，印度政府分别在 1975 年、1989 年以及 2015 年三次对尼实施非官方的边境贸易封锁。受此影响，尼泊尔并不是美国全球战略的重点国别，美尼关系长期不温不火。② 但对于协议争议，以及美尼两国的高调行为，印度政府的态度却较为温和。2022 年 4 月 1 日，尼总理德乌帕出访印度，被莫迪称赞为"印度人民的老朋友"，两人还同时参加了尼印跨境客运铁路③ 的开通仪式。5 月 16 日，莫迪抵达蓝毗尼（Lumbini），朝拜摩耶夫人庙（Maya Devi Temple），并再次会晤德乌帕。印度态度变化的原因是在美印"全面的全球战略伙伴关系"框架下，美国的"印太战略"与印度的"东向政策"的互动升级。④

从 MCC 协议的具体内容来看，公路项目与尼印边境地区相距不远，有利于印度向尼泊尔出口商品。输变电线项目则有利于尼印电力交易，通常情况下，尼在雨季（也称季风期）向印度出口电能，而旱季仍需从印度进口电能，电能价格与配额也基本由印方主导。2022 年 4 月，印度政府允许尼泊尔指定水电站向印度出口 325MW 电力，其中 200MW 电力以长期合同形式固定价格，电价为 3.5 卢比/单位，低于市场价格 12—20 卢比/单位，剩余 125MW 电力则通过印度能源交易所每日市场挂牌价确定。⑤ 此外，根据印度电力部 2021 年颁布的《跨境电力进出口规范》，规定尼泊尔出售的电力不能来自"与印度陆路接壤的邻国投资的发电项目"，以及"没有与印度达成电力合作双边协议"的第三国实体直接或间接所属的

---

① 1970 年，印度推出"英迪拉主义"，将印度周边南亚国家均视为自身势力范围，排斥区域外国家与南亚其他国家建立密切关系，因为也被称为"南亚版的门罗主义"。对此，尼泊尔前国王比兰德拉（Birendra）曾声称尼泊尔是一个"跨喜马拉雅国家"，而非完全的南亚次大陆国家，以此回击印度的地区霸权理论。
② 如在美尼建交初期，美国驻印大使洛伊·亨德森（Loy Henderson）就曾抱怨印度批评美国将"第四点计划"适用于尼泊尔的做法，认为"该计划规模如此之小并且同美国与亚洲其他国家的经援协定相似"，完全不足以对印度利益构成损害。
③ 该铁路全长 34.05 公里，连接印度比哈尔邦杰伊纳格尔和尼泊尔贾纳克布尔库尔塔区，为尼泊尔境内首条宽轨铁路。
④ 崔世委、王勇：《美国"印太战略"与印度"东向政策"的互动研究——基于"均势理论"的视角》，《东南亚纵横》2019 年第 3 期，第 61—69 页。
⑤ 获准向印度出口 325MW 电力的具体电站及配额为：尼泊尔电力局所属的加里甘达基水电站（144MW）、中马相迪水电站（70MW）、马相迪水电站（58MW），以及私人投资者所属的利库 4 水电站（53MW）。

电站。[①]该条款被认为明显针对中方在尼投资的水电项目。因此,协议项目的选择表现出美印有意联合试图将中资企业挤出尼电力市场,反映出美国政府在具体政策实施中,开始注重与印度的跨区域战略协调关系,强调将印度作为链接其南亚政策和"印太战略"的关键环节,推动美印共同抗衡中国在南亚地区的影响力。[②]

四、美尼"千年挑战计划"协议实施路径及影响

虽然美尼 MCC 协议已签署生效,然而在未来 5 年的落实过程中,仍将面临诸多挑战和变数。一方面,美尼两国外交缺少交往传统,对尼外交仅是其实施"印太战略"的一部分,也必然要服从美国的国家利益及全球战略,而尼泊尔的外交重心仍然是中印两国,与美国等域外国家的交往仅是其获取更多发展资源、对两大邻国实施"等距离外交"的制衡手段。两国实力基础及战略目标存在较大的差异,加之尼政府各党各派复杂多变,政策连贯性较差,不具备保持长期密切合作的可持续性。另一方面,从众多双边援助机构在尼执行项目的实践经验来看,尼政府官僚变动频繁且多相互推诿、行政效率较低,执法力度仅停留在县级层面,法律、税收等配套政策尚不健全,土地产权不甚明晰,尤其是项目执行过程中涉及征地拆迁、削山伐林等事宜,常出现因行政手续冗长而错过旱季施工时机,或因赔偿标准存在争议导致项目无法开工或被迫变更设计线路等问题,导致绝大多数项目严重拖期或实际投资额远超预算。因此,协议项目能否顺利实施仍存在很大的不确定性。虽然美尼两国正处于协议生效后的"蜜月"期,但项目执行过程中出现的重大问题也将考验两国关系的发展。反过来,两国未来在其他国际事务上的分歧也可能对项目执行产生负面影响。

对尼泊尔而言,政党因素和政局走向为协议实施增加了不确定性。此次美尼

[①] 在印度 2016 年版的《跨境电力进出口规范》中,曾规定"只有印度政府或公共部门完全拥有,或印度占 51% 以上股份的私人企业,可以向印度出口电力",在尼长期交涉下,印度允许尼实体向其出口电力,但仍设定所谓的"负面清单"限制条款。

[②] 王娟娟:《特朗普执政以来美国南亚战略的实施、未来走向及对策建议》,《南亚研究季刊》2020年第 1 期,第 1—10 页。

MCC协议的生效,是德乌帕本人及大会党的一次胜利,大会党影响力显著增强,但尼左派政党仍占据整体优势。从2022年的选情来看,大会党在2022年5月的地方选举中取得了一定的胜利,在11月的众议院选举中,又拿下了89个席位,较上次选举大幅增加了26个席位,占众议院席位的比重由23%上升至32%,成为尼众议院第一大党。然而,党内分裂和党派联盟是当前尼民主政治的常态,此前大会党并非尼众议院第一大党,却可以实现组阁执政,正是利用了尼共分裂的契机,通过联合尼共(毛主义中心)与尼共(人民社会党)而取得的。但在此次选情中,尼共(联合马列)和尼共(毛主义中心)各丧失了一定比例的众议院席位,分别由97席(占比35%)和49席(占比18%)下降为78席(占比28%)和32席(占比12%),却反而促使左派政党再次"抱团",尼共(联合马列)和尼共(毛主义中心)联合尼民族独立党(20个席位)等其他5个政党,形成左派政党联盟,使普拉昌达在选情不利的情况下第三次出任总理,在某种程度上打乱了美对尼的既定外交战略。另一方面,虽然尼左派政党再度执政有利于制约美国对尼内政的干涉力度,但也应该清醒地认识到,此次尼左派政党的联合是以政治人物的利益交换为基础的,不排除各左派政党间再次分裂的可能。同时,尼大会党仍是掌握众议院席位最多的政党,其与左派政党联盟之间的微妙平衡,会深度影响日后相关政策的制定与执行。此外,不带有传统政党标签的独立候选人也有可能获得更多关注,如独立候选人巴伦德拉·沙阿(Balendra Shah)胜选成为新任加德满都市长,反映出部分民众已经厌倦了老牌政客的权谋做派,这些因素都会增加尼未来政局走向的不确定性。

对周边国家而言,尼泊尔外交尝试新平衡战略,有意寻求"第三邻国"效应。一方面,美国以此次经济援助作为胁迫外交的主要手段,迫使尼议会批准协议。但另一方面,尼部分政治精英认为,加强与区域外大国的联系,寻求"第三邻国"效应将有助于增加尼平衡外交的谈判砝码,获得更多政治和经济收益。[①] 根据国际关系经典理论,小国外交通常采取联盟、平衡、中立等方式。斯蒂芬·沃尔

---

① Anil Giri, "Americans are Flying into Nepal in Droves. Is There Any Renewed Interest?", *The Kathmandu Post*, May 1, 2022, https://kathmandupost.com/national/2022/05/01/americans-are-flying-into-nepal-in-droves-is-there-any-renewed-interest.

特（Stephen Walt）认为"追随"（bandwagoning）与"平衡"（balancing）是最主要的两种策略，并会因小国实力或价值的变化而进行转换。① 尼泊尔沙阿王朝首位君主普利特维·沙阿（Prithvi Narayan Shah）将尼泊尔比作"夹在两个石头之间的山芋"（A Yam between Two Stones）。② 里奥·罗斯（Leo Ross）指出，特殊的地缘政治环境使尼泊尔在历史上多采用"平衡战略"来维持自身的生存安全。③ 随着中国的全球影响力与日俱增，尼面临的地缘机遇与挑战也在显著增加。④ 从地缘政治理论视角来看，夹在两大强邻之间的国家均有追求"第三邻国"效应的利益动机，如蒙古在 2007 年与 2018 年两次与千禧年挑战公司签署协议，也是追求美国、欧盟及日本等区域外国家对中国影响力的制衡。

尼的新平衡战略，间接上也对印度形成了一定程度的压力，近期印度对尼主要采取"拉拢"政策。一是印度试图缓和其与尼泊尔在林皮亚杜拉（Limpiadhura）、里普列克（Lipulekh）和卡拉帕尼（Kalapani）等地的领土争议问题；⑤ 二是加强尼印电力合作，包括宣布共建阿伦 4 号水电站（Arun-4 Project），重启 1995 年尼印《马哈卡利条约》（Mahakali Treaty）中班杰苏瓦尔水利项目（Pancheshwar Multipurpose Project），推荐印度国家水电公司（NHPC）申请投资西塞提水电项目（West Seti Hydropower Project），并增加向尼进口电力额度等；三是强调尼印之间的"宗教情感"，承认蓝毗尼为佛祖诞生地，并将蓝毗尼与佛祖涅槃地拘尸那迦（Kushinagar）确立为姐妹城市。上述举措既是印度希望借此机会增强德乌帕及大会党的胜选机率，也反映出印度在美国进场之后的潜在战略焦虑。因此，美国加强对尼经济援助虽然表面上是针对中国，但在某种程度上也影响了印度在尼泊尔

---

① 〔美〕斯蒂芬·沃尔特：《联盟的起源》，周丕启译，上海人民出版社，2018，第 25—26 页。
② Kalim Bahadur & Mahendra P. Lama eds., *New Perspectives on India-Nepal Relations*, New Delhi: Har-Anand Publications, 1995, p. 125.
③ 〔美〕里奥·罗斯：《尼泊尔的生存战略》，王宏纬、张荣德译，中国藏学出版社，2018，第 176 页。
④ 韦民在《小国与国际关系》一书中，将小国分为"小强国、小要国和小弱国"三种类型，按此类型划分，尼泊尔应属于小要国类型。
⑤ 由于《萨高利条约》中未明确尼印界河卡利河（Kali River）的入河口位置，致使两国对相关地区的领土划分存在争议。2020 年 6 月，为抗议印度在争议地区修建公路以及印国防部部长出席公路剪彩仪式，尼通过了宪法修正案，将与印度存在争议的 335 平方公里土地纳入新版政治地图，引发两国外交争议。

的传统地位，协议项目的后续进展还需关注美印关系的发展态势。能否将援助背后的影响力局限在某些特定的项目和计划中，这是尼泊尔政府要回应的课题，也是尼泊尔要努力提升的能力。

  对此，需要高度关注美国加强对尼经济援助的潜在负面影响。一是协议生效会增加尼对援助条件的攀比心理。尼长期强调自身的特殊地缘价值，此次协议资金属无偿援助，将会进一步抬高尼对资金优惠度的期望。根据对30个受援国的38份协议文本的分析，发现虽然不同国家的协议存在一定的文字表述差异，但均列有强调协议法律效应的优先性以及执行人员的司法豁免等内容之条款，这表明美尼 MCC 协议并非个例，后续影响还需持续跟进。二是协议项目的区域与行业选择具有一定的针对性，将可能对跨境电力合作、中国电力工程承包企业及中尼在尼南部地区的经济合作造成不利影响。三是为推进 MCC 协议生效，美印加强了对尼公共媒体的控制力度，《加德满都邮报》《喜马拉雅时报》及《新兴尼泊尔报》等尼主流媒体均大肆宣扬该协议对尼经济及民众的好处，而对尼主权侵犯条款、强行干预尼内政事务等问题则模糊处理或避之不提，却将舆论焦点转移到"中国政府阻挠 MCC 协议生效""中国向尼泊尔高息贷款问题""'一带一路'合作备忘录无法在公开渠道获取"等议题。因此，应高度关注尼媒体舆论在影响政治议程、话语权力竞争、带动民意节奏等方面的作用，在后续项目选择中明确项目收益群体及其获益指标的量化体系，帮助尼早日脱离最不发达国家行列。不仅要讲好中尼经济合作中的"中国故事"，也要摆清"中国数据"，使中尼经济合作成为推进两国外交关系的积极力量。

[责任编辑：雷定坤]

历史文化研究

南亚现代主义伊斯兰学派南德瓦述略*

马　强　黄乐奇**

摘要：南德瓦是介于迪奥班德和阿里格尔之间的南亚现代主义伊斯兰学派，其主要特点是追求伊斯兰传统知识和理性知识之间的平衡。该学派重新思考、修订和制定了传统的伊斯兰教育体系，剔除其中多余的哲学和逻辑学内容，加入更多阿拉伯语课程。同时，该学派尝试在教育和生活中学习西方的知识、礼仪和模式，特别是将英语纳入到课程体系中，鼓励穆斯林在恪守伊斯兰信仰的前提下积极汲取现代文明成果，以培养出既精通伊斯兰传统学科，又熟悉西方科学和思想的宗教学者。该学派秉持宗教内部和宗教之间的宽容原则，主张宗教学者之间应摒弃分歧、团结一致，主张团结全印伊斯兰各个派别并与世界其他宗教和平相处。该学派反对印巴分治，认为分治有损穆斯林社群的团结，有害于印度穆斯林与印度其他族群之间的关系。该学派的学者在历史、伊斯兰法学、哲学、文学、诗歌等方面均作出了许多贡献，在学术和教育领域对印度乃至国际穆斯林社会产生了深远影响，其教学大纲和教学模式至今仍被世界多国借鉴和采用。因此，研究该学派的思想和实践，对了解印巴分治时期不同伊斯兰学派对当时社会的认识及其内部关系，以及认识今日的印度穆斯林社会有一定的意义。

关键词：南德瓦；南亚；伊斯兰学派；现代主义

---

* 本文系宁夏社会主义学院2022—2023年度委托项目（项目编号：WT-2022-07）的阶段性成果。
** 马强，陕西师范大学中国西部边疆研究院教授、青海师范大学高原科学与可持续发展研究院特聘教授，主要研究方向为南亚研究；黄乐奇，陕西师范大学中国西部边疆研究院博士研究生，主要研究方向为南亚研究。

细数近代以来南亚伊斯兰教育史，按兴起时间之先后排列，大致有四个十分重要的教育组织：费兰吉曼哈里（Firangi Mahal）、迪奥班德（Deoband）、阿里格尔（Aligarh）和南德瓦（Nadwa）。费兰吉曼哈里的创始人祖上是伊斯兰早期历史上的辅士，他们从阿拉伯半岛迁到阿富汗，又从阿富汗的赫拉特迁徙到今天印度勒克瑙的费兰吉曼哈里。费兰吉曼哈里的最大贡献是17世纪末总结形成了尼扎姆教学大纲（Dars-i Nizami），勘定了至今影响南亚、波及周边的伊斯兰课程体系。迪奥班德兴起于1866年，主张通过建立宗教学校、坚守伊斯兰传统学科（Manqūlāt）来应对殖民政府的世俗化教育以及基督教和印度教的宣传等。阿里格尔兴起于1875年，其创建者为赛义德·艾哈迈德汗（Syed Ahmad Khan），主张借鉴殖民教育，实现伊斯兰教育的现代化，在课程体系中引入英语和现代科学，强调理性学科（Māʻqūlāt）。南德瓦诞生于1893年在坎普尔召开的一次各教派著名学者共同参加的会议，其目的是改变抱残守缺、缺乏生气的伊斯兰教育现状。从赋名上看，前三者都以兴起之地命名，只有南德瓦不是地名，其本意为协会、大会，全称为"南德瓦欧莱玛"（Nadwatul Ulama），意为"宗教学者协会"，本文以南德瓦称之。

　　上述四个组织，也是四个不同的伊斯兰教育学派，国外学界多有关注。[1]特别是迪奥班德学派，因某些隶属于该派的宗教学校培养的学生在阿富汗内战中形成一支独立的力量并被称作塔利班而广受关注。费兰吉曼哈里因尼扎姆教学大纲而蜚声南亚，影响深远。而阿里格尔和南德瓦因规模小，影响没有前两者大，因此关注者相对较少，但在南亚伊斯兰教育史上，两者却值得重视。对于南德瓦学派在南亚的历史、成就、影响等，学界有着不同的看法。有人认为南德瓦是一个介于迪奥班德和阿里格尔之间的派别，[2]有人认为它是偏重伊斯兰传统学科的学派，[3]也

---

[1] 费兰吉曼哈里、迪奥班德、阿里格尔、南德瓦及后续提及的巴热里维皆为简称，有地方、运动、学派和组织等多个指向。

[2] Azīz Ahmad, *An Intellectual History of Islam in India*, Edinburgh: Edinburgh University Press, 1969, p. 58; Dietrich Reetz, *Islam in the Public Sphere: Religious Groups in India, 1900-1947*, New Delhi: Oxford University Press, 2006, p. 62; Christophe Jaffrelot, *The Pakistan Paradox: Instability and Resilience*, New York: Oxford University Press, 2015, p. 56.

[3] Muhammad Qasim Zaman, *The Ulama in Contemporary Islam Custodians of Change*, Princeton, NJ: Princeton University Press, 2002, p. 72.

有人认为它是偏重现代科学的学派①。鉴于我国学界对这一学派至今尚无专题研究，本文拟在梳理各种资料的基础上，对其做一基础性介绍和分析。

一、南德瓦学派的建立及其核心思想

1893年，一些穆斯林学者倡导建立一个委员会，邀请所有印度的欧莱玛参加来年在坎普尔的著名宗教学校法伊德艾米（Faid-e'Amm）举行的会议，这个委员会被命名为"宗教学者协会"（Nadwatul Ulama）。马哈穆德·哈桑·迪奥班德（Mahmud Hasan Deobandi）、阿什拉夫·阿里·塔南维（Ashraf Ali Thanwi）、哈利里·艾哈迈德·萨哈兰普尔（Khalil Ahmad Saharanpuri）、穆罕默德·阿里·蒙格尔（Muhammad Ali Mungeri）、萨纳乌拉·阿姆瑞特萨里（Sanaullah Amritsari）、法赫鲁·哈桑·甘告黑（Fakhrul Hasan Gangohi）、艾哈迈德·哈桑·坎普尔（Ahmad Hasan Kanpuri）等知名学者出席了该协会成立大会。该协会成立的动机是改革传统教育体系，消除穆斯林群体在不同宗教问题上的分歧。协会确定由穆罕默德·阿里·蒙格尔出任首任主席。1894年4月22日至24日，南德瓦召开首次会议，标志着南德瓦学派的建立。1898年，该协会在勒克瑙建立了名为南德瓦宗教学者知识之家（Darul Uloom Nadwatul Ulama）的宗教学校，毕业于该校的学生被称为南德瓦人，本文将秉承其思想和教育实践的学者统称为南德瓦学派。

关于成立宗教学者协会的原因，该学派主要创始人蒙格尔做过如下阐述：

> 1. 大多数年轻人任性放纵，自由散漫。某些家长虽然意识到了学习英语的必要性，但他们不关心宗教教育，导致孩子们对伊斯兰教一无所知。另一些人热爱宗教学校，但学校教学大纲已经落后于时代。

---

① Farish A. Noor, Yoginder Sikand & Martin van Bruinessen eds., *The Madrasa in Asia: Political Activism and Transnational Linkages*, Amsterdam: Amsterdam University Press, 2008, p. 15.

2. 宗教学校传承了伊斯兰文化，但培养不出能够继承伊斯兰传统的伟大学者。宗教学校的学生分两种。第一种是因经济原因而放弃学业去务工的人。他们既非学者，也非技工，且因当前理性学科课程过多，导致其对学术和宗教原则不以为然。因此，学生在学校就是虚度光阴。第二种是对世俗事务不感兴趣的毕业生，他们从事宗教工作，收入微薄。尽管阿拉伯语是宗教和民族语言，但学生既没有（传统的）《古兰经》学，也没有足够的阿拉伯语知识。因此，当代的宗教学者既不能很好地领导大众宗教事务，以树立群体形象，也不能阻止人们远离信仰。学者只有具备"前三代学者"（Ulama-e-salaf）的品质，熟悉当前所需，才能重建伊斯兰的荣耀。

3. 宗教学者之间的不和不仅抹黑了伊斯兰教的形象，也削弱及丑化了伊斯兰教，因此，必须抛弃分歧，团结一致。①

此外，蒙格尔指出成立协会并非出于政治或民族目的，而纯粹是为了改革教育制度和消除不团结因素。据说在南德瓦首次大会上，坎普尔市的专员、商人、宗教和世俗学者、记者、律师等都出席了会议，这是蒙格尔努力的结果。②

南德瓦在信仰和实践方面大多与早期的迪奥班德相似，如秉持哈乃斐教法，主张遵循宗教传统，尊重传统学者，反对个人演绎教法等。其核心思想包括：第一，重振宗教学者的地位，培养对现代知识、《古兰经》和圣训有深入了解的宗教学者，缩小宗教学者之间的分歧，建立相对和谐的关系。第二，对伊斯兰课程进行改革，修改教学大纲，编制新的课程体系，引入阿拉伯语教学，推动对英语、印地语、梵语的学习。第三，改变广大穆斯林现状，增进相互情谊，为其繁荣进步努力，远离政治斗争。第四，出版反映伊斯兰内涵的书籍，特别是向非穆斯林展示伊斯兰教对整个人类社会的普遍性和普慈性，消除以往部分穆斯林造成的人们对伊斯兰教的负面印象和误解。③

---

① Jamal Malik, "The Making of a Council: The Nadwat al-'Ulamâ", *Zeitschrift der Deutschen Morgenländischen Gesellschaft*, vol. 144, no. 1, 1994, p. 76.
② Jamal Malik, "The Making of a Council: The Nadwat al-'Ulamâ", *Zeitschrift der Deutschen Morgenländischen Gesellschaft*, vol. 144, no. 1, 1994, pp.80-81.
③ "تعارف", Nadwatul Ulama Lucknow India, April 1, 2022, https://www.nadwa.in/about-2/.

基于上述主张，有学者认为南德瓦及其宗教学校是一个公共团体，在南亚同类社团中最早开启了定期协会生活的模式，是最早定期出版会议记录和报告的宗教组织之一。[①]

二、南德瓦学派的主要代表人物

（一）沙比里·努玛尼

沙比里·努玛尼（Shibli Nomani）是当时联合省东部阿扎姆格尔（Azamgarh）的拉吉普特穆斯林，南德瓦学派的核心人物，学者、诗人、教育家，也被认为是印度第一位现代穆斯林历史学家，他试图用西方历史学方法打造一种新的穆斯林史学，这一主张和实践令其至今仍享有盛名。

沙比里的老师穆罕默德·法鲁克·奇拉亚科蒂（Muhammad Farooq Chirayakoti）是理性主义者，也是一位秉持理性主义且兼收并蓄的学者。受其影响，沙比里的思想中也体现出这种理性和包容的倾向。奇拉亚科蒂是赛义德·艾哈迈德汗的反对者，他们的思想有相似也有冲突。两者都认为穆斯林应该倡导理性和智识，用理性去思考。不同的是，尽管赛义德恪守伊斯兰的信仰核心（认主独一），但在宗教传统方面，其行为大胆且激进，因而招致许多人的批评。沙比里对其建立的阿里格尔学院也颇有意见。1882—1898年间，沙比里任阿里格尔学院的波斯语和阿拉伯语教师，因同赛义德的分歧扩大，最终选择离开。1902年，沙比里加入南德瓦，并当选为该组织教学大纲委员会成员。1904年8月，他创办了《南德瓦》（Al-Nadwa）杂志。该杂志旨在促进伊斯兰科学的发展，突出中世纪穆斯林在知识方面取得的成就，并与现代以来的情形进行比较。1913年7月，因内部矛盾，沙比里离开南德瓦。在生命的最后一年，沙比里回到故乡，创办了名为达鲁穆萨尼费

---

① Dietrich Reetz, *Islam in the Public Sphere: Religious Groups in India, 1900–1947*, New Delhi: Oxford University Press, 2006, p. 187.

（Darul Musannefin，意为穆萨尼费之家）的宗教学校。①

沙比里对南德瓦学派的影响很大，他曾为推动穆斯林宗教教育改革而在各国游学宣讲，可以说他是南德瓦学派制定改革性课程的推动者。在他看来，当代穆斯林缺乏自我思考能力，盲从毛拉，缺乏理性科学知识。为此，他撰写了《先知生平》(Sīrat al-Nabī)一书，号召用曾经的辉煌历史唤醒人们。②他认为当代穆斯林教育基础十分薄弱，宗教学者的作用正日益弱化甚至被忽视，他希望南德瓦可以成为一场为穆斯林社群谋福利的运动，培养出精通现代和传统知识的宗教学者，以更好地指导穆斯林。他希望穆斯林能够加强英语、阿拉伯语、乌尔都语、波斯语，甚至印地语和梵语的学习，以便更好地理解和传播伊斯兰信仰。③沙比里的思想还体现在其关于婚姻、习俗、女性权力等诸多方面的论述中。

（二）阿布杜·厄福尔

阿布杜·厄福尔（Abd al-Ghafur）是英国殖民政府的一名副征税官，某些文献认为他是南德瓦学派成立的原动力，尽管该派的文献中很少提及其名，但其思想与实践是促成南德瓦建立的重要动力。④

1891年，阿布杜·厄福尔在盎格鲁东方教育会议（Anglo-Oriental Educational Conference）上就提出：为改革宗教、传播传统东方教育以及保护伊斯兰教，应在坎普尔成立一个委员会。但当时包括赛义德·艾哈迈德汗等人在内的大会常委会的多数成员，认为其主张涉及宗教和传统而非英语和现代教育，因此拒绝了这一提议。然而，阿布杜·厄福尔力排众议，决定邀请一些在迪奥班德和坎普尔进行

---

① Javed Ali Khan, "Muslim Education, Shibli Nomani and Nadvatul Ulama, Lucknow", *Aligarh Movement*, April 7, 2022, http://aligarhmovement.com/karwaan_e_aligarh/Allama_Shibli_Nomani/Shibli_Nomani_and_Nadvatul_Ulama_Lucknow.
② Jan-Peter Hartung & Helmut Reifeld eds., *Islamic Education, Diversity and National Identity: Dīnī Madāris in India Post 9/11*, New Delhi: Sage Publications, 2006, pp. 139-141.
③ Akriti Kumar, "Shibli Nomani and The Making of Nadwatul'l Ulum", *Proceedings of the Indian History Congress*, Vol. 78, 2017, pp. 676-682.
④ Azīz Ahmad, *An Intellectual History of Islam in India*, Edinburgh: Edinburgh University Press, 1969, p. 58.

教学的宗教学者成立委员会，他最初的计划是在接下来的两年里每月定期在坎普尔举行会议。① 因此可以说，厄福尔建立的委员会是宗教学者委员会亦即南德瓦的雏形。

厄福尔认为，宗教决定民族的兴衰，对民族进步至关重要。当前穆斯林社会已经偏离了宗教，这种偏离在穆斯林社群内部的纷争中得到了生动体现，因此应强调发挥宗教学者在指导大众方面的重要作用。他认为当前穆斯林社会需要改革，各宗教学校的核心目标是相同的，只需重新考虑不同教育方式，宗教学者必须学习其他文化的语言。在厄福尔看来，印度穆斯林由于缺乏有效知识，很容易成为基督教和印度教传教士的宣教对象，宗教学者对此应负有责任。②

（三）穆罕默德·阿里·蒙格尔

蒙格尔生于坎普尔附近的一个小镇，早先在鲁特夫拉·阿里格尔（Lutf Ullah Aligarhi）门下学习。鲁特夫拉是1857年穆斯林起义后成长起来的著名学者和新时代大多数学者的老师。③ 蒙格尔的另一位老师是著名学者伊纳亚提·艾哈迈德（Inayat Ahmad），其在殖民地和王室的司法系统中担任穆夫提和嘎迪，但后来由于与英国人发生纠纷而入狱。被释放后，他来到喀布尔，著名的尼扎姆出版社的所有者以他的名义捐赠了一所伊斯兰学校——法伊德艾米。蒙格尔后来对理性科学产生了兴趣，成为奈格什班顶耶穆占迪迪苏菲派的著名贤哲、大多数南德瓦创始人的精神导师法德里·拉合曼·甘吉·姆拉德巴迪（Fadl al-Rahman Ganj Muradabadi）的弟子。

完成学业后，蒙格尔来到坎普尔教书。当时的坎普尔基督教传教活动兴盛，传统社会逐渐被瓦解。目睹的这一切让蒙格尔逐渐成长为宗教学者和现代主义的

---

① Jamal Malik, "The Making of a Council: The Nadwat al-'Ulamâ", *Zeitschrift der Deutschen Morgenländischen Gesellschaft*, vol. 144, no. 1, 1994, p. 70.

② Jan-Peter Hartung, "Standardising Muslim Scholarship: The Nadwat al-'ulamā'", in Satish Saberwal & Mushirul Hasan eds., *Assertive Religious Identities: India and Europe*, New Delhi: Manohar, pp. 128-129.

③ Jamal Malik, "The Making of a Council: The Nadwat al-'Ulamâ", *Zeitschrift der Deutschen Morgenländischen Gesellschaft*, vol. 144, no. 1, 1994, p. 74.

拥护者。南德瓦建立之初缺乏传统宗教精英的参与，为获得大众的支持并避免受到传统主义者以异端之名施加的指责，蒙格尔受邀加入筹建委员会。[1] 蒙格尔的思想和成长经历很大程度上受到殖民地宗教精英与传统派精神的影响，因此，在南德瓦创立初期主要推动者的动员下，1893 年蒙格尔出任该协会第一任会长。1894 年他被确立为南德瓦的传统学者和苏菲主义领袖人物。

蒙格尔重视建立穆斯林机构，致力于促进穆斯林社群之间的团结。他是第一位提出建立宗教学者协会的学者。1895 年的会议上，他又提议建立知识之家宗教学校。南德瓦初期能够团结各个穆斯林团体，很大程度上源于他的努力。蒙格尔认为，欧莱玛无力反击基督教宣教，原因在于其教义学的陈腐，因此，穆斯林需要一种新的教义学。他强调教法演绎的重要性，并提出两点倡议：第一，建立精英学者团体，尤其是精通教义学的学者团体，以反击非伊斯兰的批评和仪式，捍卫伊斯兰教。精英学者在教法方面要出类拔萃，严格执行宗教判令和法规。第二，宗教学者应了解当代问题，以便根据伊斯兰教的观点来解决问题。他倡导穆斯林中受过教育的年轻人葆有足够的宗教意识以影响社会。[2]

（四）赛义德·阿布·哈桑·阿里·南德维

赛义德·阿布·哈桑·阿里·南德维（Sayyid Abul Hasan Ali Nadwi）是南德瓦学派的创始人之一赛义德·阿布杜·哈伊（Sayyid Abdul Hayy）的儿子。1904—1915 年间，南德瓦学派内部出现纷争并导致沙比里·努玛尼离开，这对南德瓦学派的命运和名誉影响很大，学生人数减少到只有 32 名。《南德瓦》杂志也于 1916 年停刊。能够进行比较宗教研究的梵语和印地语课程也被终止，造成很大损失。[3] 1915 年，赛义德·阿布杜·哈伊担任协会主席并负责宗教学校工作，此后，南德瓦的领

---

[1] Jamal Malik, "The Making of a Council: The Nadwat al-'Ulamâ", *Zeitschrift der Deutschen Morgenländischen Gesellschaft*, vol. 144, no. 1, 1994, pp. 74-76.
[2] Jamal Malik, "The Making of a Council: The Nadwat al-'Ulamâ", *Zeitschrift der Deutschen Morgenländischen Gesellschaft*, vol. 144, no. 1, 1994, pp. 74-84.
[3] Javed Ali Khan, "Muslim Education, Shibli Nomani and Nadvatul Ulama, Lucknow", *Aligarh Movement*, April 9, 2022, http://aligarhmovement.com/karwaan_e_aligarh/Allama_Shibli_Nomani/Shibli_Nomani_and_Nadvatul_Ulama_Lucknow.

导权便被牢牢掌握在哈伊家族手中。沙比里之后，对南德瓦学派影响最为深远、推动该学派发展并使之最终展现在世界面前的正是来自于该家族的阿里·南德维。

阿里·南德维9岁时父亲去世，他在哥哥赛义德·阿布杜·阿里·哈桑尼（Syed Abdul Ali Hasani）的监护下完成学业。1934年，南德维成为南德瓦宗教学校的老师，1961年哈桑尼去世后南德维继任校长。[1]南德维的一生对整个穆斯林世界都有很大影响，他在印度被尊称为阿里·米扬（Ali Miyan）[2]并深受其他国家穆斯林的爱戴。他游历过许多国家，是印度之外最为知名的印度穆斯林学者。[3]18世纪以来，殖民主义的兴起和西方社会的发展，在精神和物质财富两方面对伊斯兰世界构成挑战，南德维凭借个人学识著书立说，为穆斯林大众提供了建设性的指导。同时，他还推动了全球范围内诸多有关伊斯兰的研究项目。南德维发表的文章、演讲和书籍汇编成册，以阿拉伯语出版的约有200本，以乌尔都语出版的约有300本。他的多部著述被译成英语和其他语言，其中传播较广的有《伊斯兰与世界——穆斯林的兴衰及其对人类社会的影响》(*Islam and the World: The Rise and Decline of Muslims and Its Effect on Mankind*)、《仁慈的使者穆罕默德》(*Muhammad Rasulullah: The Apostle of Mercy*)、《伊斯兰精神的救星》(*Saviours of Islamic Spirit*)等，这些著作鼓舞了当时消极的印度穆斯林，也向世界展示了伊斯兰的实质。[4]

南德维的思想主要包括：第一，反殖民主义。南德维成长于印度独立运动时期，青年时期他积极参与了反殖民运动，坚决反对殖民主义。第二，反阿拉伯民族主义。他认为民族主义有悖穆斯林的稳麦（信仰社群）观念，因而予以强烈批评。第三，坚持伊斯兰主义。南德维热爱印度，因此印巴分治后他选择留在家乡，为无助的穆斯林提供服务。他反对"两个民族"国家理念，认为伊斯兰并非种姓、国籍或国家，而是一种经过深思熟虑的抉择、生活方式和自愿信条，是属于全人类的信仰。第四，南德维还有许多涉及穆斯林身份、教育、宗教和谐、宽容和少

---

[1] Hazarat Mawlana Rabey Hasani, *Syed Abul Hasan Ali Nadwi: An Eminent Scholar, Thinker and Reformer*, New Delhi: D. K. Printworld, 2014, p. 17.
[2] Miyan 或 Mian，本意为王子、主人，印度人用作头衔或姓氏，用于人名中是一种尊称。
[3] Dietrich Reetz, *Islam in the Public Sphere: Religious Groups in India, 1900-1947*, New Delhi: Oxford University Press, 2006, pp. 66-68.
[4] Hazarat Mawlana Rabey Hasani, *Syed Abul Hasan Ali Nadwi: An Eminent Scholar, Thinker and Reformer*, New Delhi: D. K. Printworld, 2014, pp. 219-223.

数民族事务的观点。如呼吁注重儿童教育，号召穆斯林注重学习，认为只有学习才能认识伊斯兰的真谛；呼吁穆斯林和其他信仰者和谐相处，并毕生致力于促进伊斯兰教与印度教及世界上其他信仰之间的友好相处。[①]

三、南德瓦学派的主要观点认知与实践

（一）南德瓦学派有关政治的观点及倾向

作为教育组织，南德瓦始终与政治保持距离，但在不同阶段表达了不同的政治倾向和诉求。

第一阶段为南德瓦成立前到南德瓦宗教学校建立。这一阶段，由于1857年后英国殖民统治深刻地改变了印度穆斯林的经济、政治和文化状况，相较于选择退守的传统宗教学者，受西方思想影响的一部分穆斯林知识分子、政府雇员和宗教精英试图改变穆斯林的生存状况。在沙比里、蒙格尔、哈伊和厄福尔等人的影响下，穆斯林学者们达成建立宗教学者协会的共识，并表达了一定的政治倾向，即成立南德瓦是一场精英先锋运动，首先应关注融入殖民地，以带动整个穆斯林社群生存状况的改变，其次才是考虑伊斯兰学术的改变和宗教学者的团结。[②]

第二阶段为南德瓦宗教学校成立后到印度独立前。随着穆斯林教育组织的逐步完善，其影响不断扩大，殖民政府急于参与其中施加影响。殖民政府的一些措施激化了派系之间的紧张关系，导致学生罢课运动的出现。罢课大多与改革派有关，一方面是为了提高学校的决策透明度并促进民主化进程，另一方面则是对学校创始人一代的世袭制度提出质疑。[③]因派系斗争所致的沙比里的离开是学生罢课的直接

[①] Sheikh Jameil Ali, *Islamic Thought and Movement in the Subcontinent: A Study of Sayyid Abu Ala Mawdudi and Sayyid Abul Hasan Ali Nadwi,* New Delhi: D. K. Printworld, 2000, pp. 241-309.

[②] Jamal Malik, "The Making of a Council: The Nadwat al-'Ulamâ", *Zeitschrift der Deutschen Morgenländischen Gesellschaft,* vol. 144, no. 1, 1994, pp. 62-91.

[③] Dietrich Reetz, *Islam in the Public Sphere: Religious Groups in India, 1900-1947,* New Delhi: Oxford University Press, 2006, p. 178.

原因之一。沙比里的个人影响使得著名人物如艾布·凯俩目·阿扎德（Abul Kalam Azad）、赛义德·哈斯拉特·莫哈尼（Sayyid Hasrat Mohani）、穆罕默德·阿里（Muhammad Ali）、毛拉纳扎法尔·阿里·汗（Maulana Zafar Ali Khan）等人也参与到罢课中，其中阿扎德和莫哈尼是印度反殖民运动的支持者。罢课的另一直接原因是赫里·拉赫曼·萨哈兰普尔（Khali al-Rahman Saharanpuri）担任校长期间其领导的派系集团对学生的压制，如禁止学生参加或举办沙比里的讲座、先知诞辰活动及政治集会等，这些措施加剧了学生和学校管理方之间的紧张。同时，印度穆斯林对奥斯曼帝国在巴尔干战争和的黎波里战争中的失败感到愤怒，他们要求将盎格鲁东方学院升级为大学，由此，学生罢课成为整个国家关切的问题。[1] 英国人将学生罢课定性为叛乱，这使该次罢课具有了潜在的民族主义和反殖民色彩。可以说，这一阶段南德瓦的政治倾向与创立初期相比发生了很大变化，体现了反殖民的民族主义倾向。

第三阶段为印度独立后。这一阶段，南德瓦的政治倾向很大程度上受到阿里·南德维的影响。1857年起义后，英殖民政府进一步加强了对穆斯林的身份塑造，推动了印度穆斯林在他者和自我叙述语境中的种族化。[2] 这种身份塑造对南亚穆斯林的影响延续至今。但南德维是一位坚定的反民族主义者，他认为民族主义将导致穆斯林背弃信仰。1961年南德维出任南德瓦宗教学校校长，直至1999年去世前，他一直呼吁南亚穆斯林对迫害和压迫保持克制，相信真、善、美是人类的最高品德。因此，在这一阶段，南德瓦是与政治保持足够距离、更为纯粹的教育组织。在倡导人类和平的共同愿景下，南德瓦学派忠于国家，希望南亚各个群体能够融洽相处。

此外，南德瓦因提倡阿拉伯语学习，与中东阿拉伯世界乃至伊斯兰世界有较多联系，这也导致独立后以印度教为主的印度当局对其产生了怀疑，并对其采取了一些措施。[3] 这种同中东阿拉伯世界和更广阔的伊斯兰世界的联系，展现了南德

---

[1] Javed Ali Khan, "Muslim Education, Shibli Nomani and Nadvatul Ulama, Lucknow", *Aligarh Movement*, April 11, 2022, http://aligarhmovement.com/karwaan_e_aligarh/Allama_Shibli_Nomani/Shibli_Nomani_and_Nadvatul_Ulama_Lucknow.

[2] Ilyse Morgenstein Fuerst, *Indian Muslim Minorities and the 1857 Rebellion: Religion, Rebels and Jihad*, London: I. B. Tauris, 2017, pp. 1–48.

[3] Jan-Peter Hartung & Helmut Reifeld eds., *Islamic Education, Diversity and National Identity: Dini Madaris in India Post 9/11*, New Delhi: Sage Publications, 2006, pp. 153–156.

瓦关于民族国家的政治观念，即坚持认为伊斯兰属于全人类而非某个民族或国家，穆斯林应建立一个平等稳定的信仰共同体，作为某个国家的国民，穆斯林应忠于自己的国家。因此，南德瓦及其知名学者反对"两个民族"理论，在印巴分治的谈判和博弈中始终坚守印度，热爱家园，坚持睦邻友好，不愿因宗教不同而追求新的民族国家独立。

（二）南德瓦学派对伊斯兰传统和现代化的认识

南德瓦认为，所有先知都是复兴者和改革者，其目的是复兴伊斯兰教以改革当前社会，因此改革是伊斯兰教的传统。宗教学校现代化是对先知与圣门弟子所代表的本真传统的回归，而非背离。阿里格尔、南德瓦所代表的改革精神与迪奥班德等所代表的传统思想，主要是宗教实践和社会生活态度方面的区别，而非信仰本质上的变化。伊斯兰传统中的主命五功（念、礼、斋、课、朝）、六大信仰（信主独一、信天仙、信经典、信使者、信后世的好歹由真主定夺、信死后的复活）原则是不变的，这是所有穆斯林的共识。但在宗教实践（艾巴达特）和社会事务（穆阿买俩提）方面，不同派别之间的主张有一定的差异，这种差异，更多的是人们对教义和教法的理解不同及表达方式的不同所造成的，既有时代特色，也有地域和民族特色。总体而言是不同历史时期伊斯兰教在不同地域文化环境中根据当地社会实际所采取的本土化应对。

沙比里曾指出，过去，穆斯林在借鉴希腊人、罗马人、波斯人和印度人等其他信仰者的知识方面毫不迟疑。[①] 他劝告穆斯林不要回避与伊斯兰教并无冲突的现代性，建议学校课程应包括现代科目，如英语、社会科学、自然科学和数学。南德瓦宗教学校的课程中至今依然包含这些学科，并且随着时代的发展还加入了计算机等新课程。与此同时，尽管南德瓦追求现代化，特别是在教学中，在人类共享知识和现代化教育工具方面不甘落后，但在宗教上依然坚守传统。

---

① Mehr Afroz Murad, *Intellectual Modernism of Shibli Nu'mani: An Exposition of His Religious and Socio-Political Ideas*, Lahore: Institute of Islamic Culture, 1976, pp. 1–36.

（三）南德瓦学派的课程改革

在课程体系方面，南德瓦同其他派别的主要区别在于如何看待传统学科和理性学科。在不同语境中，伊斯兰传统学科和理性学科的划分并不一致。传统学科本质上指研习《古兰经》，而其他诸如教法学、教义学、经注学、哲学等都被划归为理性学科。当然，教法的划分在伊斯兰语境中有所区别。沙里亚法指真主通过《古兰经》所确立的神圣律法；费格海则指教法学家对真主律法的进一步演绎。前者被划定为与《古兰经》相似的传统学科，后者则被认为是理性学科。[1]而在宗教学校的学科划分中，传统学科也指传统教育学科，包括教法学、教义学、经注学等，而理性学科则仅仅指现代学科。

南德瓦宗教学校制订课程基于两种认识：第一种认识有关课程内容，即伊斯兰理性学科是否适用于当代问题与实践。南德瓦学派认为，旧教学大纲在传统学科和理性学科方面都已过时，传统学科对《古兰经》及其科学的学习不够，对阿拉伯语的学习也有欠缺，而理性学科则缺少现代学科知识，已不适应时代。第二种认识有关课程大纲，即伊斯兰传统学科和现代理性学科在学校课程中的占比问题。以宗教教育为根本职能的南德瓦宗教学校，其主要目标是为穆斯林社群培养宗教学者，同时关照穆斯林大众，使之接受宗教基础教育。

对于课程改革，沙比里认为接受现代教育并不会导致学生放弃宗教和价值观，因此他提倡学习英语和现代科学。1896 年，蒙格尔起草了一份课程草案，剔除了课程体系中某些不必要的哲学和逻辑学课程，加入了历史、语法、《古兰经》诵读学、诗歌音律学、伦理学和苏菲主义。此后蒙格尔还意识到了哲学、现代历史、现代天文学、地理、数学、政治经济学和管理学的重要性。1905 年，沙比里担任校长时实施了新的课程大纲，将英语、印地语、梵语和现代阿拉伯语纳入必修科目。1909 年，在沙比里的努力下，南德瓦开设了博士学位（Darjah-i Takmil）课程，截至 1912 年，共开设教义学、文学、经注学、教法学和教法学原理四个方向的博士学位课程。此外，赛义德·阿里·哈桑汗（Syed Ali Hasan Khan）和赛义

---

[1] 周传斌:《论伊斯兰的知识维度与学科分类》,《中国穆斯林》2012 年第 5 期, 第 12—16 页。

德·阿布杜·阿里（Syed Abd al-Ali）分别于1921年和1931年修订了课程大纲。赛义德·阿布杜·阿里提高了英语教学要求，并引入了更多现代分支学科，如政治经济学。其目的是通过引入新的课程，使所培养的学生能够符合现代大学的毕业标准，同时促进宗教学科教学的发展。[1]

表1 南德瓦各学习阶段教学内容一览表

小学阶段	一年级	《古兰经》、教义、品德教育、乌尔都语、算术、社会科学、体育和园艺
	二年级	同上
	三年级	同上
	四年级	《古兰经》、教义、品德教育、乌尔都语、算术、社会科学、科学、印地语、英语
	五年级	同上
中学阶段	六年级	《古兰经》诵读学、教义学、品德教育、阿拉伯语、乌尔都语、英语、印地语、科学、社会科学、代数几何
	七年级	《古兰经》诵读学、教义学、品德教育、阿拉伯语、阿拉伯语规则、乌尔都语、英语、波斯语、科学、社会科学、代数几何
	八年级	《古兰经》诵读学、教义学、品德教育、阿拉伯语口语和写作、阿拉伯语词法、阿拉伯语句法、英语、波斯语、科学、社会科学、代数几何
	九年级	先知生平、法学、阿拉伯语写作、阿拉伯语口语、阿拉伯语语法、阿拉伯语词法、英语、科学
	十年级	圣训、法学、阿拉伯文选、阿拉伯语写作和翻译、阿拉伯语语法、阿拉伯语词法、英语、伊斯兰史、地理
	十一年级	圣训、教法学、《古兰经》诵读、经注学、阿拉伯文学、阿拉伯语法、语言表达、印地语、常识、英语
大学阶段（Alimiyat）	一年级	经注学、圣训、圣训原理、教义学、阿拉伯文学、法学、法学原理、语法、修辞、新闻、语言表达、英语
	二年级	经注学、经注原理、教义学、圣训、现代科学、法学、法学原理、阿拉伯语文学、历史和批判、语言表达、逻辑、英语
	三年级	经注学、经注原理、圣训、圣训原理、法学、法学原理、阿拉伯诗歌和散文、语言表达、哲学、主命知识、信仰与分歧、英语、新闻
	四年级	拜达维经注、经注学、现代科学、六大圣训、现代科学、语言表达、阿拉伯文学选评、英语 完成大学阶段的毕业生将被授予尔林（Alim）学位。

---

[1] Ghazanfar Ali Khan, *Nadvat al 'Ulama': A Centre of Islamic Learning*, PhD Dissertation, Aligarh Muslim University, 2001, pp. 3, 105, 106.

续表

硕士阶段（Fazilat）	两年。学习方式不再是通识课教育，而是某一学科领域的强化学习与研究。分阿拉伯文学和伊斯兰研究两科，后者包括经注学、圣训学、教法学和教法。该阶段还教授比较宗教学和宣教方面的课程。完成该阶段的学生将获得法兹里（Fazil）学位。
博士阶段（Takmil）	两年。在硕士阶段研究基础上，在导师的指导下继续拓展和加深研究领域。完成该阶段学习即可获得塔克米里（Takmil）学位。
特殊课程	1. 哈菲兹。为背诵《古兰经》和学习一定程度的乌尔都语、阿拉伯语及初级伊斯兰教法的人开设。为期四年。 2. 短期精简课程。包括两种类型：一是阿拉伯语和教义学精简课程，为在公立大学学习直至毕业的学生，或至少在中学考试中以第一或良好的第二等级通过的学生提供的五学年课程。完成该课程后可获得尔林学位。二是为母语为英语，且既不懂阿拉伯语也不懂乌尔都语的学生开设的短期精简课程。 3. 为致力于宣教者开设的宣教和比较宗教研究课程。 4. 为满足国内宗教学教育机构需求而建立的教师培训学院。

资料来源：小学至博士阶段课程参见南德瓦官方网站对有关课程的介绍，https://www.nadwa.in/syllabus。特殊课程参见 Ghazanfar Ali Khan, *Nadvat al 'Ulama': A Centre of Islamic Learning*, PhD Dissertation, Aligarh Muslim University, 2001, pp. 108-110。

（四）南德瓦学派的其他机构[①]

南德瓦学派除依托南德瓦宗教学校宣传实践自身的思想主张之外，还设有其他机构推行其思想及宗教改革实践。主要其他机构如下：

（1）伊斯兰实践与宣传委员会（Majlis-i Tahqiqat wa Nashriyat-i Islam）

该委员会成立于1957年5月，是一个学习、研究和出版机构，主要致力于对穆斯林进行信仰宣传，并向非穆斯林中的寻道者介绍伊斯兰教基础知识，同时出版阿拉伯语、乌尔都语、英语及印地语图书。印地语和英语图书主要是乌尔都语和阿拉伯语书籍的译本。

（2）教法施行委员会（Majlis-i Tahqiqat-i Shari'ah）

该机构是南德瓦有关教法解释的部门中规模最大的，起源于1961年9月1日

[①] 本部分详细内容参见 Ghazanfar Ali Khan, *Nadvat al 'Ulama': A Centre of Islamic Learning*, PhD Dissertation, Aligarh Muslim University, 2001, pp. 108-110.

赛义德·阿布·哈桑·阿里·南德维邀请印度知名宗教学者召开的商议集体教法演绎问题的会议。主要是为了满足快速发展的社会对伊斯兰教法进行重新解释和教育的需求。

（3）新闻和广播委员会（Majlis Sahafat Wa Nashriyat）

该机构是根据南德瓦思想和原则而建立的，并以此出版了许多不同语言的杂志：阿拉伯语杂志《伊斯兰复兴》（Al-Baas al-lslami）、《先锋》（Al-Raid），印地语杂志《蜜糖》（Saccharin），乌尔都语杂志《净化生命》（Tameer-e-Hayat），英语杂志《东方的芬芳》（The Fragrance of East）等。

四、南德瓦学派与其他学派的关系

（一）南德瓦与费兰吉曼哈里

费兰吉曼哈里与南德瓦是勒克瑙地区先后兴起的两大学术派别。费兰吉曼哈里的主要成就是尼扎姆丁·西哈里维（Nizam al-Din Sihalwi）制订的尼扎姆丁教学大纲，与德里的奈格什班迪·沙·卧里尤拉（Naqshbandi Shah Wali Ullah）所制订的课程大纲相比，其特点在于引入了理性学科，而后者突出传统学科。[①]

南德瓦与费兰吉曼哈里之间有一定的竞争关系。南德瓦建立之初，其创始人之一赛义德·穆什塔格·阿里（Sayyid Mushtaq Ali）曾拜访印度诸多名人，商讨协会建立事宜，但他没有访问过勒克瑙地区的学者，这种对费兰吉曼哈里的漠视体现了南德瓦渴望取而代之成为勒克瑙地区学术代表的倾向。此外，大部分费兰吉曼哈里的学者也没有参加南德瓦召开的第一届会议。[②] 不过，之后两个学派关系逐渐缓和，表现之一就是费兰吉曼哈里的学者阿布杜·巴里（Abdul Bari）成为南德瓦宗教学校

[①] G. M. D. Sufi, *Al-Minhaj: Being The Evolution of Curriculum in the Muslim Educational Institutions of India Lahore: Shaikh Muhammad Ashraf*, 1981, pp. 60–76.

[②] Jamal Malik, "The Making of a Council: The Nadwat al-'Ulamâ", *Zeitschrift der Deutschen Morgenländischen Gesellschaft*, vol. 144, no. 1, 1994, pp. 79–80.

管理委员会的成员。[①] 在苏菲传统方面，两者也有一定的区别。南德瓦反对崇敬贤哲拱北，反对过度崇敬先知，而费兰吉曼哈里则更倾向于苏菲主义的遗产和道路。[②]

（二）南德瓦与阿里格尔

南德瓦与阿里格尔都是南亚伊斯兰教现代派的代表，两者的差异主要表现在对殖民文化和现代化的态度方面。阿里格尔积极迎合殖民政府，主张全力参与社会管理的方方面面，以培养各行各业的穆斯林人才；而南德瓦对殖民政府持保留和观望态度，不主动与之合作，将精力集中在宗教教育方面。阿里格尔强调现代化，在世俗和宗教领域都主张积极接受现代化；南德瓦则主张走传统与现代化并存的道路。因此，尽管南德瓦宗教学校在教学中纳入了很多现代学科课程，并采取了新的教学方法、工具等，但其本质依然是宗教学校，主要目的仍在于传衍伊斯兰传统学科，新引入的课程和教学方法等都是在为宗教教育这一总体目标服务。

阿里格尔在发展过程中聘用英国人担任校长，招聘欧洲人从事教学和管理工作，从而激发了学生的世俗思想。1902年，沙比里从阿里格尔辞职加入南德瓦，他的辞职及加入，使两个学派在教育改革思想上形成一种继承与创新的关系。也正是由于阿里格尔逐渐偏离其创始人的愿景，导致部分印度穆斯林宗教精英试图寻找新的发展方向，从而推动了南德瓦运动。

（三）南德瓦与迪奥班德

迪奥班德是南亚伊斯兰学派中坚持传统，传承经学的代表，具有典型的反殖民文化背景，也一度培养了抵抗殖民政府、支持印度民族解放运动的学者阶层。早期迪奥班德著名学者马哈穆德·哈桑于1919年就提出了以抵制殖民商品为目标

[①] Francis Robinson, *Separatism among Indian Muslims: The Politics of the United Provinces' Muslims, 1860–1923*, London: Cambridge University Press, 2008, p. 420.
[②] Dietrich Reetz, *Islam in the Public Sphere: Religious Groups in India, 1900–1947*, New Delhi: Oxford University Press, 2006, p. 168.

的"抵制商品"教法律令，可以说是之后甘地所采取的反殖民统治政策的先声。

关于印巴分治，在"两个民族"理论形成之初，迪奥班德对此并不支持。主要原因是他们从根本上不想让南亚穆斯林出现分裂，同时也与支持建国者扩大到了什叶派、艾哈迈顶耶派和巴热里维派有关。[1] 后来该派学者认识出现分歧，支持印巴分治的学者迁往巴基斯坦，将迪奥班德传统移植到了巴基斯坦，在很多地方建立了名为"迪奥班德知识之家"的宗教学校。而留在印度的迪奥班德学者至今仍坚持认为印度是和平之地而非战争之地，他们劝诫穆斯林作为少数群体不要在古尔邦节宰牛，以免引起印度教徒的憎恶，并认为穆斯林可以习练瑜伽，禁止批评印度教徒是不信道者，同时谴责以伊斯兰教的名义从事暴力和恐怖活动。[2] 相比之下，南德瓦反对以民族国家来消解伊斯兰教，反对以民族主义来达到国家分治的目的，因此，巴基斯坦建国后，南德瓦学派未曾在巴基斯坦建立学校。

对于伊斯兰的现代化与传统，一方面，因南德瓦建立之初就有部分迪奥班德学者参与其中，他们中也有一些人倾向改革和现代化。另一方面，在南德瓦首次会议上，迪奥班德著名学者热施德·艾哈迈德·甘告黑（Rashid Ahmad Gangohi）没有参加，因此其他迪奥班德学者支持甘告黑，并质疑沙比里的现代主义教义学，他们不想同西方教育保持亲密关系。[3] 如此，迪奥班德内部出现了不同声音，少量具有改革倾向的迪奥班德派人士在一定程度上促成了南德瓦的诞生，而大部分认同和保持传统者则与南德瓦保持距离，不认同也不对立。

对于苏菲，迪奥班德和南德瓦都反对崇敬贤哲拱北，反对过度崇敬先知，但双方对此都有一定保留。如迪奥班德秉持中间道路，认为渊博的苏菲的教导有益于净化灵魂。[4] 而南德瓦的很多创始人与苏菲中的奈格什班顶耶道统渊源

---

[1] Ashok K. Behuria, "Sects within Sect: The Case of Deobandi-Barelvi Encounter in Pakistan", *Strategic Analysis*, vol. 32, no. 1, 2008, p. 65.
[2] Francis Robinson, *Separatism among Indian Muslims: The Politics of the United Provinces' Muslims, 1860-1923*, London: Cambridge University Press, 2008, pp. 191-196.
[3] Barbara Daly Metcalf, *Islamic Revival in British India: Deoband, 1860-1900*, Princeton: Princeton University Press, 1982, p. 343.
[4] 马强、〔巴基斯坦〕赛义德·艾哈迈德·阿里·沙阿：《巴基斯坦迪奥班德学派述要》，《世界宗教文化》2018年第5期，第58—64页。

颇深。① 双方在苏菲行知方面也有一定交流，迪奥班德派的苏菲大师阿什拉夫·阿里·塔南维是南德瓦著名学者赛义德·苏莱曼·南德维（Sayyid Sulayman Nadwi）的老师。此外，与南德瓦有关的学者发现，他们很难被迪奥班德派认同为符合资格的宗教学者，但苏菲派帮助他们铺平了获得承认的道路，这其中塔南维扮演了重要角色。②

（四）南德瓦与巴热里维

巴热里维运动，是由逊尼大众派（Ahl-e Sunnat wa Jama'at）发起的运动。该运动的核心人物是艾哈迈德·热扎汗（Ahmed Raza Khan），巴热里维人称其为穆贾迪德（Mujaddid）或革新者。巴热里维运动的集体目标是回归先知之道，同时，参与运动的穆斯林认为自己是逊尼大众派人，是全世界逊尼派的一部分。19世纪80年代，一些欧莱玛、学生和追随者通过教学、出版和相互辩论的方式传播艾哈迈德·热扎汗的思想，巴热里维运动由此逐渐兴起。该派所主张的苏菲行知理念在全球有较大影响力，目前在南亚以及欧洲、美洲和非洲的部分地区拥有5亿至6亿的追随者。此外，因对法特瓦写作兴趣浓厚，巴热里维在教育方面的知名度要弱于南德瓦与迪奥班德，但巴热里维与南德瓦有较深渊源，对南德瓦的发展有重大影响。

南德瓦与巴热里维的关系从友好逐渐发展为对立。巴热里维的发起者艾哈迈德·热扎汗起初对南德瓦表示支持，但后来其与蒙格尔的分歧逐步扩大，且愈演愈烈，据说热扎汗在几年中写了大约200篇反对南德瓦的文章。两者的分歧主要在于是否团结全印伊斯兰教各个派别。巴热里维认为，某些派别（包括迪奥班德、阿里格尔、圣训派、艾哈迈顶耶、泰卜利厄宣教团和什叶派）在信仰方面有欠缺，不值得团结。这种分歧导致巴热里维建立了反南德瓦组织——逊尼大众派委员会（Majlis-e Ahl-e Sunnat wa Jama'at）。③ 同时，热扎汗的活动在

---

① Itzchak Weismann, *The Naqshbandiyya: Orthodoxy and Activism in a Worldwide Sufi Tradition*, London: Routledge, 2009, p. 149.
② Muhammad Qasim Zaman, *Ashraf 'Ali Thanawi*, Oxford: Oneworld Publications, 2007, p. 103.
③ Usha Sanyal, *Devotional Islam and Politics in British India: Ahmad Riza Khan Barelwi and His Movement, 1870–1920*, New Delhi: Yoda Press, 2010, pp. 221–222.

很大程度上使南德瓦运动的影响力大大降低。① 南德瓦学派的鲁特夫拉认为，虽然热扎汗的观点基本上是"正确的"（从法学家的角度来看），但"与时代南辕北辙"。②

在对英属印度政府与印度政府的态度方面，热扎汗寻求英属印度政府统治下的穆斯林内部自治。③ 他反对南亚兴起的效忠奥斯曼帝国的哈里发运动，并坚决反对与印度教合作，不主张进行反英反殖民、反印度教民族主义运动。热扎汗的态度基本上是不过多涉及政治，只关注信仰和实践，部分言论具有一定合理性，但其行为多涉及宗教内部纷争。热扎汗去世后，巴热里维群体内部观点出现分歧，以纳伊姆丁·姆拉达巴迪（Na'im ud-Din Muradabadi）为首的一部分人对哈里发运动及与印度教团结的问题表示支持。对英印和印度政府的态度方面，南德瓦与巴热里维有相似之处，如保持与政治的距离等，但在直面社会与政治问题时，南德瓦立足穆斯林根本利益，以积极和宽容的态度参与其中。在对待其他宗教和社会群体方面，南德瓦也表现得更加包容，以双方和平友好交往为宗旨。

对于印巴分治，巴热里维内部有两种态度。一方是以纳伊姆丁·姆拉达巴迪为首的全印逊尼会议（All-India Sunni Conference），他们支持巴基斯坦独立。另一方是以沙·奥拉德·热苏里（Shah Aulad-e Rasul）为首的逊尼派联盟（Jama'at-e Ahl-e Sunnat），他们反对巴基斯坦独立，反对穆斯林联盟和全印逊尼会议。可以说其之所以反对巴基斯坦独立，就是建立在反对穆斯林联盟的基础上。

此外，捍卫南亚苏菲主义是巴热里维的一大特点。巴热里维支持对先知、贤哲拱北的崇敬，而南德瓦反对这些行为。

---

① 巴热里维甚至试图从阿拉伯世界获得反对南德瓦的法特瓦，还经常诋毁和诽谤南德瓦人。例如，他们在苏拉特的商人中宣传南德瓦成员是瓦哈比派，对教义制度没有信仰；在加尔各答的阿里格尔学校的教师和学生中宣扬南德瓦是自然主义者，对真正的宗教教育没有信心。他们还曾经在温和的穆斯林中宣扬南德瓦成员保守，反对现代艺术和科学教育。参见 Ghazanfar Ali Khan, *Nadvat al 'Ulama': A Centre of Islamic Learning,* PhD Dissertation, Aligarh Muslim University, 2001, p. 171。
② Usha Sanyal, *Devotional Islam and Politics in British India: Ahmad Riza Khan Barelwi and His Movement,* 1870–1920, New Delhi: Yoda Press, 2010, p. 223.
③ Usha Sanyal, *Devotional Islam and Politics in British India: Ahmad Riza Khan Barelwi and His Movement,* 1870–1920, New Delhi: Yoda Press, 2010, p. 301.

五、南德瓦学派对南亚穆斯林的影响

在19世纪改革主义思潮兴起的南亚次大陆，南德瓦代表了南亚穆斯林各个阶层的愿望，特别是宗教知识阶层对该组织充满了期望。南德瓦也代表了从莫卧儿帝国的辉煌中觉醒的南亚穆斯林的追求，他们积极反思自身宗教意识，寻求自我表述，并思考如何重新在政治和经济上获得地位，以使穆斯林不要落后于时代，且保持道德操守和信仰虔诚。南德瓦的根本目标是通过改革把穆斯林重新带回信仰之路，使其在理解并遵循伊斯兰教义的前提下，选择适合时代的发展道路。因此，南德瓦是一场在印度次大陆产生了深远影响的运动，并在更广泛的教育和学术领域影响了伊斯兰社会。

首先，南德瓦应对殖民政治、现代化、穆斯林传统和印度社会中人口占绝对多数的印度教徒的经验，时至今日已成为南亚地区伊斯兰教育的历史资源和精神财富。其平衡传统与现代、宗教与世俗的伊斯兰教育体系，对整个南亚地区穆斯林的发展有着一定影响。在南德瓦成立的一百多年里，该学派的许多学者为南亚地区多民族、多信仰之间的和平发展作出了重要贡献。这其中，阿里·南德维可谓典型代表，他参与反殖民主义运动，反对民族主义，呼吁并促进不同民族与宗教之间和谐相处。在他的呼吁下，全球穆斯林学者于1984年在南德瓦总部成立了国际伊斯兰文联（Rabita Adab-al Islami），旨在表达、宣传伊斯兰文学实际上是人类的文学。对大量印度穆斯林学生，特别是底层社会和低种姓的学生而言，南德瓦的免费教育是他们在社会上获得工作机会并实现向上流动的重要渠道。[1]

其次，在教育领域，南德瓦宗教学校对世界范围内的穆斯林教育产生了重要影响。它为南亚以及印尼、马来西亚、尼日利亚、泰国、南非、乌干达、埃及、缅甸、中国、马达加斯加等国家，甚至欧洲的穆斯林学生提供了教育机会。[2] 今天，

---

[1] Christopher B. Taylor, "Madrasas and Social Mobility in the Religious Economy: The Case of Nadwat al-'Ulama in Lucknow," *South Asia Multidisciplinary Academic Journal*, vol. 11, no. 11, 2015, pp. 1–18.

[2] Syed M. Rizwan, "Nadwatul Ulema", *The Lucknow Observer*, March 5, 2015, https://lucknowobserver.com/nadwatul-ulema/.

南德瓦学者在印度及许多国家的伊斯兰诸多领域都有突出表现。南德瓦学派的教学大纲也颇有名气，被印度和某些国外伊斯兰学校采用，大约有200多所伊斯兰学校在其机构中引入了该学派的教学大纲。在尼泊尔、孟加拉国、马来西亚、泰国等国家，一些南德瓦的毕业生也仿照南德瓦宗教学校建立了同类型的学校。在印度，仅勒克瑙地区就有22家南德瓦分支机构，而在印度其他地区和印度以外，大约有140家南德瓦分支机构运行。[1]

最后，南德瓦为促进印度穆斯林的阿拉伯语教学与研究作出了颇多贡献。南德瓦宗教学校被认为是印度阿拉伯语语言和文学的中心，其预期达到的目标是即便有阿拉伯人来到这里也不会发现自己在一个陌生的地方。在南德瓦推行的阿拉伯语教育环境下，印度讲阿拉伯语的穆斯林及作家数量不断增加，为印度培养了一批优秀的学者，如阿拉玛·赛义德·苏莱曼·南德维、毛拉纳马苏德·阿拉姆·南德维（Mau Lana Masood Alam Nadwi）、毛拉纳拉贝·哈桑尼·南德维（Maulana Rabey al-Hasani al-Nadwi）、赛义德·阿布·哈桑·阿里·南德维、毛拉纳沙姆苏哈克·南德维（Maulana Shamsul Haque Nadwi），等等。与此同时，南德瓦还出版了一些阿拉伯语、英语和乌尔都语杂志，其中如上述提到的《伊斯兰复兴》《先锋》《蜜糖》等杂志至今仍在发行，其内容包含社论、文学、诗歌、伊斯兰指南、伊斯兰宣传等。这些杂志出版后很快就在伊拉克、伊朗、利比亚等阿拉伯国家流通，成功地拉近了印度和阿拉伯国家之间由于缺乏语言理解和文化联系而产生的距离。在印度国内，这些杂志对本国使用阿拉伯语的阶层也产生了很大影响。目前，这些杂志已成为印度穆斯林自我表达的重要渠道，发行量和订阅量与日俱增。

六、结语

南德瓦是20世纪印度兴起的一场宗教和学术运动，代表了近代在南亚地区发

---

[1] Ghazanfar Ali Khan, *Nadvat al 'Ulama': A Centre of Islamic Learning,* PhD Dissertation, Aligarh Muslim University, 2001, p. 4.

起、推动、实践的一种教育体系和社会思潮。南德瓦在信仰和仪式方面并没有特殊性,尽管它也形成了自己的教育传统,但在教义区分方面影响有限,所以不具备在信众间引发巨大分裂甚至冲突的特性。[①]

南德瓦的主要特点是温和与包容。它试图团结伊斯兰教各个派别和19世纪复兴主义运动催生的各种伊斯兰教思潮与运动,使其摆脱派别冲突,寻求一条介于阿里格尔和迪奥班德之间的道路。当然,正如南德瓦大学阶段课程中传统学科渐占优势而理性学科逐渐减少的情况一样,南德瓦的发展也并未如其最初预期的那样很好地平衡传统学科和理性学科,在现代教育方面仍或多或少落后于时代。它也并未真正发展成为与当今世俗学校相提并论的宗教学校。这一事实,导致有人将其看作传统学派,认为其坚守着过时的价值观。尽管如此,南德瓦至今在一定程度上依然保持着对伊斯兰传统的现代性表达,它历来引导穆斯林在坚持伊斯兰传统的基础上适应和融入现代社会,努力消除不同教育阶层和思想之间的鸿沟。总之,虽然南德瓦在传统穆斯林大众中的影响力远不如迪奥班德和巴热里维,世俗发展也不如阿里格尔,但作为穆斯林理性主义和兼收并蓄之道的代表,南德瓦学派在用一种谨慎的方式接触现代化,它对现代化所表现出的谨慎与接受的双重态度,仍然是其区别其他学派并能保持其派别独立性的重要特征。可以说,南德瓦学派为穆斯林与世界不同民族、不同国家和不同宗教之间的和睦相处,以及整个伊斯兰世界的团结和现代化提供了一种独特范式。

[责任编辑:李亚兰]

---

① Dietrich Reetz, *Islam in the Public Sphere: Religious Groups in India, 1900-1947*, New Delhi: Oxford University Press, 2006, p. 62.

德里苏丹国时期的历史文献及相关研究述评[*]

陈泽华[**]

摘要：德里苏丹国时期的历史文献主要来源于穆斯林史学家和同时代一些旅行家的著作，这些史料多用波斯语或印度地方语言写成，其中只有少部分被译成了英文。现存的大量一手史料较清晰地反映了中世纪北印度政治、经济和社会文化状况，为还原德里苏丹国时期的历史发挥了重要作用。20世纪以降，关于德里苏丹国时期的历史研究逐渐走向深入，但在全球范围内仍存在较大的区域差异性。西方学术界与之相关的研究起步较早，成果也相对较多；印度国内对这一时期的历史研究起步较晚，系统的研究始于1947年印度取得民族独立之后，但得益于本土语言和文化优势，成果产出丰硕；中国学界的相关研究目前仍处于起步阶段。史学界在德里苏丹国时期历史研究方面存在一些问题：西方学术界尤其是英国学者对印度历史的早期研究带有明显的殖民主义痕迹；印度国内的研究虽以细微深入见长，但研究者却往往受制于自身的宗教立场，不能客观公正地还原历史的本来面目。我国对该时期历史的研究非常薄弱，可供研究使用的原始资料匮乏以及缺少具有多语种背景的跨学科研究人才是主要原因。

关键词：印度；中世纪史；德里苏丹国；南亚穆斯林；历史文献

---

[*] 本文系西安外国语大学校级科研项目"宗教民族主义视阈下的印度对华政策研究"（项目编号：19XWD21）的阶段性成果。
[**] 陈泽华，西安外国语大学亚非学院副教授，研究方向为印地语语言文学、印度中世纪史。

德里苏丹国（1206—1526）是穆斯林入主印度次大陆[①]后建立起来的第一个全国性政权。穆斯林的到来，冲击和改变了次大陆数千年来的传统文化，在政治、经济、社会生活等各个方面都产生了深远的影响。印度历史上不乏异域文化入侵的例子，但与以往不同的是，伊斯兰文化并没有被印度当地文化完全同化，而是在印度次大陆较好地保留了其自身的完整性和独立性。德里苏丹国的建立，开辟了印度历史上一个新的时代。穆斯林取代印度教徒成为次大陆命运的主宰者，伊斯兰教也替代了印度本土宗教的统治地位。研究这一时期的有关历史文献，有助于我们更清晰地了解伊斯兰文明与印度文明在次大陆最初的冲突与融合，以及在这种"文明冲突"背景下社会各阶层发生的巨大变化；对我们深刻理解今天南亚次大陆普遍存在的民族、种族、宗教和教派冲突的根源，以及世界多民族多宗教国家和地区的综合治理与和谐发展都具有借鉴意义。

一、原始一手历史文献

得益于穆斯林史学家的卓越工作和海外旅行家的详尽记载，历史上留下了许多关于德里苏丹国的宝贵文献资料。这些史料按来源划分，可以分为印度国内文献资料及海外史料两部分。

（一）印度国内文献资料

伊斯兰世界素来有修史传统，德里苏丹国时期，涌现出许多优秀的穆斯林史学家、文学家，他们多用当时的宫廷语言波斯语写作，留下了许多宝贵的资料。此外，苏菲圣人在次大陆民间的活动以及帕克蒂运动[②]在北印度的兴起，使印度地方语言逐

[①] 本文所述印度次大陆，主要指地理概念上的南亚地区，大致对应今天的印度、巴基斯坦、孟加拉国、斯里兰卡、马尔代夫、不丹、尼泊尔及阿富汗东部等区域。
[②] 帕克蒂运动，又称虔诚派运动，印度教发展史上最重要的宗教改革运动之一，开始于南印度，12—13世纪在北印度得到广泛发展，15—16世纪达到顶峰。虔诚派以《薄伽梵歌》等印度教圣典为基础，强调仁爱、虔诚，在北印度发展过程中曾受伊斯兰教义和礼仪的影响，代表人物有罗摩努阇（Ramanuja）、罗摩难陀（Ramananda）、格比尔达斯（Kabirdas）等。

渐走向成熟，一些宗教圣贤和文人开始用地方语言如印地语、乌尔都语、孟加拉语等进行布道和创作，这些作品为我们研究这一时期的历史提供了有益的参考。

1. "奴隶王朝"时期（1206—1290）

反映这一时期历史的重要文献为哈桑·温·尼扎米（Hasan-un-Nizami）所著的《塔杰的同时代人》(Taj-ul-Ma'asir)以及明哈杰·乌德·丁·西拉杰（Minhaj-ud-din Siraj）所著的《纳西尔通史》(Tabaqat-i-Nasiri)。哈桑·尼扎米出生于中亚呼罗珊（Khrosan）地区，为躲避入侵的蒙古人来到印度，生卒年代不详。1205年他开始写作《塔杰的同时代人》，书中记载了1191—1217年间的印度历史。尼扎米在书中对自己的生平只字未提，对许多历史事件的前因后果交代不详，对一些听闻的事件也没有注明出处，加之其写作语言晦涩难懂，因此常常为后人所诟病。但是，这并不能抹杀其作品的史学价值，毕竟《塔杰的同时代人》是13世纪初唯一记载德里苏丹国历史的作品。由于尼扎米所记载的多为自己亲眼所见的历史，因此具有很高的可信度。

《纳西尔通史》作者明哈杰·乌德·丁·西拉杰于1193年出生于中亚，其父曾在穆罕默德·古尔（Muhammad Ghuri）的宫廷供职。明哈杰1226年出发前往印度，于1227年到达信德，1228年随苏丹伊勒图特米什（Iltutmish）来到德里，先后在伊勒图特米什、拉济娅（Raziyah）、纳西尔·乌德·丁·穆罕默德（Nasir-ud-din Muhammad）等多位苏丹的宫廷任职。《纳西尔通史》记载了公元1260年前的历史，全书分为23章，内容翔实，对于许多借鉴的资料，作者都分别注明了出处。明哈杰用浅显的语言写作，所有历史事件都按照时间先后顺序安排，简洁明了。在《纳西尔通史》中作者对当时的一些伊斯兰制度和法规也进行了记载，并发表了自己的看法，如在评论女苏丹拉济娅时明哈杰写道："她身上具备成为帝王的所有品质，无奈命运却没有赋予她男儿身，因此所有的品质于她都毫无益处。"[1]

2. 卡尔吉王朝时期（1290—1320）

反映这一时期历史的重要著作有齐亚·乌德·丁·巴兰尼（Ziya-ud-din

---

[1] शिवकुमारगुस, मध्यकालीन भारत का इतिहास, vol. 1000–1526 ई., जयपुर: पंचशीलप्रकाशन, 1999, पृ. 4.

Barani）所著的《菲鲁兹沙王朝史》（Ta'rikh-i-Firuz Shahi）[①]以及阿米尔·胡斯劳（Amir Khusrau）所著的《阿拉伊史》（Ta'rikh-i-Alai）等。

著名穆斯林史学家齐亚·乌德·丁·巴兰尼所著《菲鲁兹沙王朝史》是研究这一时期历史时最具价值的作品。巴兰尼在书中对卡尔吉王朝从建立至灭亡的历史进行了详细的描述和透彻的分析，列举了许多翔实事例，对苏丹阿拉·乌德·丁·卡尔吉（Ala-ud-din Khalji）控制市场物价的做法大加褒扬，书中对这一时期的经济状况也有所描述。巴兰尼是一位有着极强历史责任感的史学家，他以真实记载历史原貌为使命，许多历史事件都是作者亲身经历。他认为历史不应局限于记载帝王们的战争及他们的统治秩序，也应该包括对社会精英、富人、艺术家及苏菲圣人等的记载。由于当时历史环境所限，身为宫廷史学家的巴兰尼仍无法摆脱守旧的史观束缚，他认为社会下层民众与历史没有任何关系，在他作品中不乏为统治者粉饰太平、对人民遭受的剥削和压迫轻描淡写之处。此外，巴兰尼还是一位偏执的宗教主义者，其作品充满了对印度教徒的攻击和蔑视，如在描写阿拉·乌德·丁·卡尔吉控制市场物价时作者认为，是"印度教徒操控着黑市交易"，在另一起由于苏丹对市场缺乏有效管控而导致铜币滥铸的事件中，巴兰尼又把责任归咎于印度教徒，他说："每一个印度教徒的家都变成了造币厂。"[②]《菲鲁兹沙王朝史》一书对一些重要事件交代不清，时间概念模糊，且极力掩饰奴隶王朝、卡尔吉王朝及图格卢克王朝的苏丹们所经历的一些失败，而对一些不重要的事件却着墨过多，因此招致后世史学家们的批评。尽管如此，巴兰尼所著《菲鲁兹沙王朝史》依然是研究德里苏丹国卡尔吉王朝时期历史的最宝贵、最翔实的第一手资料。

阿米尔·胡斯劳是这一时期最著名的文学家、史学家。他生于1253年，作为宫廷诗人，曾与多位苏丹如贾拉勒·乌德·丁·卡尔吉（Jalal-ud-din Khalji）、阿拉·乌德·丁·卡尔吉以及库杜卜·乌德·丁·穆巴拉克·沙·卡尔吉（Qutb-ud-din Mubarak Shah Khalji）等有密切交往。胡斯劳虽身为诗人，却对历史抱有极大兴趣。他深谙战术，曾多次随阿拉·乌德·丁·卡尔吉去各地征战，因此有

[①] 该书成书于1358年，记载的历史涉及1265—1353年间的多个朝代，虽然书名为《菲鲁兹沙王朝史》，但只对苏丹菲鲁兹沙（Firuz Shahi）统治初期的历史略有提及。

[②] शिवकुमारगुस, मध्यकालीन भारत का इतिहास, vol. 1000–1526 ई., जयपुर: पंचशीलप्रकाशन, 1999, पृ.10.

机会洞悉一些重大历史事件的真相。他在自己的许多历史题材作品中,较为客观真实地反映了当时的社会状况和人民生活。在《阿拉伊史》一书中,作者描写了 1295—1311 年苏丹阿拉·乌德·丁·卡尔吉对外征战的情形和苏丹的一些主要功绩,详细描写了部署在德干的军队情况,其中对蒙古人的入侵以及阿拉·乌德·丁·卡尔吉对其所采取的强硬政策的描述,是难得的一手资料,具有极高的史学价值。胡斯劳还创作了许多其他历史题材作品,为研究这一时期的历史提供了有益的补充。

3. 图格卢克王朝时期(1321—1413)

图格卢克王朝时期的历史除上文提及的阿米尔·胡斯劳及齐亚·巴兰尼在各自作品中有所涉及之外,比较重要的史料还有《穆罕默德·图格卢克传》(मुहम्मत तुगलक की आत्मकथा)、《菲鲁兹沙王朝史》(*Ta'rikh-i-Firuz Shahi*)[①] 以及《菲鲁兹王朝的胜利》(*Futuhat-i-Firuz Shahi*)等。

《穆罕默德·图格卢克传》记载了自苏丹巴勒班至胡斯劳·汗(Khusrau Khan)时期的历史,作者不详。后世的一些史学家认为其为苏丹穆罕默德·宾·图格卢克(Muhammad bin Tughluq)所著,但书中对当时社会的一些弊病及伊斯兰社会的一些丑态都进行了无情揭露,从写作风格来看不像是图格卢克本人所著。

《菲鲁兹沙王朝史》是与巴兰尼所著同名的另一部史学著作,这部作品可看作是对巴兰尼所著《菲鲁兹沙王朝史》的续写,其作者为沙姆赛·西拉杰·阿菲夫(Shams-i-Siraj Afif),生于 1342 年。该书成书于帖木尔(Timur)入侵印度之后,极有可能写于 15 世纪的第一个 10 年,书中详尽记载了苏丹菲鲁兹沙时期的历史和社会生活,该书对政治生活涉及较少,对人民群众的日常生活情景描述较多。作者还有其他一些作品,但皆已佚失。

《菲鲁兹王朝的胜利》是苏丹菲鲁兹沙的自传,虽然仅仅只有 32 页,但其史学价值巨大。书中内容真实展现了一个穆斯林君王的内心世界,明确表达了作者对宗教的态度,对于研究苏丹菲鲁兹沙有极高的史学价值,在对同时期其他穆斯林苏丹的研究方面也有一定的借鉴意义。

---

① 与齐亚·巴兰尼所著《菲鲁兹沙王朝史》属同名作品,但二者内容侧重有所不同。

关于苏丹菲鲁兹沙时期的历史，还有成书于 1370 年的《菲鲁兹沙传》(*Sirat-i-Firuz Shahi*)，从篇幅而言略大于《菲鲁兹王朝的胜利》，极有可能是经苏丹本人口援而成的，同样有较高的史学价值。

《沙拉丁的胜利》(*Futuh-us-Salatin*) 成书于 1350 年，作者为克瓦迦·阿卜杜拉·马利克·伊萨米 (Khwaja Abdullah Malik Isami)。该书描写了自迦兹纳维 (Ghaznavids) 至穆罕默德·宾·图格卢克时期的历史。作者 16 岁时，正逢苏丹图格卢克迁都，作者与 90 岁的祖父被强迫离开德里而迁徙至道拉塔巴德 (Daulatabad)，后者死在了路上。伊萨米后定居于道拉塔巴德，在目睹了图格卢克的暴政之后完成了该作，书中对苏丹的许多暴行都进行了揭露，称图格卢克为伊斯兰世界"最聪明的傻子"[1]。伊萨米的作品充满了趣闻轶事，对当时的社会、宗教和文化生活都进行了一定的描述。

4. 赛义德王朝时期（1414—1451）

反映赛义德王朝时期历史的著作，唯一保存下来的是同时代史学家亚希亚·宾·艾哈默德·萨尔欣迪 (Yahya-bin-Ahmad Sirhindi) 所著《穆巴拉克王朝史》(*Ta'rikh-i-Mubarak Shahi*)，约成书于 15 世纪中叶苏丹穆巴拉克沙死后不久。不同于宫廷中的逊尼派史学家，亚希亚是一位什叶派史学家，深得苏丹穆巴拉克沙的喜爱。作者与很多达官显贵交往密切，从而有机会了解许多历史事件的真相，其作品记载的内容始于穆罕默德·古尔时期，终于赛义德王朝的第 3 位苏丹穆罕默德时期。作者为我们研究 1400—1434 年间的历史提供了目前唯一可以借鉴的珍贵史料，后世的许多史学家在研究中都会引用他的著作。

5. 洛迪王朝时期（1451—1526）

有关洛迪王朝时期的历史，同时代史学家没有留下任何记载，现有的史料主要来源于 3 部成书于 17 世纪的作品。第一部为成书于 1601 年的《苏尔沙王朝史》(*Ta'rikh-i-Shahi*)[2]，作者为艾哈迈德·亚德加尔 (Ahmad Yadgar)，该书记载

---

[1] J. L. Mehta, *Advanced Study in the History of Medieval India*, vol. 3, New Delhi: Sterling Publishers, 2015, p. 17.
[2] 此处中文译名与英文书名稍有出入，原因是这一时期名字后面带有"沙"的苏丹太多，如果直译为《沙王朝史》反而会出现混乱，故根据该书内容所指将书名译为《苏尔沙王朝史》。

了1451—1556年间的历史，对洛迪王朝和苏尔王朝的统治进行了较详尽的描述。第二部为成书于1612年的《阿富汗史》（*Makhzan-i-Afghana*），作者为尼莫图拉（Nimathullah），书中对洛迪王朝的灭亡进行了详细记载，全书虽没有按照时间顺序写作，但对一些重大的历史事件都有所涉及。第三部为成书于莫卧尔帝国贾汗吉尔（Jahangir）年间（1605—1627）的《道迪王朝史》（*Ta'rikh-i-Daudi*），作者为阿卜杜拉（Abdullah），关于作者尚无相关资料，书中记载了洛迪王朝及苏尔王朝的历史。

（二）海外史料

德里苏丹国时期，印度次大陆与非洲、欧洲、西亚、东南亚及中国等都有比较密切的往来。一些旅行家的游记以及一些国家的史料典籍为我们研究这一时期的历史做了有益的补充和佐证。

摩洛哥旅行家伊本·白图泰（Ibn Battutah）所著《伊本·白图泰游记》（*The Travels of Ibn Battutah*）[1]一书真实反映了这一时期许多鲜为人知的历史事件，具有非常高的史料价值。伊本·白图泰1304年出生于摩洛哥，1325年离开家乡前往麦加朝圣，途中游历了非洲及西亚的许多国家，于1333年到达印度。白图泰在印度停留了14年（1333—1347），其间在德里居住了8年（1334—1342）。他在苏丹穆罕默德·宾·图格卢克时期被任命为大法官，1341年又作为苏丹特使前往中国。《伊本·白图泰游记》不仅对当时的许多重大历史事件有详尽的记载，而且对德里苏丹国时期的政治、军事、司法制度以及北印度的社会经济状况都有所描述。难能可贵的是，书中还有关于这一时期邮政系统、交通状况、间谍机构、农作物种植、贸易、航海及音乐等诸多方面的记载。由于作者身居高位，有机会接触到一些历史事件的真相，因此《伊本·白图泰游记》中包含着大量可信度极高的史料，有助于我们对苏丹穆罕默德·宾·图格卢克本人及其统治时期的历史进行更加客观公正的评价。相比那些受制于苏丹权威的穆斯林宫廷史学家，作为外国旅行者

---

[1] 该书已由我国著名穆斯林学者马金鹏先生翻译为中文，参见〔摩洛哥〕伊本·白图泰：《伊本·白图泰游记》，马金鹏译，华文出版社，2015。

的伊本·白图泰可以排除外来因素的干扰而展示更为真实的历史，因此，其所著《伊本·白图泰游记》一书具有极高的史料价值。

意大利旅行家马可·波罗（Marco Polo）所著《马可·波罗游记》（The Travels of Marco Polo）一书对这一时斯的印度也有许多相关记载。此外，德里苏丹国时期到访印度的还有鄂多立克（Friar Odoric）[①]、约旦鲁斯（Friar Jordanus）[②]及尼克罗·康提（Nicolo Conti）[③]等人，他们的游记为研究这一时期的历史提供了有力的佐证，其中最重要的是意大利旅行家尼克罗·康提，作者于1420年到达印度南部维阇耶那伽尔（Vijayanagara），其游记用拉丁语写成，对该印度教王国进行了详细的描述，游记原本已佚失，现存有其葡萄牙语及意大利语译本。

此外，来自中国的3部文献对这一时期的历史也有记载。明代学者费信所著《星槎胜览》、马欢所著《瀛涯胜览》以及黄省曾所著《西洋朝贡典录》都对德里苏丹国时期的政治、经济及对外贸易有所涉及。

二、近现代以来的研究成果[④]

德里苏丹国时期的历史是印度中世纪史[⑤]的重要组成部分，研究德里苏丹国历史，有助于我们更加客观全面地了解中世纪印度社会的各个方面。进入近代以来，德里苏丹国时期的历史越来越受到学术界的关注。从全球范围来看，关于这一时期的历史研究，存在很大的区域差异性。西方学术界与之相关的研究起步较早，英国、美国和德国学者在这方面贡献尤为突出，目前已取得了很多成果。印度国内学术界的相关研究则显得更加细致深入，很多大学都开设了印度中世纪史的相

---

① 鄂多立克，中世纪意大利旅行家，曾游历中国和印度等东方国家，著有《鄂多立克东游录》（The Travels of Friar Odoric）。
② 约旦鲁斯，中世纪法国旅行家，曾游历印度，著有《东方奇观》（The Wonders of the East）。
③ 尼克罗·康提，中世纪意大利旅行家，曾游历远东和印度。
④ 由于笔者只通中文、英语、印地语，故无法对近现代以来法、德、意、西、葡、荷、日及阿拉伯等国家和地区的印度中世纪史研究成果进行述评，特此说明。
⑤ 史学界通常将印度中世纪史分为中世纪早期（7世纪中叶至1206年）和中世纪（德里苏丹国时期和莫卧尔王朝时期）两部分。

关课程，一些综合性大学如德里大学、尼赫鲁大学、阿里格尔穆斯林大学等的历史学院还专门成立了印度中世纪史研究中心，在相关领域取得了很大成就。除上述西方国家及印度之外，世界其他国家和地区对德里苏丹国时期历史的研究相对薄弱，就中国而言，只有极少数学者在其著作中对此段历史有所涉及，目前尚无学者对其进行专门研究。

（一）印度国内研究成果

印度国内对中世纪史尤其是德里苏丹国时期的历史研究起步较晚，系统的研究开始于1947年印度摆脱英国的殖民统治取得民族独立之后。虽然起步较晚，但得益于本土丰富的历史资料及对印度传统文化的精准理解，20世纪后半叶以来，许多印度学者在这一领域取得了丰硕的研究成果。

由R. C. 马宗达、H. C. 赖乔杜里、卡利金卡尔·达塔合著的《高级印度史》（*An Advanced History of India*）①一书是印度本土学者对印度历史进行的一次全面梳理和总结，是印度民族主义史学的代表作。范铁城、闵光沛《评〈高级印度史〉》一文指出，该书有两大特点：一是注重史料的考据辨析，二是注重博采众家之长。文章同时认为该书在三个方面见长：一是注重文化史的探讨，二是注重地方史的叙述，三是近代部分注重经济史的考察。②《高级印度史》以翔实的历史资料、简明而精准的分析，为读者呈现了自印度河流域文明以来至20世纪80年代之间的历史。对于德里苏丹国时期的历史，书中不仅对各个王朝兴起及衰亡过程进行了清晰的勾勒，同时还详细介绍了这一时期印度次大陆的政治、军事、经济、文化及科技发展的情况。除《高级印度史》外，还有非常多涉及德里苏丹国历史的通史类著作，如N. K. 辛哈（N. K. Sinha）和A. Ch. 班纳吉（A. Ch. Banerji）合著的《印度通史》（*History of India*）、K. M. 潘尼迦（K. M. Panikkar）所著《印度简史》（*A Survey of Indian History*）等，此不赘述。

专注于印度中世纪史研究的成果主要有阿尼梅什·穆利克（Animesh Mullick）

---

① 该书中译本由张澍霖等翻译，商务印书馆于1986年出版发行。
② 参见范铁城、闵光沛：《评〈高级印度史〉》，《历史研究》1987年第3期，第95—104页。

所著《印度中世纪史》(Medieval Indian History)、H. S. 帕蒂亚(H. S. Bhatia)主编的《印度政治、法律及军事史》(Political, Legal and Military History of India)、希乌古马尔·古普德(शिवकुमार गुप्त)主编的《中世纪印度史(1000—1526)》(मध्यकालीन भारत का इतिहास)、J. L. 梅赫达(J. L. Mehta)所著《印度中世纪史高级研究》(Advanced Study in the History of Medieval India)、阿尼尔·瑟克塞纳(Anil Saxena)的《苏丹时期的社会文化》(Society and Culture under Sultanate)、伊尔凡·哈比布(Irfan Habib)所著的《中世纪印度经济史：1200—1500》(Economic History of Medieval India, 1200-1500)和《中世纪印度：文明的研究》(Medieval India: The Study of Civilization)等。哈比布生于1931年，是目前印度中世纪史研究方面最著名的学者，其许多研究成果都被英美学术界广泛引用。

（二）西方国家研究成果

印度中世纪史在西方学术界的研究态势良好，大约从19世纪起西方学者就对印度中世纪历史开始了系统的研究，大批英美学者著书立说，成果颇丰。1817年英国历史学家詹姆士·穆勒(James Mill)的3卷本《英属印度史》(History of British India)问世，追溯了古代至莫卧尔王朝时期的历史。该书第一次将印度历史划分为三个阶段：即印度教时期、穆斯林时期及英属印度时期，这种分期方法强调英国对印度的历史贡献，一直被《牛津印度史》(The Oxford History of India)、《剑桥印度史》(The Cambridge History of India)等权威著作沿用，但却遭到了印度民族主义史学家的强烈反对。英国学者在其早期的研究成果中，往往认为古代印度充满了暴虐和专制统治，声称印度没有自我管理的能力，明显有粉饰英国殖民统治的痕迹。早期的研究成果还有英国史学家文森特·阿瑟·史密斯(Vincent Arthur Smith)所著《牛津印度史》及《早期印度史》(The Early History of India)等，均对德里苏丹国的历史有所涉及，但论述不够深入。约翰·理查兹(John F. Richards)等主编的《新编剑桥印度史》(The New Cambridge History of India)是近年来出版的有关印度历史的一套非常权威的丛书，书中对德里苏丹国时期的政治、军事、经济、文化、艺术等多个方面都进行了深入研究。此外，牛津大学出版社还不定期出版印度历史研究方面的论文集，涵盖了国际学术界的最新研究成果。彼得·杰克逊（Peter Jackson）是当前美国学术界在印度中世纪史研究方面的领军人物，其所著《德里苏丹：政治军事史》（*The Delhi Sultanate: A Political and Military History*）一书对德里苏丹国时期的政治和军事史进行了详细的介绍和科学的评析，在其另一部著作《蒙古帝国及早期穆斯林印度研究》（*Studies on the Mongol Empire and Early Muslim India*）一书中，对印度中世纪的奴隶制度、妇女地位以及伊斯兰文化对印度传统文化的冲击等都进行了深入的研究。

（三）中国国内研究成果

德里苏丹国相关历史研究在中国非常薄弱，目前尚无学者从事专门研究。已有的研究成果多集中于介绍穆斯林入主印度次大陆后的王朝更迭，而从政治、军事、经济、社会文化等角度对这段历史进行系统剖析与研究的学者极少。较早的研究成果有民国时期刘炳荣所著《印度史纲》及李志纯编著《印度史纲要》等，上述著作对德里苏丹国时期历史也只是进行了概要性介绍。林承节所著《印度史》[1]是目前中国学术界印度通史类研究方面的权威著作，该书对印度历史进行了全面梳理和论述，对德里苏丹国时期的历史除介绍王朝更迭之外，还对这一时期的政权组织形式、土地占有形式、建筑艺术及宗教改革等有较系统的评述。此外，研究印度古代历史的通史类著作还有华东师范大学印度史研究室主编的《简明印度史》[2]、培伦主编《印度通史》[3]、林太著《印度通史》[4]、刘欣如著《印度古代社会史》[5]及林承节著《印度古代史纲》[6]等，这些著作虽然对这一时期的历史有所涉及，但由于它们的总篇幅有限，往往只有几十万字，具体到德里苏丹国时期也就

---

[1] 林承节：《印度史》，人民出版社，2004。
[2] 华东师范大学《简明印度史》编写组：《简明印度史》，湖南出版社，1991。
[3] 培伦主编：《印度通史》，黑龙江人民出版社，1990。
[4] 林太：《印度通史》，上海社会科学院出版社，2007。
[5] 刘欣如：《印度古代社会史》，中国社会科学出版社，1990。
[6] 林承节：《印度古代史纲》，光明日报出版社，2000。

只有几万字，所以普遍存在研究不够深入细致的问题。论文方面，黄思骏在《德里苏丹国时期的田赋制度和伊克塔制度》①一文中，对该时期税收制度进行了研究，在《印度中世纪早期国王赐赠土地与封建制的产生》②中，对印度的土地制度及印度是否存在封建制的问题进行了较深入的探讨；张玉兰在《德里苏丹国时期印度穆斯林文化的发展》③一文中，对早期伊斯兰文化在次大陆的传播及对印度社会的影响进行了分析研究；笔者在《德里苏丹国时期印度奴隶的地位及其身份演变》④一文中对这一时期的奴隶地位进行了较全面的分析和探讨。学位论文方面，《13—18世纪北印度社会演变研究》⑤是目前国内专门研究印度中世纪史少有的成果，论文从政治、经济、社会文化各个角度对德里苏丹国和莫卧尔王朝时期的历史进行了全面梳理，认为中世纪的北印度实现了从以印度教为主体的一元社会向印度教、伊斯兰教共存的二元社会的转变。此外，在有关印度中世纪文学、文化、宗教等领域的研究成果中，对德里苏丹国时期的历史偶有涉及，但往往都是一笔带过，研究不够深入。目前尚未发现其他对这一时期历史进行专门研究的学术成果发表。

三、存在的问题和发展趋势

西方学术界的印度中世纪史研究源于东方学研究。18世纪下半叶，随着亚述学、埃及学的兴起，印度学成为东方学的一个分支，在经历了英属印度、印度民族独立运动等阶段之后，在20世纪下半叶逐渐走向理性和成熟。但如前文所述，西方学者，尤其是英国学者，在其早期的史学研究成果中，对英国统治之前的印

---

① 黄思骏：《德里苏丹国时期的田赋制度和伊克塔制度》，《世界历史》1997年第1期，第61—69页。
② 黄思骏：《印度中世纪早期国王赐赠土地与封建制的产生》，《历史研究》1992年第5期，第177—192页。
③ 张玉兰：《德里苏丹国时期印度穆斯林文化的发展》，《南亚研究》1989年第1期，第54—65页。
④ 陈泽华：《德里苏丹国时期印度奴隶的地位及其身份演变》，《南亚东南亚研究》2021年第1期，第110—122页。
⑤ 陈泽华：《13—18世纪北印度社会演变研究》，四川大学博士论文，2018。

度历史或多或少存在贬低的成分，而对英属印度时期的历史则大加褒扬，带有明显的殖民主义色彩。在印度历史分期的问题上，一些英国学者将印度历史分为前殖民地时期、英属印度时期及独立后时期，认为印度今天的民主与文明都是英国殖民统治的功劳，突出英国在印度历史上所扮演的"救世主"形象，这种不顾历史本身，而对历史进行"简单粗暴"分期的做法受到了印度学者的强烈抗议。美国学者在该方面进行历史研究的视角相对理性和公允一些。

印度国内学者的研究工作虽然比较深入细致，但他们却往往无法摆脱自身宗教立场的束缚，无法从世俗的角度更客观理性地分析史料，还原历史的本来面目。尤其是在研究中世纪穆斯林统治时期的历史时，穆斯林学者和非穆斯林学者的观点往往有一些出入，对一些历史事件甚至还存在很大的争议，需要读者对其进行一定的甄别。

中国学术界对印度中世纪史的研究，存在着明显的不足，主要体现在以下两个方面：一是研究的领域不够全面。国内印度学研究主要集中于印度文学、印度文化、中印文化交流、中印关系等领域，而对于印度历史本身的研究明显欠缺，具体到德里苏丹国历史，甚至可以说尚未完全起步，对许多历史分支的研究目前尚未展开。二是研究的层次比较低，深度和广度远远不够。现有研究成果多是从宏观范围对历史发展脉络进行梳理和介绍，缺少对许多具体历史细节的深入细致的分析、归纳和总结。通过关键词"德里苏丹国"搜索中国知网数据库后发现，目前已发表的专门研究德里苏丹国历史的中文论文仅有4篇，即便范围再扩大一点，按关键词"印度中世纪"搜索后发现各类论文的数量也只有十余篇，足以说明该方面研究的欠缺。究其原因，笔者认为主要是所掌握的研究史料匮乏和语言方面的障碍。中国学者对印度中世纪历史的研究多借助于英文二手资料，大量的波斯文及印地文原始文献资料散存于印度、巴基斯坦、伊朗等国，中国学者对其知之甚少，且查阅非常困难。此外，由于穆斯林统治时期的印度历史还涉及孟加拉语、乌尔都语等文献资料，同时精通这些非通用语种的人才又非常稀少，因此对这段历史的研究也就往往令学者们望而却步。

20世纪中叶以来，印度中世纪史研究在世界范围内取得了长足发展。受西方史学理论和流派的影响，印度中世纪史研究逐渐从传统的年鉴学派、兰克学派向后现代主义、新史学等方向转变，研究领域也开始从传统的政治史、经济史和文化史向性别史、环境史、心理史和社会史等领域转变。同时，印度中世纪史研究也呈现出了一些新的趋势：一是跨学科研究越来越多。历史研究已经不拘泥于历史学本身，而是与人类学、社会学、法学、经济学等联系越来越紧密，形成了许多交叉学科。一些学者逐渐将研究对象从传统的政治形态、土地制度、奴隶、阶级等领域转向对不同时期、不同地域的历史人物进行比较研究以及跨文化研究的范畴上来。二是印度中世纪历史研究的分支越来越细，出现了女性研究、民族和民俗研究、宗教思想研究、城市研究、环境研究及情感研究等一些新的研究视角。印度中世纪史研究的不断深入和细化有着深刻的现实意义。德里苏丹国的建立，打开了印度历史全新的一页，对后世影响深远，印度社会文化从此变得更加多元，但由此引发的文化冲突、宗教冲突等亦从未消失，时至今日依然影响着南亚地区的安全稳定。当前，我国正在深入推进"一带一路"建设，印度作为古丝绸之路沿线的重要国家，与我国有着近两千年的友好交往史。研究对方历史，加强彼此了解，有利于增进两国间的互信和民心相通，造福两国人民，同时也会对维护地区和平与稳定产生积极影响。中国的青年学者们应始终坚持唯物主义史观，在学习掌握对象国语言的基础上，不断增强跨学科研究能力，以大量一手资料为依托，更加广泛深入地研究印度中世纪史，为解决中印交流中的许多现实问题提供历史借鉴和理论依据。

四、结语

对从事印度历史研究的学者而言，进入中世纪，往往会让人有种眼前一亮的感觉，由于古代印度人不太注重记载历史，古印度历史往往与神话混为一谈，这给我们今天的历史研究造成了较大阻碍。穆斯林入主印度之后，穆斯林史学家留下了许多宝贵的文献资料，为我们提供了研究这一时期印度社会的相对可靠的依据，一些海外旅行家和一些国家的史料典籍也对此做了有益的补充。从世界范围看，对德里苏丹国历史的研究正不断走向成熟和兴盛，虽然印度学术界和西方学术界在研究中都曾呈现出一些问题，但客观真实地再现历史原貌是每一位历史研究者必须秉承的学术原则，也是不可逆转的研究趋势。我国对德里苏丹国历史的研究非常薄弱，未来，随着更多具有跨学科专业知识、精通多种语言的青年学者的加入，相信中国的印度中世纪史研究定会枝繁叶茂，取得丰硕的成果。

［责任编辑：王靖］

马尔丹地区杰玛尔堡佛寺部派归属再探*

王 珺**

摘 要：19世纪，英国考古学家亚历山大·坎宁安爵士在犍陀罗发现了杰玛尔堡的一座佛教寺院遗迹。当印度考古调查局在1920—1921年继续挖掘这座佛寺的遗址时，发现了一块片岩石砖，吕德斯教授将此石砖上铭文的内容翻译为"法藏部所有"。基于以上发掘研究，本文梳理了以杰玛尔堡佛寺为代表的马尔丹地区佛教遗迹，考证了围绕"杰玛尔堡第359年铭文"其纪年和部派研究中的抵牾之处。通过对比杰玛尔堡佛寺建筑布局、佛塔形制、装饰图像与传世文献、其他相关遗迹之间的关系，对律藏相关条款的变迁进行论证，进而推论出当时该寺僧团所秉持的戒律情况，认为该佛寺的布局体现了《四分律》中重视施佛理塔的思想。同时，用我国旅顺博物馆中由日本大谷探险队发掘的四件馆藏对该佛寺的遗存进行了补遗，认为塔院龛中禅定像、苦行像、说法像组成的图像组合体现的四圣谛观，以及其菩萨信仰，与法藏部的经律所体现的教义思想并无冲突且多相合，对该寺院可能归属于法藏部作一注脚。

关键词：杰玛尔堡佛寺；马尔丹；犍陀罗；法藏部；律藏

19世纪，英国驻印度的军队将领相继对犍陀罗（Gandhara）地区的一批

---

* 本文系国家社科基金一般项目"'法藏部'西域写本与图像研究"（项目编号：21BZJ021）和国家社科基金重大项目"印度古典梵语文艺学重要文献翻译与研究"（项目编号：18ZDA286）的阶段性成果。
** 王珺，中国计量大学人文与外语学院哲学所讲师，主要研究方向为宗教学、中国古代文学。

佛教遗址进行了发掘，时任英国陆军少将的亚历山大·坎宁安（Sir Alexander Cunningham）爵士在对犍陀罗、马图拉（Mathura）的寺庙遗址进行深入发掘之后，将发掘情况整理成报告发表，其中记录了在马尔丹（Mardan）地区的杰玛尔堡（Jamal Garhi）佛寺中，出土了丰富的造像、浮雕等佛教艺术品，以及刻有佉卢文的石刻铭文，并在考古报告中附上了这些出土遗存的目录。1920—1921年，印度考古调查局继续对这个佛寺遗址进行了发掘并出版了考古报告，同时也附上了文物清单。伊丽莎白·埃林顿（Elizabeth Errington）在其博士论文中对出自杰玛尔堡佛寺的部分造像、石刻遗存进行了详细辨别梳理，对其中一些图像体现的叙事内容和犍陀罗艺术风格进行了辨析和述评。[1] 但是在过往的研究中，对该寺庙的历史梳理尚有抵牾之处，对其遗存所体现的部派僧团生活情况还存有与文本相结合进行综合分析的空间，且藏于我国旅顺博物馆的由日本大谷探险队发掘于该佛寺的遗存也没有被收录。本文将论证补遗，并围绕该寺院建筑、雕塑、铭文所体现的僧团生活情况，比对相关律藏条款和传世文献，对律藏的变迁进行探析，对该佛寺可能的部派归属做出论证。

一、马尔丹地区佛教遗迹概览

马尔丹是现在巴基斯坦（Pakistan）境内的开伯尔·普赫图赫瓦省（Khyber Paktunkhwa）的一个城市，位于斯瓦特（Swat）、白沙瓦（Peshawar）和塔克西拉（Taxila）三个区域组成的三角地带中心，东北部为丘陵山脉，南部为平原，是狭义的古犍陀罗地区的腹地。杰玛尔堡佛寺与克什米尔斯马斯特石室（Kashmir Smast Caves），以及沙赫巴兹堡（Shahbaz Garhi）阿育王法敕等遗迹同属马尔丹地区。法显在《佛国记》中记录的犍陀卫国在乌苌国即斯瓦特地区东南，"是阿育

---

[1] 相关研究见 Sir Alexander Cunningham, *Archaeological Survey of India: Report for the Year 1872-1873*, Calcutta: Office of the Superintendent of Government Printing, 1875；Archaeological Survey of India, *Annual Report of Archaeological Survey of India, Frontier Circle for the Year 1920-1921*, Peshawar: Government Press, 1921；Elizabeth Errington, *The Western Discovery of the Art of Gandhara and the Finds of Jamalgarhi*, PhD Thesis: SOAS University of London, 1987。

王子法益所治处",①从方位与遗存来看,学界一致认为今天的马尔丹地区就属于犍陀罗卫国。宋云和玄奘也相继到访过这里,他们称其为犍陀罗国。克什米尔斯马斯特石室有三个房间,其中两间打通,另一间有台阶相连,石室周围有寺庙、佛塔和水池,并且留有印度教遗迹,曾供奉湿婆神。坎宁安认为这些与《宋云行记》中记载的善持山石室和《大唐西域记》中记录的弹多落迦山石室房间的形制、周围环境以及供养情况相吻合,故而《大唐西域记》中的位于弹多落迦山西南方向二十余里的跋虏沙城应该就是今天的马尔丹。②公元前326年,亚历山大大帝曾领兵征服这一地区。约公元前316年,旃陀罗笈多(Chandragupta)开创的孔雀王朝控制了这一地区,在阿育王统治期间,佛教成为这里的主要宗教。随着这一地区被塞种、大月氏、嚈哒等民族相继统治,印度、希腊、波斯等多元文化在此融合,佛教、婆罗门教、祆教等多种宗教在此并存。法显到访时印度被笈多王朝统治,当时马尔丹的佛教徒多为部派僧团,多种佛本生故事在此流行,塔庙林立,佛寺中装饰金银,说明此地佛教供养兴盛。而到公元520年宋云到访的时候,犍陀罗被白匈奴统治,佛教在此地由盛转衰,不仅当时的国王对待中国的使者和僧人不礼敬,而且该地的佛寺僧团人数锐减,对佛寺的供给也已经相当微薄了。③至玄奘7世纪到访犍陀罗时,该国佛教已然败落,但是在跋虏沙城依然还有僧团活跃其中,并且大乘思想在此已经被接纳:

> 商莫迦菩萨被害东南行二百余里,至跋虏沙城。城北有窣堵波,是苏达拿太子(唐言善牙。)以父王大象施婆罗门,蒙谴被摈,顾谢国人,既出郭门,于此告别。其侧伽蓝,五十余僧,并小乘学也。昔伊湿伐逻(唐言自在。)论师于此制《阿毗达磨明灯论》。
>
> 跋虏沙城东门外有一伽蓝,僧徒五十余人,并大乘学也。有窣堵波,无

---

① 〔东晋〕沙门释法显:《法显传校注》,章巽校注,中华书局,2008,第30—31页。
② 沙畹在《宋云行记笺注》中认为跋虏沙城即今白沙瓦一带,但是 A. 福奇(A. Foucher, *Notes on the Ancient Geography of Gandhara: A Commentary on a Chapter of Hiuan Tsang*, Superintendent Government Printing, 1915)论证了跋虏沙城的位置更接近马尔丹,季羡林等学者认同 A. Fouches 的看法,见〔唐〕玄奘、辩机:《大唐西域记校注》,季羡林等校注,中华书局,2000,第257页。
③ 〔北魏〕杨衒之:《洛阳伽蓝记校笺》,杨勇校笺,中华书局,2006,第213—214页。

忧王之所建立。昔苏达拿太子摈在弹多落迦山，（旧曰檀特山，讹也。）婆罗门乞其男女，于此鬻卖。①

玄奘的记载表明此地多种宗教并存，有的寺庙大小乘并行，僧人对佛教义理的发展有很大贡献，多部论书在此诞生，杰玛尔堡佛寺就在这样的历史环境下存续了数百年。

二、杰玛尔堡佛寺的分期与部派归属

据坎宁安和印度考古局的发现，杰玛尔堡佛寺是当地现存最早建造的佛寺之一。印度考古局发掘的时候，在一块片岩石砖上发现有佉卢文题刻，被称为"杰玛尔堡第359年铭文"（Jamal Garhi Inscription on the Year 359）。据印度考古调查局的考古报告描述，这块刻有铭文的石头发现于当时新清理的一片废墟。② 静谷正雄在研究中称该碑铭被发现时可能是嵌刻在墙上，埃林顿称是在堆放的杂物中发现。笔者查阅印度考古局报告发现其描述为"Many antiquities were recovered in removing the debris in this area, the most valuable being the Kharoshthi inscription of the year 369"③，即应是在清理堆放杂物的房间里发现。埃林顿根据坎宁安和印度考古局的报告为寺院整体结构进一步做了绘图编号，并指出铭文发现的位置在7号庭

---

① 〔唐〕玄奘、辩机：《大唐西域记校注》，季羡林等校注，中华书局，2000，第256页。
② 对"杰玛尔堡第359年铭文"的研究参见 Sten Konow, *Kharoṣṭhī Inscriptions with the Exception of Those of Aśoka*, Calcutta: Government of India Central Publication Branch, 1929, pp. 110-113； Heinrich Lüders, "Zu und aus den Kharoṣṭhī-Urkunden", *Acta Orientalia*, vol. 18, 1940, pp. 15-49； 静谷正雄：「法藏部の碑銘について」，『印度學佛教學研究』vol. 23、no. 1、1974年、87—92页；林梅村：《法藏部在中国》，载《汉唐西域与中国文明》，文物出版社，1998，第343—364页；李崇峰主编：《犍陀罗与中国》，文物出版社，2019，第330页；Elizabeth Errington, "Reconstructing Jamālgarhī and Appendix B: The Archaeological Record 1848-1923", in Wannaporn Rienjang & Peter Stewart eds., *The Rediscovery and Reception of Gandhāran Art: Proceeding of the Fourth International Workshop of the Gandhāra Connections Project*, Oxford: Archaeopress Archaeology, 2022, p. 7.
③ Archaeological Survey of India, *Annual Report of Archaeological Survey of India, Frontier Circle for the Year 1920-1921*, Peshawar: Government Press, 1921, p. 4.

院旁边的 16 号房间，应该是寺院稍晚的建筑，与中轴线上的塔院等主体结构建造并不同时。如果铭文属于这间佛殿，那么很可能是寺院建立之后进行扩建时得到了供养人的资助，并把功德内容刻在石上。但是埃林顿同时也指出不能排除该房间可能是存放破损物品的储藏室，或者仅仅是先前挖掘其标注为 1 号和 3 号庭院时堆积的废弃物。

关于铭文的破译，最早引起了当时包括寇诺（Sten Konow）、吕德斯（Heinrich Lüders）等学者的讨论，寇诺释读为："Anno 359, on the first of Asvayuj, an asylum connected with religion was established in this grove by the sravaka Potaka, with (or, for) the Uddiliaka companions, father and sons, in the acceptance of all beings"，[①] 意即：359 年，马轭（月）第一日，声闻婆塔卡（Potaka）与（或为）乌迪利亚卡（Uddiliaka）家中各人、父亲及儿子等，于此阿兰若森林共同造立宗教的庇护所，一切众生皆可使用。

吕德斯则将碑刻的内容释读为"兹于 359 年马轭月 1 日（公元 275 年 8 月 24 日），弟子婆达耶和同伴、父亲、儿子等人在阿兰若森林共建此寺。法藏部受持，一切有情……"[②] 这一观点被静谷正雄和林梅村肯定，埃林顿的研究中错把吕德斯的结论说成是寇诺的成果，在该佛寺部派的归属问题上同意为法藏部所有。法藏部，梵文名为 Dharmaguptaka，巴利文名为 Dhammaguttika，是早期佛教部派之一。中外学者一般认为汉译《长阿含经》和《四分律》为法藏部经律，特别是《四分律》堪称中国所译律本中流传最广的佛教戒律，对佛教中国化进程产生了深远的影响。近百年来，在古丝路沿线，一些佛教遗址相继被发掘，发现了与法藏部有关的经卷、碑铭、造像和石板浮雕等文本与图像，引起了中外学者的关注，并对其中一部分文本进行了破译。根据塚本启祥的统计，法藏部在印度遗存的碑铭主要分布在古北印度的醯罗城（Hidda）、昆都士省（Kondoz），中印度的马图拉和西

---

① Sten Konow, *Kharoshṭhī Inscriptions with the Exception of Those of Aśoka*, Calcutta: Government of India Central Publication Branch, 1929, p. 113.
② 译文见林梅村：《法藏部在中国》，载《汉唐西域与中国文明》，文物出版社，1998，第 350 页。原文见 Heinrich Lüders, "Zu und aus den Kharoṣṭhī-Urkunden", *Acta Orientalia*, vol. 18, 1940, p. 20, "Im Jahre 359, am ersten des Aśvayuj, hat Podaa zusammen mit seinen Genossen, Vätern und Söhnen, den Uḍiliakas, ... errichtet zur Entgegennahme durch die Dharmaguptīyas, zu Ehren aller Wesen".

印度的甘赫瑞（Kanheri Caves）。公元前2—1世纪法藏部僧人参与建造了巴尔胡特（Bharhut）塔，在两个栏盾上发现了写有法藏部捐赠的铭刻。但静谷也指出塚本启祥在研究中并未将杰玛尔堡佛寺归入法藏部，还有其他学者的研究中也并未提及杰玛尔堡佛寺这一法藏部铭文。

对该佛寺建造或者扩建的年代，学界的讨论相对集中于"杰玛尔堡第359年铭文"中"359年"到底指的是哪一年，寇诺认为该日期对应公元275年8月24日，吕德斯、林梅村、李崇峰在研究中沿袭这一观点。静谷推测可能是以公元前58年或前57年为元年的超日王纪年，所以对应的是302年。埃林顿认为是希腊纪年，因此应为公元179年。[①] 所谓希腊纪年，就是以阿波罗多托斯（Appollodotos）统治犍陀罗对应之年为元年。根据邵瑞琪的研究，希腊纪年应起始于公元前175年或前174年，斯蒂芬·鲍姆斯（Stephen Baums）在对比了犍陀罗出土的34个铭文后得出结论，认为铭文中300年后的纪年一般采用的是希腊纪年。[②] 坎宁安在报告中说，杰玛尔堡佛寺塔院中有专门的石板，上面有盛放硬币的凹槽，用以承接供养佛塔的钱币。该佛寺出土的钱币涵盖了贵霜时期的五位帝王，可以说是贵霜王朝最辉煌时期的见证。另据当地的报道，2012年在日本政府和联合国教科文组织的资助下，考古学家继续对杰玛尔堡佛寺遗址进行探掘时，发现了胡维沙（King Huvisha）时期钱币，表明该佛寺在公元2世纪已经建成，时间应该采用的是希腊纪年。故而该佛寺有可能始建于公元181年左右，僧团至少持续活跃到4—5世纪。

[①] Sten Konow, *Kharoshṭhī Inscriptions with the Exception of Those of Aśoka*, Calcutta: Government of India Central Publication Branch, 1929, p. 111；静谷正雄：「法藏部の碑銘について」、『印度學佛教學研究』vol. 23、no. 1、1974年、90頁；林梅村：《法藏部在中国》，载《汉唐西域与中国文明》，文物出版社，1998，第350页；李崇峰主编：《犍陀罗与中国》，文物出版社，2019，第330页；Elizabeth Errington,"Reconstructing Jamālgarhī and Appendix B: The archaeological record 1848-1923", in Wannaporn Rienjang & Peter Stewart eds., *The Rediscovery and Reception of Gandhāran Art: Proceeding of the Fourth International Workshop of the Gandhāra Connections Project*, Oxford: Archaeopress Archaeotgy, 2022, p. 7.

[②] Stephen Baums, "A framework for Gandhāran chronology based on relic inscriptions", in Wannaporn Rienjang & Peter Stewart eds., *Problems of Chronology in Gandhāran Art*, Oxford: Archaeopress Archaeology, 2017, pp. 65-66.

三、杰玛尔堡佛寺的塔院建筑

从埃林顿绘制的寺院整体结构看，杰玛尔堡佛寺最早的建筑即中轴线，是由塔院、支提殿、行经堂和僧院构成，塔院在整体建筑的北偏东的位置，寺院的山门朝东。关于佛寺建造所依照的原则，在唐代律僧道宣的《关中创立戒坛图经》中有所记载：

> 律论所显，"场""坛"两别，西天诸国皆立别仪，此土中原素未行事，不足怪也。……"坛"之立名在佛世矣！此土现有群经律论，咸明王城两处结集之相，然出没差互不同，不妨阿难升座为结法之元匠也！但存迦叶所问，阿难相同佛形，比丘咸疑是佛也！听说"我闻"便息。如今所传，达通悟者，不见此土，结法相者，尚自不知，况今所出，有不信者，固其常尔。自佛灭后至于正、像，结集之相，乃有多涂。初五百人，次千人，次大众，次育王，次七百，且列五条，余非不有，上并小乘。至于大乘，阿难、迦叶在王城广结集，文殊师利与大菩萨，在铁围山略结集，并如此土诸经所说。①

道宣认为佛寺是依律而建的，但是因为部派的分裂，寺院建造的方位、塔的形态、供养，不同的律藏也就有了不同的规定。

（一）塔院方位

对塔院方位的规定仅在东晋佛陀跋陀罗和法显译出的《摩诃僧祇律》卷三三中有明确记载：

---

① 〔唐〕道宣：《关中创立戒坛图经》，《大正藏》编号 1892，第 45 册，第 807—808 页。

> 塔事者，起僧伽蓝时，先预度好地作塔处。塔不得在南，不得在西，应在东应在北。不得僧地侵佛地，佛地不得侵僧地。若塔近死尸林，若狗食残持来污地，应作垣墙，应在西若南作僧坊。不得使僧地水流入佛地，佛地水流入僧地。塔应在高显处作，不得在塔院中浣染、晒衣、著革屣、覆头、履肩、涕唾地。①

对此，湛如认为："《摩诃僧祇律》的这一规定，反映出大众部对佛塔位置的高度重视。凡僧团在建造新的僧坊时，必须预留上等土地建造佛塔，具体地点应在北及东面。既然称作塔院，佛塔不仅位于僧院的高显处，而且是独立的院落。《摩诃僧祇律》还强调塔地与僧地不得互相侵占，为防止一些不净物，又在塔的周围建立了塔墙。"②显然杰玛尔堡佛寺与《摩诃僧祇律》的要求是高度吻合的，其塔院正是位于寺院的北方最高的地方，2号僧院和3号支提殿都低于塔院。在坎宁安的报告中对杰玛尔堡佛寺和相邻的塔赫特巴希佛寺进行了比较，几乎建于同期的塔赫特巴希佛寺的布局组合与其相差巨大，不仅塔院的方位在南，而且僧院与塔院连在一起。而这些差异与大众部律的要求相违背，在塔赫特巴希佛寺出土的黑色陶罐上的铭文证实其属于饮光部，所以塔院方位的不同可能与部派有关。

那么是否可以说杰玛尔堡佛寺属于大众部呢？也不尽然。道宣在《关中创立戒坛图经》中同样指出僧团建造寺院不仅依律也依经，而《阿含经》是各部派共同信奉的经典，其中对寺院建造的记录都有可能被僧团参考。并且当时很可能存在犍陀罗语三藏，辛岛静志指出初期大乘佛典不是通过梵文而是通过口语传承的，最初的佛典没有文字，而且是不断变迁的。③以往律藏研究一般以各部派律藏中共有的条款为最古，但佐佐木闲、李薇认为这一判断是片面的，应参考其他佐证材料。④目前发掘的最早期的佛塔如桑奇大塔、巴尔胡特窣堵波和位于塔克西拉的达摩拉吉卡（Dharmarajika）窣堵波，基本都位于整体建筑的偏北、偏东

---

① 〔天竺〕佛陀跋陀罗、〔东晋〕法显译：《摩诃僧祇律》卷三三，《大正藏》编号1425，第22册，第498页。
② 湛如：《净法与佛塔：印度早期佛教史研究》，中华书局，2006，第212页。
③ 〔日〕辛岛静志：《佛典语言及传承》，裘云青、吴蔚琳译，中西书局，2016年，第159页。
④ 相关论述详见李薇：《律藏研究方法新探——以目连入禅定闻象声为例》，《哲学门》（总第40辑）第20卷第2册，北京大学出版社，2021。

方位。① 遗迹中，印度根赫里（Kanheri）石窟中的 3 号支提窟发现了刻有被破译为法藏部受持的铭文，窟中的窣堵波就位于石窟寺整体的东北侧，其与杰玛尔堡佛寺同为始建于公元 1 世纪左右的建筑。另外，也有学者指出印度早期宗教经典《摩奴法论》、百科全书《广集》，以及两大史诗《罗摩衍那》《摩诃婆罗多》等都有将方位与种姓相联系的记载，认为北方这个方位在印度的传统中代表殊胜。② 不仅如此，中国僧人也对印度此传统有所记载，道宣在《四分律删繁补阙行事钞》卷三中言：

> 僧祇塔事者。起僧伽蓝时先规度好地作塔处。其塔不得在南在西。应在东在北（中国伽蓝门皆东向故。佛塔庙宇皆向东开。乃至厨厕亦在西南。由彼国东北风多故。神州尚西为正阳。不必依中土法也）。③

道宣所说的"中国"在当时指的是古印度，"神州"指代中国，他认为该律藏条款的制定与当地气候特点有关，并且可以根据不同的地点而更改。由此可以推测，虽然汉译《摩诃僧祇律》中关于塔院建造方位的条款在现存律藏中是唯一的，但是参照古佛塔建筑的遗迹和相关文献记载，其应为被大众部保存下来的较古的条款。当时其他部派的律中也可能有相似的规定，因而在建佛寺塔院时被广泛地遵守，有可能后来由于部派的分歧被删去，或是为了与当地气候、风俗、地理等条件相适应，在本土化过程中被忽略乃至去除了。

（二）佛塔形制

杰玛尔堡佛寺大塔的形制与汉译的《摩诃僧祇律》规定不同，《摩诃僧祇律》记载造塔法：

---

① 根据李翎 2021 年在北京大学的讲座，桑奇塔 3 号塔建筑年代最早，位于整体塔寺的正北方。达摩拉吉卡窣堵波早期的院墙的遗迹（大约建于公元前 1 世纪）在南面和西面，由此推断该塔最早应在整体建筑的东北方。
② 相关论述见池明宙：《印度方位观、方位神和神庙朝向关系初探》，《科学文化评论》2018 年第 1 期，第 66—78 页。
③〔唐〕道宣：《四分律删繁补阙行事钞》，《大正藏》编号 1804，第 40 册，第 134 页。

作塔法者，下基四方周匝栏楯，圆起二重、方牙四出，上施槃盖长表轮相。若言："世尊已除贪欲瞋恚愚痴，用是塔为？"得越比尼罪，业报重故。是名塔法。①

其中明确规定佛塔基座是方形的。而《四分律》明确记载可为圆形：

时舍利弗、目连般涅槃已，有檀越作如是言："若世尊听我等为其起塔者我当作。"诸比丘白佛，佛言："听作。"彼不知云何作？佛言："四方作，若圆、若八角作。"不知以何物作？白佛，佛言："听以石墼、若木作已应泥。"不知用何等泥？佛言："听用黑泥、若泥、若牛屎泥、若用白泥、若用石灰、若白墡土。"彼欲作塔基，佛言："听作。"彼欲华香供养，佛言："听四边作栏楯安华香着上。"彼欲上幡盖，佛言："听安悬幡盖物。"②

汉译《五分律》中没有明确规定塔基的形制，但是有与《四分律》相同的关于建塔功德的偈颂，提到"抟泥"造塔功德殊胜，而"抟泥"形成的塔应该为圆形。汉译《十诵律》有龛塔、柱塔的塔法："龛塔法者，佛听作龛塔、柱塔，佛广听一切作塔，是名塔法。"③即加高塔身，并在塔身上雕塑佛像，也有可能是圆形塔基。根据遗迹显示，方形基座晚于圆形基座，如前提到的桑奇大塔、巴尔胡特窣堵波和达摩拉吉卡窣堵波，都为圆形塔基的覆钵式窣堵波。之后塔身加高为柱状，塔基出现方形、八角形、十字形等形态。所以，汉译的《摩诃僧祇律》中对佛塔的建造和装饰的规定应该是后期演化而来的。该寺僧团建造佛塔所依的规定与汉译上座部系律典提到的圆形更加接近。

---

① 〔天竺〕佛陀跋陀罗、〔东晋〕法显译：《摩诃僧祇律》卷三三，《大正藏》编号1425，第22册，第498页。
② 〔罽宾〕佛陀耶舍、〔后秦〕竺佛念译：《四分律》卷五二，《大正藏》编号1428，第22册，第956页。
③ 〔北印度〕弗若多罗、〔后秦〕鸠摩罗什等译：《十诵律》卷五六，《大正藏》编号1435，第23册，第415页。

四、图像体现的教义思想

尽管对杰玛尔堡佛寺的部派归属学界还有分歧，但通过对该寺院遗存的梳理，笔者发现其确与法藏部教义有共通之处。

（一）对佛与佛塔的崇拜

坎宁安以及印度考古调查局对发掘于杰玛尔堡佛寺的遗存都分别做了记号并进行了著录，埃林顿根据坎宁安所刻的"J"形标记和印度考古调查局所做的白色印记等记号，对他们著录的部分分藏于各博物馆的该寺遗存进行了辨别整理，但是其中没有计入日本大谷考古队收集的该佛寺的雕刻文物。在香川默识所编《西域考古图谱》中，收录有大谷考古队在印度发掘的雕刻文物11件，其中的4件标明出自杰玛尔堡佛寺，[①] 但并没有说明这4件雕刻的下落。根据笔者比对，这4件雕刻现藏于我国旅顺博物馆，藏品没有标明出土地，应为大谷光瑞收集并寄存在旅顺博物馆。这4件分别为佛头雕塑、梵天劝请浮雕、花环装饰塔基浮雕和莲花纹装饰浮雕，可能都是佛塔的装饰，主要表现的是佛传故事。在该佛寺的发掘中有多幅梵天劝请图案，此图案表现的是佛陀传教的起点，所以寺中应有多处饰以佛陀说法的佛传故事。这也体现出该寺僧团重视佛陀供养的倾向。湛如在其研究中指出现存所有律藏中只有属于化地部的《五分律》和法藏部的《四分律》体现了佛在僧数的思想，但是法藏部认为施佛的果报大于僧，施佛塔得大果报。[②]

如前所述，塔院的位置在汉译《四分律》中没有明确的规定，但是学界认为有多种迹象表明可能存在犍陀罗语三藏。在塔院的位置安排上，公元1世纪生活

---

① 〔日〕香川默识编:《西域考古图谱》，学苑出版社，1999，印度雕刻6—7。
② 湛如:《早期佛塔土地所属与部派的僧中有佛无佛论》，《佛学研究》2000年第9期，第81—82页。

在古印度地区的法藏部僧团所秉持的犍陀罗语律藏，可能与大众部有更多的相通之处。文献记载中，可见《异部宗轮论》：

> 其法藏部本宗同义。谓佛虽在僧中所摄，然别施佛果大，非僧。于窣堵波兴供养业获广大果。佛与二乘解脱虽一，而圣道异。无诸外道能得五通。阿罗汉身皆是无漏。余义多同大众部执。①

其中说明了法藏部对供养佛塔的重视，并且强调了其与大众部宗义的联系，所以杰玛尔堡佛寺有可能是法藏部按照当时存在的这条律典所建造。

（二）四圣谛观

根据坎宁安勘查时的记录，杰玛尔堡佛寺大塔基座上原有灰泥制成的高浮雕佛像，四面围绕着佛龛。据坎宁安描述，塔院佛龛里的佛像是按照禅定像、苦行像、说法像间隔排放的规律安放在佛龛里的，笔者认为这是一种图像组合，表达的是四圣谛观。其与《关中创立戒坛图经》中记录的一位来自中印度的僧人描述乌仗那国，也就是离犍陀罗国不远的斯瓦特地区的戒坛相类似：

> 近以乾封二年九月，中印度大菩提寺沙门释迦蜜多罗尊者，长年人也，九十九夏来向五台，致敬文殊师利。今上礼遇，令使人将送，既还来郊南，见此戒坛，大随喜云："天竺诸寺皆有戒坛。"又述乌仗那国东石戒坛之事，此则东西虽远，坛礼相接矣。其坛相状，下之二重以石砌累，如须弥山王形，上下安色道。四面坛身并列龛窟，窟内安诸神王。其两重基上并施石钩栏，栏之柱下，师子神王间以列之。两层四角立高石柱出于坛上，柱外置四天王像，既在露地，并镌石为之，使久固也。四角栏上，石金翅鸟衔龙于上，表比丘既受戒已，常思惑业而制除也。戒坛周围布列神影者，表护持久固之相也。斯并大圣之羽仪，生善之弘道，备舒图传，具列仪容，各有名号，义难

---

① 〔印〕世友：《异部宗轮论》，〔唐〕玄奘译，《大正藏》编号2031，第49册，第17页。

隐伏，事须标榜其名，显置其状，则使见者发心，识幽明之协护矣！①

图经中所说印度的戒坛其实就是佛塔，佛塔按须弥山形建造，分为两层，虽然没有说塔基形状，但因两层四角立石柱，所以塔基应该为方形。柱上雕塑神王像，四周栏盾上雕刻金翅鸟衔龙，塔身并列龛窟中是神王菩萨，这是大乘佛寺佛塔的装饰形制。杰玛尔堡佛寺显然属于声闻乘，其龛中佛像的排列应该是按照苦、集、灭、道四圣谛而来。而《四谛论》记载了四圣谛一时现观，并且特别指出分别说部认为可借此修解脱门：

> 四相不同，云何一时而得并观者？答：由想故。经中说："修习无常想，拔除一切贪爱。"是想境界，即是苦谛；一切贪爱，即是集谛；拔除，即是灭谛；无常想，即是道谛；以是义故，虽四不同，一时得见。复次、由思择故，如经言："因无常等想，思择五阴，贪爱，未生不得生，已生则灭。"此中五阴，即是苦谛；贪爱，即集谛；不生及灭，即是灭谛；无常等思择，即是道谛；以是义故，一时得见四谛。复次、由观失故，如经言："观结处过失，贪爱即灭。"结处，即苦谛；贪爱，即集谛；灭，即灭谛；过失观，即是道谛；以是义故，一时见谛。
> ……
> 分别部说：若聚苦相观，达生灭心，厌有为，修无愿解脱门。若观有为，唯有生灭，不见余法，修空解脱门。若观寂静，不见有为，及生灭相，修无相解脱门。此中苦相，即是苦谛；相生，是烦恼业，即是集谛；相灭，即是灭谛；是法，能令心离相，见无相，即是道谛。若见无为法寂，离生灭，四义一时成。异此无为寂静，是名苦谛；由除此故，无为法寂静，是名集谛；无为法，即是灭谛；能观此寂静，及见无为，即是道谛；以是义故，四相虽别，得一时观。②

---

① 〔唐〕道宣：《关中创立戒坛图经》，《大正藏》编号1892，第45册，第808—809页。
② 〔印〕婆薮跋摩：《四谛论》卷一，〔南朝陈〕真谛译，《大正藏》编号1647，第32册，第377—378页。

法藏部与分别说部渊源甚深,《杂阿毗昙心论》也记载法藏部有四圣谛一时现观:

> 昙无得等,说一无间等。……说一无间等者,彼说:于谛一无间等,何以故?信圣贤故,如世尊说:"比丘于苦无疑,集亦无疑,灭、道,亦如是。"如灯俱作四事,热器、烧炷、油尽、破暗;如是一智,知苦乃至修道,是故一无间等。①

(三)菩萨信仰

据坎宁安记载,杰玛尔堡佛寺遗存的造像数量明显多于塔赫特巴希佛寺。并且提到在杰玛尔堡佛寺的支提殿中树立了很多帝王造像,颈上和臂上戴着珠宝,而后来的印度考古学家认为那是菩萨像,其中就有弥勒菩萨。关于法藏部的菩萨信仰,《三论玄义》中有记载:

> 三百年中从正地部又出一部。名法护部。其本是目连弟子。得罗汉恒随目连往色界中。有所说法皆能诵持。自撰为五藏。三藏如常。四咒藏。五菩萨藏。有信其所说者。故别成一部也。②

窥基在《异部宗轮论述记》中也曾言:

> 法藏者。部主名。亦名法密。密之与藏义意大同。法藏、法密二义皆得。此师含容正法如藏之密。故言法密。从人以立部主名。此部师说。总有五藏。一经。二律。三阿毗达磨。四咒。即明诸咒等。五菩萨。即明菩萨本行事等。既乖化地本旨。遂乃部分。他不信之。遂引目连为证。菽者豆也。上古有人嗜绿豆。子采以为食。遂得成仙。目连是彼仙种。故言采菽氏也。或言。仙

---

① 〔印〕尊者法胜:《杂阿毗昙心论》卷十一,〔南朝宋〕僧伽跋摩、惠远译,《大正藏》编号1552,第28册,第962页。
② 〔隋〕吉藏:《三论玄义》,《大正藏》编号1852,第45册,第9页。

人食豆。此是彼种。氏谓族类。此部引目连说。有五藏证也。①

因此，法藏部被认为设有五藏，除经律论外，还有菩萨藏和咒藏，因其有菩萨崇拜才从化地部分出。

坎宁安认为杰玛尔堡佛寺佛像基本都饰金，整体建造金碧辉煌，有可能为皇家寺院。塚本启祥曾提出在孔雀王朝之后的印度历史上，可以从各地佛教遗存看到各个王朝与佛教部派的关系，比如印度巽伽王朝时期建造的巴尔胡特、桑奇佛塔；贵霜王朝与印度北部犍陀罗和马图拉遗址的关系，以及这些王朝与阿旃陀（Ajanta）、根赫里等石窟寺的关系。如上所述，孔雀王朝没落之后，贵霜王朝与笈多王朝的出现引发了文化形式的区域化，也凸显出教团与当地支持者的关系。可以想见，之前由阿育王派遣的僧团，随着地区特色的发展而成长。② 以往学者都重视迦腻色迦王与佛教的关系，对这一时期转轮王思想与弥勒信仰的论述颇丰。而从杰玛尔堡佛寺遗存的钱币种类数量来看，该佛寺的僧团却是在迦腻色迦王的继任者胡毗色伽王时代得到了长足的发展。而胡毗色伽王并不是佛教徒，他支持波斯拜火教和希腊宗教等外来宗教。笔者认为，佛教僧团往往为了得到对佛教不够友善的王权的支持，更会迎合上意，作出变革，这在中国佛教的发展史上有很多例证。季羡林曾提出弥勒信仰的兴起与波斯密特拉信仰有关，所以马尔丹地区的佛寺很可能是在迦腻色迦王时期发展的基础上，在胡毗色伽王时期更多地吸收了希腊、波斯的文化和艺术等元素，杰玛尔堡佛寺也因此发展了以弥勒菩萨为主的菩萨信仰和佛像雕刻艺术。

五、结语

法藏部流传至今的文献丰富且零散，佛教典籍的翻译、文献的形成、宗教艺

---

① 〔唐〕窥基：《异部宗轮论疏述记》，《卍续藏》编号844，第53册，第577页。
② 〔日〕塚本启祥：「インスクリプションと部派」、『印度學佛教學研究』vol. 9、no. 1、1961年、74—82頁。

术的发展与文化的交流传播在历史事实中是交融共生的，其本质是同一思想在不同领域的呈现。不同的领域给了我们分述的空间，而现有研究侧重于写本的校勘与整理，对法藏部思想或概念在其经典里的具体内涵的讨论还有待深入。本文梳理了以杰玛尔堡佛寺为代表的马尔丹地区佛教遗迹，考证了围绕"杰玛尔堡第359年铭文"其纪年和部派研究中的抵牾之处，用我国旅顺博物馆藏的四件出自该寺院的石刻进行了补遗。从法藏部图像与佛典的比对上看，杰玛尔堡寺院塔基栏盾、造像遗存中有与汉译《四分律》《长阿含经》相对应的图像，表明了法藏部教义含有多佛思想、弥勒信仰和菩萨崇拜，通过进一步对该寺庙遗存和造像艺术的分析阐释，能够更细腻地勾勒出法藏部僧团在历史进程中的演进轨迹。

［责任编辑：张幸］

觉醒与依附：论古勒扎尔短篇小说中的女性形象塑造

李宝龙 *

摘要：古勒扎尔是印度当代极具影响力的乌尔都语作家。其乌尔都语短篇小说创作题材丰富，描写对象广泛，针砭时弊、反映社会民生，受到了印度文学界的广泛关注与高度认可。他以女性为主题的短篇小说创作，为读者勾勒出一幅印度当代女性画卷，塑造出了包括敏感早熟却仍难掩懵懂之气的少女、隐忍服从的传统妇女、觉醒但却依附于男性的当代新女性等不同年龄、阶层与类型的女性形象。这些女性形象是对印度传统文化的继承与反叛，是女性与文化的双重叙事。小说着重关注女性的情感生活、社会家庭地位，以及女性权利等多方面内容，反映出印度女性在社会家庭生活中面临的"失语""边缘化"与"被剥削"等问题，揭露了印度女性在传统社会中遭遇的种种不公待遇和苦难，表达了古勒扎尔对印度当代女性社会家庭地位的关注与思考。

关键词：古勒扎尔；乌尔都语短篇小说；印度女性形象；形象建构；印度文学

古勒扎尔（Gulzar）本名森布尔纳·辛格·卡尔拉（Sampooran Singh Kalra），是印度当代著名乌尔都语作家，其创作涉及短篇小说、诗歌、电影与音乐等多个领域，成果丰硕。其中，短篇小说的影响力最大。他被认为是印度当代乌尔都语文学界"继赛义德·穆罕默德·阿什拉夫（Syed Muhammad Ashraf）和萨拉

---

* 李宝龙，西安外国语大学亚非学院·区域国别学院副教授，主要研究方向为乌尔都语言文学、南亚区域国别研究、非通用语教学。

姆·宾·拉扎格（Salam Bin Razzaq）后的代表小说家之一"①。2002 年，古勒扎尔的短篇小说集《烟》（*Dhuan*）获得印度文学院奖（Sahitya Akademi Award），这是他在文学领域获得的最高奖项，其短篇小说创作也随之受到学界的普遍关注。

古勒扎尔于 1948 年前后开始进行短篇小说创作，他将早期创作的小说发表在《20 世纪》（*Biswin Sadi*）和《明灯》（*Shama*）等印度著名乌尔都语文学刊物上，不久就在文学界崭露头角。1997 年，他的首部乌尔都语短篇小说集《烟》问世，该集汇编了他在各类文学刊物上发表的 27 篇乌尔都语短篇小说。1999 年，其印地语小说集《穿越拉维河》（*Raavi paar*）出版，该集同样收录了 27 篇短篇小说，其中有 24 篇与小说集《烟》所录重合，故被认为是《烟》的印地语版本。2013 年，英文版短篇小说集《半个卢比》（*Half a Rupee*）由企鹅出版社出版。该小说集由森乔耶·谢克尔（Sunjoy Shekhar）翻译，包含了古勒扎尔在各类刊物中发表的 25 篇短篇小说的英文译本。古勒扎尔的短篇小说题材丰富，描写对象广泛，内容涉及社会生活的方方面面。正如印度文学院前院长、乌尔都语文学评论家高比·昌德·纳兰格（Gopi Chand Narang）在《烟》的序言中所述："在这些短篇小说中，我们可以找到各式各样的人，他们或高或矮，或胖或瘦，男人或是女人，老人、孩子或是年轻人，同时可以看到他们的所作所为。"② "每读一篇小说，生活阅历及视野都会随之变化，变得越发广阔。"③ 总体而言，古勒扎尔的早期作品大都具有浪漫主义色彩，侧重从主观内心出发，或直接抒发"真情实感"，或借"他人之口"间接倾诉"心声"，表达对理想世界的向往和追求。随着创作日趋成熟，其作品倾向使用现实主义创作手法，描写包括印巴分治、女性和社会底层民众生活等内容，旨在通过文学创作揭示与批判印度传统社会的痼疾。

女性是古勒扎尔小说创作的重要题材。他着重关注女性情感生活、社会家庭地位、女性权利等多方面内容，塑造出大量不同阶层、不同性格的女性形象，集中反映了印度女性社会家庭地位低下、缺乏自主意识和独立生活能力等一系列问

---

① Rizvanul Haque, *A Critical Study of "Dhuaan": A Collection of Short Stories by Gulzar*, M. Phil. Dissertation, Nehru University, 1999, p. 123.

② Gulzar, *Dhuan*, New Delhi: Sahitya Academy, 2004, p. 12.

③ Gulzar, *Dhuan*, New Delhi: Sahitya Academy, 2004, p. 10.

题，揭露了印度女性在传统社会中遭遇的种种不公待遇和苦难。本文选取古勒扎尔女性题材短篇小说创作的代表性作品，对其笔下不同类型的典型女性形象进行归类分析并解读其内涵，以期窥视特定历史条件下印度女性受到的种种压迫，以及作家女性题材小说的关注重点与创作特色。

一、懵懂与敏感：早熟的少女形象

少女形象是古勒扎尔女性题材小说刻画的一大类别，以此为叙事主体的小说多为古勒扎尔早期创作的作品，代表作是《纸帽》（*Kagaz ki Topi*）与《古蒂》（*Guddi*）。无论是在社会生活还是文学作品中，少女都被普遍认为是懵懂天真、柔弱敏感的代名词。在印度，宗教传统与历史文化的特殊性使"男尊女卑"的思想"深入人心"。印度女性地位低下的问题一直以来都受到广泛关注，传统文化中的"童婚""嫁妆"等制度更是给人留下印度女性，尤其是涉世未深的少女们"思想保守""与世隔绝"的刻板印象。但古勒扎尔笔下刻画的少女形象似乎都略显"早熟"，《纸帽》与《古蒂》的主人公也并非传统意义上"大门不出"的印度少女，她们特点鲜明，或敏感脆弱或古灵精怪，都在懵懂年华对爱情浅尝辄止。

《纸帽》以第一人称视角讲述了少女穆尼和"我"之间懵懂的爱情故事。穆尼从小美丽聪颖，深受朋辈喜爱，是"过家家"时公选的美丽"新娘"。我却相貌平平，无论如何努力，始终不能获得"新郎"的角色。但我因会叠纸玩具受到玩伴们的欢迎，穆尼对我的态度也因这些折纸有所转变。尼勒杰是小伙伴中的"小霸王"，常以欺人为乐，我对他"恨之入骨"却又无可奈何。十余年后，我移居孟买，机缘巧合下与穆尼恢复联系，她"显得成熟不少，但慢慢又显示出了她的幼稚。没过几天，她就变回了童年的穆尼，顽皮、淘气。她保持矜持时我的日子还好过些，一旦她放开，那我准倒霉"[1]。熟络之后，互相"嫌弃"与整蛊成为我俩的日常，朝夕相处中两人关系迅速升温。但作为一个"直男"，在

---

[1] 〔印〕古勒扎尔：《烟》，张亚冰、李宝龙译，中国大百科全书出版社，2020，第97页。

穆尼和我分享学校情侣间发生的趣事时，我总是抓不到重点，这让穆尼很是"恼火"。

我与穆尼的"二人世界"未能长久。尼勒杰退役后也来到了孟买，他一改"小霸王"姿态，很快与大家打成一片，经常组织玩各种游戏，穆尼则全部捧场。这让我"不明原因"地很不舒服，于是决定远离他们，自己一个人活动。可一味疏远不是解决问题的有效办法。没过几天，穆尼怒气冲冲地来找我，质问我为什么私藏她的照片并要求我归还。我怒火中烧，将照片撕碎扔了出去。穆尼一下子呆住，愣了一会一言不发地走了。自此我俩互不理睬。直到一晚穆尼来找我，告诉我她要离开孟买，而我则以"好消息"三个字回复她。穆尼沉默了好久，我感觉她要哭起来了，便想上前安慰她，"但她朝门的方向退后了几步，好像身后藏着什么，我想抓住她的手，但她跑掉了。手里的纸片掉落在我身旁，我看到了她用报纸叠成的一顶帽子……"[1] 这时的我才明白，原来穆尼的心上人是我。

两个年轻人在幼年玩耍中或已互生情愫，少年再遇后走向相知，但因在懵懂中邂逅爱情，不得相爱之法而相互错过。尤其是渴望爱情的穆尼，她并不像传统少女那样被锁于深闺，她开朗美丽，是所有伙伴们心中的"女神"。在面对爱人时，少年的懵懂让她不懂得如何表达爱意，只能通过"嫌弃"与调侃之法与爱人相处。心上人的木讷寡言甚至使她只能试图通过"靠近他人"来检验男生是否爱自己。这种尝试未能达到理想效果，还在不经意间伤害了情郎，使内敛的男生不得不克制感情。两人最终分道扬镳。

《古蒂》讲述了花季少女库苏姆"求爱失败"的故事。库苏姆自幼就是家中的"小大人"，被家人们唤作"古蒂"[2]。"八年级时，她就像十年级的女孩子一样讲话，进入九年级后，她感觉自己和姐姐一样上了大学。她开始模仿姐姐写日记，开始变得喜怒无常，也开始像姐姐一样在镜子前花上几个小时梳妆打扮。"[3] 古蒂自觉成熟，在面对母亲的唠叨、姐姐给自己做沙丽却给她做连衣裙时，其花季少女的敏感与叛逆被激发出来。她向家人大声据理力争，希望得到他们的认可。古蒂不理

---

[1] 〔印〕古勒扎尔:《烟》，张亚冰、李宝龙译，中国大百科全书出版社，2020，第100页。
[2] 乌尔都语本意为"布偶"，可作人名，也可用作印度人对姐妹等亲近女性的称呼。
[3] 〔印〕古勒扎尔:《烟》，张亚冰、李宝龙译，中国大百科全书出版社，2020，第101页。

解家人为什么还把她当孩子，甚至认为自己比姐姐成熟。这种极度渴望被认可的情绪使她更加在意精神上的获得感，她要证明自己是个大人。情窦初开的古蒂喜欢上了电影演员迪利普·库马尔，在她眼中，"爱人"迪利普是完美的。她甚至不惜多次逃课去电影院与心上人"幽会"，当迪利普在电影中遇到危险时她也感同身受，心如刀割。每当看到电影中迪利普的女伴，古蒂都会喃喃自语："那个来自马德拉斯的胖女人维贾雅蒂玛拉为什么总是粘着他？"① 她自责为什么不能在迪利普身边照顾他，这样他就不会和其他人在一起了。但因没同心上人见面的机会，她只能拿出迪利普和维贾雅蒂电影的剧照，把维贾雅蒂的部分剪掉扔出窗外，将另一半珍藏起来。

终于，古蒂等到了与爱人见面的机会。舅舅要带全家去参观迪利普拍电影。家人认为古蒂还小，看不懂电影，便调侃她只能去要张签名。古蒂对家人的调侃十分反感，心想："等你们看到迪利普充满爱意地看向我，你们就会知道我已经长大了！"想到这儿，她冲进卧室，坐在梳妆台前开始打扮自己。② 但她万万没想到，当她到达片场见到梦中情人时，迪利普正在和维贾雅蒂拍摄表白桥段。只见他拉着维贾雅蒂的手说："从今天起，这世界上没有谁能把你从我身边夺走！你永远都属于我！跟我走，好吗？"③ 听到这儿，女主爱意满满地将头埋进迪利普的胸膛。古蒂气得浑身发抖。家人怂恿她去索要签名，她带着哭腔拒绝后跑回家，取出珍藏的迪利普照片，揉碎后扔了出去，随即趴倒在床号啕大哭起来。

少女库苏姆对爱情懵懂敏感，在情窦渐开的年龄"私定情郎"，对情郎的爱恋甚至让她不能区分现实与幻境。她不能接受他人对自己爱情的否认，喜欢将银幕中刻画的理想主义配偶与现实人物作比较，更是在目睹爱人和他人"暧昧"后崩溃大哭，这些行为都展示出少女对于完美爱情的渴望与向往。古勒扎尔的这两篇小说将花季少女作为叙事主体，关注她们在成长中寻觅爱情的种种尝试，记录在此过程中遇到的现实困境，反映了印度当代社会少女在两性关系中的边缘处境与诉求，表现了女性在感情中的压抑状态与苦闷心情。

---

① 〔印〕古勒扎尔：《烟》，张亚冰、李宝龙译，中国大百科全书出版社，2020，第102页。
② 〔印〕古勒扎尔：《烟》，张亚冰、李宝龙译，中国大百科全书出版社，2020，第104页。
③ 〔印〕古勒扎尔：《烟》，张亚冰、李宝龙译，中国大百科全书出版社，2020，第104页。

二、隐忍与服从：传统的印度女性

印度传统女性书写是古勒扎尔女性题材小说的主要组成部分，他在短篇小说中刻画出数量众多的传统女性形象，代表作有《男人》(Mard)与《把她嫁出去》(Haath Peeley Kar Do)等。印度传统女性一直是作家文学创作的重要对象，作家通过描写她们低下的社会家庭地位，揭示出传统女性在印度男权社会中缺乏平等的家庭与经济地位等现实问题。"印度的女性在婚后从其父亲的家庭转移到丈夫的家庭中，经济上缺少独立性。大多数女性并不参与正规的就业，她们的主要工作在家庭之中。"[1] 古勒扎尔也不例外，他在小说中描写了印度传统女性在社会家庭生活中的"无力抗争"与"被迫顺从"，侧面展示出印度传统女性隐忍与服从的特质。

《男人》讲述了离异母亲勒玛经历前夫出轨后重获爱情，却遭到儿子反对的故事。勒玛的丈夫巴赫西出轨，面对妻子的"质问"，他从未给出任何解释。一旦勒玛刨根问底，便会招来一顿暴打。家里紧张的氛围使两人不得不把儿子伽布送往寄宿学校，以免他受到伤害。即便被发现，巴赫西也未停止出轨，反而变本加厉。貌合神离的婚姻使家庭主妇勒玛不得不重回银行工作，靠自己赚取儿子的生活费并时常补贴父亲。父亲一眼看出端倪，询问勒玛婚姻是否出现了问题。勒玛的回答则是："没有啊，爸爸，每家每户都有些小的家庭问题，但自从伽布去了寄宿学校，我心里就觉得空落落的。"[2] 勒玛夫妇最终决定协议离婚。但面对9岁的儿子，两人不知如何开口，便决定暂时瞒着儿子。离婚手续拖了1年，其间两人时常一起去看望儿子，但无论如何卖力表演，儿子还是有所察觉。

巴赫西的婚外情并未长久，或许因为颜面扫地，他不久便调到了另一个城市工作。可他忘了单凭勒玛一人是无法"演出"的。于是勒玛决定告诉儿子实情，可儿子的反应却一反常态，还没等母亲安慰他，伽布便抱住母亲说："我在呢，妈

---

[1] 陈金英：《当代印度女性政治参与研究》，《国外理论动态》2020年第4期，第148页。
[2] 〔印〕古勒扎尔：《烟》，张亚冰、李宝龙译，中国大百科全书出版社，2020，第87页。

妈，你的儿子。"①此时的伽布，更像是一位能挑起家庭重任的成年男子。经过4年调整，勒玛鼓起勇气接受了一段新的感情，两人登记结婚后，勒玛很快怀有身孕。面对日益凸显的肚子，勒玛不知如何向13岁的儿子解释，毕竟他还只是个孩子。转眼儿子放假回家，勒玛正在酝酿如何开口，却听到儿子房内传出玻璃破碎的声音，勒玛前去查看，只见伽布将花瓶摔在地板上，手也被划破了。没等勒玛上前，儿子便大喊道："你怀孕了！谁的孩子？勒曼叔叔的？杂种！"②那一刻，勒玛感觉听到的不是儿子伽布的声音，而是前夫巴赫西的。

  在小说中，勒玛在感情受挫时对生活失望透顶，但想到儿子还未成年，不得不努力工作，希望凭借一己之力将儿子抚养成人。可喜的是，儿子在家庭出现变故后很快成长，他具备一定的自主能力，并未让母亲过多担心自己的生活和学习。然而，数年过去，就在勒玛开始新生活时，"成年"的儿子却成为她追求幸福的拦路虎。面对儿子的质问和辱骂，作为男权社会中的"他者"，勒玛唯一能做的只有隐忍并向他做出解释，鼓足勇气才获得的爱情最终却被曾经的希望撕碎。勒玛作为传统女性的代表，终究未能逃过印度"从父、从夫、从子"的传统。正如印度教经典《摩奴法论》中所述："女子应该昼夜被自己的男子置于从属地位。"③"女子必须幼年从父、成年从夫、夫死从子；女子不得享有自主地位。"④

  《把她嫁出去》讲述了青年玛尔媞自由恋爱的悲剧与中年玛尔媞"催女出嫁"的故事。玛尔媞出生在一个传统印度教家庭，她自幼懂事乖巧，善解人意，对父母言听计从，唯在感情方面显露出了些许"主见"。她与卡车司机拉姆纳特相爱，拉姆每天开车来找她，以鸣笛三声为号相约爱人，玛尔媞则以去伙伴家玩耍为由出门，那是两人每天最开心的时刻。可一回到家中，等待玛尔媞的就是繁重且机械的家务。两人迅速升温的秘密恋情很快被母亲逮了个正着，母亲对未来女婿并不满意。就这样，玛尔媞被妈妈无情地拽回了家。"当晚，玛尔媞躺在床上大哭不止，父母则耳语到深夜。玛尔媞只听到一句话'女儿已经长大了，找个好人家把

---

① 〔印〕古勒扎尔：《烟》，张亚冰、李宝龙译，中国大百科全书出版社，2020，第88页。
② 〔印〕古勒扎尔：《烟》，张亚冰、李宝龙译，中国大百科全书出版社，2020，第89页。
③ 〔印〕《摩奴法论》，蒋忠新译，中国社会科学出版社，2007，第177页。
④ 〔印〕《摩奴法论》，蒋忠新译，中国社会科学出版社，2007，第106页。

她嫁出去吧'。"① 与此同时，居民区内一个"小偷"翻墙入院，恰巧被保安抓获，居民将其暴打一顿后交给了警察。两天后，"小偷"死在了警局，他其实就是想去见玛尔媞的拉姆。就这样，一对年轻人的爱情最终成为一场悲剧。

　　转眼数十年过去，玛尔媞早已嫁人并育有儿女。她也成了当年的"母亲"，把女儿乐达呼来唤去做家务。乐达是个聪明的姑娘，是玛尔媞夫妇的骄傲。但街坊邻里却传出风言风语，说乐达私下与杂货店老板的儿子约会。玛尔媞强忍愤怒指责了街坊，在她看来，女儿乐达内敛腼腆，根本不会多看男性一眼，更不要说和男生约会了。一日，玛尔媞正在做饭，突然听到屋外传来"哔哔！哔哔！哔哔！"的喇叭声，她突然怔住，发疯一般地跑进屋，却看到女儿乐达睡得正香。她长出一口气，边端饭边对丈夫说："我在想，女儿已经长大了，找个好人家把她嫁出去吧。"②

　　时隔数十年，亲历爱情悲剧的玛尔媞在看到碎片化场景时唤起了内心年少时"逐爱"的残留记忆，回忆起刻骨铭心的爱情。如今她已为人母，和丈夫共同拥有女儿终身大事的决定权，却因担心女儿重蹈覆辙，走上自己的老路，终究向现实妥协，决定为女儿张罗婚事。就这样，毫无自主意识的乐达在婚姻大事上被迫服从父母的意愿与安排，成为第二个玛尔媞。古勒扎尔刻画的传统女性形象是对印度传统女性"依附于男性"且"自主意识不强"现状的反映。在他笔下，印度传统女性世代接受传统文化教育，她们在社会家庭生活中面临种种质疑并受到各种"安排"，最终在男权社会中成为封建传统的附属品与牺牲品。

三、觉醒与依附：当代社会新女性

　　当代新女性形象塑造是古勒扎尔女性题材小说创作的重要内容，代表作有《日落大道》(*Sunset Boulevard*)和《账本》(*Hisab Kitab*)等。《日落大道》和《账本》中的女主人公是印度当代新女性的代表，她们或在某个领域颇有建树，或受过高等教育。古勒扎尔通过塑造这一系列女性形象，展现出印度当代新女性的自

---

① 〔印〕古勒扎尔：《烟》，张亚冰、李宝龙译，中国大百科全书出版社，2020，第81页。
② 〔印〕古勒扎尔：《烟》，张亚冰、李宝龙译，中国大百科全书出版社，2020，第82页。

我意识觉醒以及与社会痼疾对抗等内容。但遗憾的是，这些新女性无一例外地在以男性为核心的印度传统社会中面临相同的悲惨结局，这是古勒扎尔短篇小说中新女性形象塑造的主要特点之一。

《日落大道》讲述了退休女星贾鲁丽达的悲剧故事。贾鲁年轻丧偶，凭借自身努力成为当红女星，在娱乐圈风靡一时，坐拥粉丝无数。退休后，她"隐居"在孟买的近郊小镇。刚淡出荧幕时，尚有记者前来采访她，这让她心中暗喜，觉得经过不懈努力，自己终于成了一名成功的印度女性。但日复一日，当年的"女神"逐渐被人遗忘，家中的经济状况也是江河日下。贾鲁不能接受过气的现实，她坚持认为自己曾是万众瞩目的焦点，现在仍能作为"优质女性"引领潮流。无形之中，无尽的精神压力导致她患上了严重的心脏病。医生表示，如果继续这样下去，很可能会造成不可挽回的后果。

一日清晨，贾鲁告诉管家今天有位叫戈帕尔达斯·米什拉的作家要来采访自己。她言语举止间透露出异常的兴奋，对管家指指点点，吩咐他收拾好家中的每一个角落。不久，米什拉先生到达，贾鲁仍像当红明星一样从楼梯走下来，仿佛正在拍戏一般。贾鲁带着米什拉参观别墅，其间她侃侃而谈，兴奋地向米什拉介绍着苦心建造的小家，回忆着当年的辉煌。谈到亡夫时，贾鲁一度哽咽，但米什拉似乎对这一切并不感兴趣。恢复平静的贾鲁似乎也察觉到了，便问米什拉："您有什么要问的吗？"[①] 对方随即问道："这房子的面积是多少？"[②] 贾鲁一脸茫然，之前的兴奋与好客烟消云散。"您的经纪人让我来看看房子，这房子可能很快就要出售了！……我叫提勒杰·米什拉，我是地产经纪，专做不动产生意。"[③] 贾鲁面色通红，挥了挥手让他出去，可米什拉继续喋喋不休。贾鲁愤怒至极，咆哮着将他赶出门外。就在她转身上楼时突然心脏病发，跌倒在楼梯上，再也没有起来。

《日落大道》中的贾鲁是古勒扎尔笔下自我意识觉醒的新女性代表。她不同于终日与"柴米油盐"为伴的印度传统女性，通过自身努力成为著名演员，实现了个人价值，即便在退休后仍保持高雅的生活。但也正是出众的前半生与"没落"的现状

[①] 〔印〕古勒扎尔：《烟》，张亚冰、李宝龙译，中国大百科全书出版社，2020，第93页。
[②] 〔印〕古勒扎尔：《烟》，张亚冰、李宝龙译，中国大百科全书出版社，2020，第93页。
[③] 〔印〕古勒扎尔：《烟》，张亚冰、李宝龙译，中国大百科全书出版社，2020，第94页。

使她的性格变得脆弱敏感，也更加渴望得到人们的认可与关注。但命运似乎并未眷顾这位同传统抗争的印度新女性，在久违的"采访"中，她费尽心思介绍自己曾经的辉煌，却在得知来人是因其破产来收房后受到心理重创突发急症身亡，令人唏嘘。

《账本》讲述了拉姆·库马尔老师为女儿乌霞寻觅配偶的闹剧。乌霞在父亲库马尔老师的培养下接受了良好的教育，获得了学士学位。毕业后，她向父亲申请外出工作，开明的库马尔没有拒绝。他唯一担心的是，走出闺房接触社会的女儿没有鉴别能力，稀里糊涂地决定自己的婚姻大事。可令他没想到的是，乌霞在谈及婚姻时"低下头，十分尊敬地说道：'您来定吧，我听您的。'"[1]。这让库马尔欣慰不已。乌霞通过三四年的努力工作帮助全家摆脱了经济负担。但随着年龄的增长，乌霞的个人问题成了库马尔的"新负担"。提亲的人很多，但总因高昂的嫁妆问题不欢而散。毕竟，库马尔已将全部积蓄花在乌霞的教育上，家里刚刚摆脱经济困境，剩下的只有居住的小房子，再无力支付高额的嫁妆。

迪纳·纳特与儿子瑟尔文经营着一家喷绘店，小店经营有方，生意很好。一日，库马尔拿着女儿用粉笔写好的样例来喷绘店做牌匾，迪纳对清秀的字迹很是好奇，便和库马尔聊了起来。得知乌霞的状况后，迪纳赞不绝口。一来二去，两位父亲对彼此子女都有了充分的认识，言谈之间，迪纳表示："我支持女孩子去工作，她们需要走出厨房去看看外面的世界。我认为，她们要自力更生，不仅要自己站起来，还得用自己的脚向前走，甚至奔跑！"[2] 库马尔十分认同迪纳的观点，两人随即安排了儿女见面。之后，库马尔对乌霞说："迪纳·纳特先生觉悟很高。你说，现如今你到哪儿去找一位这样的公公？他跟我说'我不要一分钱的嫁妆，你就把女儿平日穿的衣服送来，您女儿在这儿仍有绝对的自由去继续工作。'我特别惊讶，他说'乌霞要想嫁到我家做儿媳，条件就是她必须继续工作，我不需要一个困在厨房里的奴隶。'"[3] 就这样，摆脱嫁妆困扰的库马尔愉快地确定了女儿的婚事。可在男方家，迪纳一改往日的高谈阔论，低声向妻子解释道："祖宗啊！你这是生什么气？你陪嫁来的黄金还剩下多少？一些用来装饰店铺，一些用来交税了。我们这次弄来的

---

[1]〔印〕古勒扎尔：《烟》，张亚冰、李宝龙译，中国大百科全书出版社，2020，第83页。
[2]〔印〕古勒扎尔：《烟》，张亚冰、李宝龙译，中国大百科全书出版社，2020，第84页。
[3]〔印〕古勒扎尔：《烟》，张亚冰、李宝龙译，中国大百科全书出版社，2020，第85页。

可是活生生的黄金啊！嫁妆和工资全有！她每月赚 1400 卢比，而且绘画技术很好，这样我们就可以省下店里每个月 1200 卢比雇佣画工的钱了，不是吗？"①

乌霞不同于印度传统女性，她在教师父亲的支持下读书、工作，帮全家摆脱了经济负担，成为家庭经济的"顶梁柱"。但面对终身大事时，乌霞一改在学业和事业上的闯劲儿，回归印度传统，同意由父亲为她选择配偶。无疑，乌霞是兼具现代性与传统性的当代新女性代表，但其形象的"新"是不彻底的，她只在印度传统女性受教育与工作方面进行了"变革"，并未争取婚姻自主权。在印度传统社会背景下，女性只在学业和事业上取得成功并不能改变她们依附于男人的结局，其婚姻也注定是一场闹剧。以"账本"为题，也是对印度男权社会下女性劳力惨遭压榨的讽刺。古勒扎尔对乌霞形象的刻画将女性在现代性与传统性之间的矛盾呈现出来，表达了新女性在面对男权社会时不得不与现实达成和解的苦闷心情，同时暗示了当代社会新女性抗争的不彻底性，引发读者深思。

四、结语

古勒扎尔短篇小说塑造的女性形象是对印度传统文化的继承与反叛，是女性与文化的双重叙事。在印度男权至上的传统社会背景下，古勒扎尔通过短篇小说创作向外界传递着印度男性作家眼中的印度女性形象，描绘了印度女性低下的社会家庭地位与艰难的生活环境，为读者生动再现了不同时期、不同类型印度女性的人生命运与心路历程，勾勒出一幅印度女性生活图景。这些女性形象的经历与遭遇各不相同，她们或在追求爱情时被异性的幼稚木讷与残酷现实所伤，或在男权社会中"面对现实"后无奈隐忍妥协，或在"传统"与"现代"的对立中延续着印度女性的悲惨命运。但无论是主动妥协或尝试反抗，古勒扎尔笔下的各类女性都终究逃不出依附于男性的相同结局。

［责任编辑：张亚冰］

---

① 〔印〕古勒扎尔：《烟》，张亚冰、李宝龙译，中国大百科全书出版社，2020，第 85 页。

印度汉语教育百年史评述及其发展前景展望[*]

章立明[**]

摘要：从 1918 年加尔各答大学开设以东方学研究为导向的汉语课程，到 2022 年 6 月中国驻印大使馆主办的第 21 届"汉语桥"世界大学生中文比赛印度赛区决赛落下帷幕，印度汉语教育已历经百年的发展，过程深受世界历史中的中国移民潮、大国关系以及地缘政治等复杂因素影响，使得印度汉语教育的发展始终具有自身的走向与鲜明的特点。虽然早期的印度汉语教学与欧陆东方学传统有着千丝万缕的联系，但是印度汉语教育理应成为促进中印两国民心相通的纽带，并最终成为中印友好关系的重要基石之一。也就是说，印度汉语教育不仅是中印人文交流的主要领域，而且还能促进不同文明之间的交流互鉴。通过梳理印度汉语教育百年发展史可以发现，语言教育与教育合作始终是中印人文交流的主要领域，发展印度汉语教育既是夯实中印两国战略互信的重要途径，也是促进不同文明交流互鉴的核心手段。现阶段应鼓励印度学生来华学习、开发印地语等大语种教材以及针对印度本土教师的专门培训等替代性方案，以迎接将来印度汉语教育的爆发式增长。

关键词：印度华文教育；汉语教育史；华文学校；中国学院；孔子学院（课堂）

---

[*] 本文系云南大学双一流建设项目（项目编号：2017sy10021）和云南大学 2018 年度重大培育项目（项目编号：18YNUZDP002）的阶段性成果。

[**] 章立明，云南大学民族学与社会学学院教授、博士生导师，研究方向为人类学南亚研究，曾任教于印度国际大学中国学院（2012—2013），并于 2019 年 8 月—11 月重访中国学院。

从 1918 年加尔各答大学开设以东方学[①]研究为导向的汉语课程，到 2022 年 6 月，第 21 届"汉语桥"世界大学生中文比赛印度赛区决赛落下帷幕，[②] 印度汉语教育已经历百年沧桑。然而，国内外学者的相关研究却相当欠缺，[③] 已有研究大多将 1937 年印度国际大学中国学院的成立看作是印度汉语教育的起点，然后划分出三个阶段，再细分为学历教育与社会培训两个类别进行论述。虽然包括印度孔子学院数量在内的印度汉语教育在世界上并不领先，但由于地缘政治与地缘文化的因素，印度汉语教育有其自身走向与鲜明的特点，客观全面地梳理印度汉语教育的百年历史，可以为相关研究提供必要的借鉴，我们也可以在此基础上对其未来的发展前景进行展望。

一、以加尔各答为中心的教育机构（1918—　）

在 1911 年之前的百余年间，加尔各答先是成为东印度公司的总部，随后又成

---

① 东方学是西方研究亚洲和非洲地区的历史、经济、语言、文学、艺术及其他物质文化的学科的总称，包括中国学（汉学）、西夏学、敦煌学、藏学、埃及学、赫梯学、亚述学、伊朗学、阿拉伯学、中东学、日本学以及印度学等类别。
② 2022 年第 21 届汉语桥印度赛区决赛由中国驻印大使馆主办，印度国际大学中国学院和孟买大学孔子学院协办。
③ 国内关于印度汉语教学的考察成果主要分为三类：第一，国内各大媒体驻外记者的通讯稿（如廖政军：《印度汉语教学圆桌会议召开 汉语需求旺但资源少》，中国新闻网，2012 年 8 月 10 日，https://www.chinanews.com/hwjy/2012/08-10/4097745.shtml；《"汉语热"在印度持续升温》，人民网，2018 年 4 月 26 日，http://world.people.com.cn/n1/2018/0426/c1002-29950816.html）；第二，印度来华留学生撰写的学位论文（如阿西：《印度汉语教学历史与现状分析》，上海师范大学硕士学位论文，2012），赴印度担任 3—7 个月汉语教育志愿者的中国学生撰写的学位论文（如潘典：《印度学生常用时间副词偏误调查分析——以印度国际大学中国学院为例》，云南大学硕士学位论文，2015）以及他们的教学体会（如郭菲：《我在印度的 701 天》，上海文化出版社，2018）；第三，少量学术论文（如〔英〕余德烁、段维彤、胡阳：《印度的中文教育：综述与评估》，《南亚东南亚研究》2020 年第 5 期，第 138—152 页；刘学敏：《南亚汉语教学之管见——记印度尼赫鲁大学东亚语言中心中文班》，《世界汉语教学》1991 年第 4 期，第 256—257 页；赵守辉：《印度国际大学中国学院的汉学研究与汉语教学》，《世界汉语教学》1996 年第 1 期，第 107—108 页；谷俊、杨文武：《印度汉语教学的发展状况、问题及对策思考》，《南亚研究季刊》2011 年第 1 期，第 102—108 页）。

为英属印度的首都,是近代印度教育、科学和文化的中心。[1]作为印度唯一有唐人街的城市,加尔各答开创了印度汉语教育的先河,包括为东方学研究者提供语言训练和为华裔后代准备的汉语方言教育两种形式。

(一)加尔各答大学的汉语班与汉语系

1918年,加尔各答大学(University of Calcutta)在印度历史与文化系中设立汉语班,开设与中国语言文学有关的课程。之后,两年制的汉语班逐渐升格为五年制的汉语系,为从事东方学研究的学者提供古代汉语知识的语言训练。当时的通行做法是由加尔各答大学的东方学教授给初学者开设汉语基础课程,然后再让有志从事东方学研究的学者前往欧洲攻读专业学位,最后再返回加尔各答大学执教并专职从事东方学研究。兹以师觉月(Prabodh Chandra Bagchi)的经历为例。从1921年起,已在加尔各答大学任教的师觉月跟随本校的两位日裔教授木村(Kimura)和增田(Masuda)学习汉语与日语,1922年他在印度国际大学跟随精通梵语、汉语与藏语的法国东方学家西尔万·列维(Sylvain Lévi)学习,并随列维前往尼泊尔收集梵文和藏文的佛经写本。1923—1926年,师觉月获得英属印度的政府奖学金前往法国留学,[2]在获得巴黎大学的文学博士学位后,返回加尔各答大学任教直到1944年离开。

加尔各答大学的汉语教育一直持续至今,即使在20世纪60年代中印两国关系处于低谷时期也没有中断过。截至2023年1月,笔者从相关网站上收集整理了印度各类教育机构的中文教育信息,目前,有49所机构能够开设全日制的中文学位课程以及非全日制的中文证书与文凭课程,而加尔各答大学就是其中之一。[3]

---

[1] 1840年,英国传教士罗伯特·马礼逊(Robert Morrison)的《广东省土话字汇》(A Vocabulary of the Canton Dialect)第2版在加尔各答问世。
[2] 1814年12月,法兰西学院在欧洲首设"汉语、鞑靼-满族语言与文学讲座"(简称汉学讲座),其中教习汉语就是一项重要任务。1840年法国教育部组建东方现代语言学院并于1843年开设汉语课程,在其影响下俄国、荷兰、英国和德国也相继把汉语列入大学课程,而巴黎成为欧陆学界的汉学之都。
[3] 这49所机构的详细名录及课程信息,参见 https://www.shiksha.com/humanities-social-sciences/languages/colleges/chinese-mandarin-colleges-india-2。

（二）加尔各答唐人街的华文学校

18世纪晚期，已有华裔[①]水手和贸易商等群体进入加尔各答郊区的钻石港。在随后的一个多世纪中，来自广东、湖北、山东等省份的华裔也陆续抵达印度，在加尔各答市区建起旧中国街和塔坝中国城两个唐人街。随着华人群体规模的增长，华人子女的教育成为不可忽视的问题。在20世纪早期，为了让身在异国他乡的后代不忘祖先之言，印度华裔开始利用各自的商会会馆开办学校，开设汉语教育课程。

随着在印华裔在经济方面的不断发展，"爱国华侨对于捐资办学的热情更加高涨，特别是民国政府对于华侨办学捐资给予很高的名誉上的奖赏，比如建牌坊，授官阶等，这些激励（措施）更激发了华侨们光宗耀祖，名垂青史的原始愿望，捐资出力者大有人在"[②]。由于创办印度华文教育事业的多是同乡会馆、华人教会乃至个人，其经费来源以侨胞募捐为主，捐资者包括就读的学生家庭以及当地的华商。这些学校主要以华文作为教学语言，学校大都选址在唐人街内，方便华裔家庭的学生能够就近走读。

在印度华裔中人数最多的是来自广东梅县的客家人，加尔各答最早与最著名的两所华文学校都是由梅县人捐建创办的，致力于培养梅县的客家子弟。1920年1月，梅县客家人在嘉应会馆创办了印度第一所华文学校——印京华侨小学，次年改称梅光学校，后来又设立了初中部，全称为梅光初中暨附设小学，学生最多时有500人，教职工15人。2001年，梅光学校因生源不足关闭。1925年，梅县客家人在旧中国街建起培梅学校，1934年开始在塔坝中国城筹建培梅学校的初中部——培梅中学，这所学校后来成为印度规模最大的华文学校，培养了三四代印度华裔。

[①] 国内学术界的通行做法是把20世纪60年代之前的海外华人统称为华侨，即"旅居国外的中国公民"，而把20世纪60年代之后的统称为华人，即"祖籍地为中国但已取得其他国籍的原华侨或华裔"；或者干脆就对两者等量齐观不加区分，直接以华人华侨这个组合词组来指称所有的海外中国人。这些概念在特定语境下容易引发争议，本文采用生物学上的血缘概念"华裔"（overseas Chinese descendants）就是为了减少歧义。

[②] 吴明罡：《近代南洋华侨教育研究——以新加坡、马来西亚、印度尼西亚为中心》，吉林大学出版社，2014，第53页。

二、中国学院与印度境内的华文教育机构（1937—1962）

由于20世纪30年代中印两国相继成立中印学会，[①] 以及20世纪40年代中国国民党与印度国民大会党在反法西斯战场的精诚合作，1937年成立的印度国际大学[②]中国学院不仅是彼时中印两国政党高层政治交往的产物，更是印度汉语教育人文交流的象征，特别是其毕业生对印度全境的汉语教育都起到了很大的促进作用。至此，印度汉语教育进入一个全新的历史阶段，且一直持续到20世纪60年代中期。

（一）印度国际大学的汉学研究部与中国学院

1921年12月22日，泰戈尔在圣地尼克坦（Santiniketan）创办印度国际大学（Visva-Bharati）。该校在开办之初就设有由月顶老人（Vidhushekhar Bhattacharya Shastri）任主任的汉学研究部，延请巴黎大学的列维担任讲授中国佛学的客座教授；1922—1923年，意大利藏学家朱塞佩·图齐（Giuseppe Tucci）也曾到访圣地尼克坦。而被金克木称为"汉学三博士"的师觉月、郭克雷（Vasudev V. Gokhale）和巴帕特（P. V. Bapat）分别在法国巴黎大学、德国海德堡大学和美国哈佛大学获得博士学位，他们都是通过汉文（或藏文）佛典与梵文版对照研究印度早期文化的杰出学者，且他们在留学之前都曾在国际大学的汉学研究部接受过基础汉语知识的培训。1945年中华民国政府在国际大学设立中国文化研究项目，由师觉月出任项目主任时，他们三人又再次齐聚圣地尼克坦的中国学院。

[①] 1934年5月，印度的中印学会成立，由泰戈尔担任主席，其子担任秘书长，参会人员中不少人都在独立后的印度政府中担任要职，印度首任总理尼赫鲁（Jawaharlal Nehru）担任中印学会的名誉主席。1935年5月，中国的中印学会在南京正式成立。蔡元培当选理事会主席，戴季陶当选监事会主席。虽然这是中印两国间第一个致力于中印文化交流的民间组织，但是与两国政要都有着千丝万缕的联系，因此中印学会具有半官方性质。

[②] 校名取自梵语Visva-Bharati，意为"一个使东西方精神交汇与交流的世界鸟巢"，中译为印度国际大学。1951年，印度议会通过决议，将该大学由私立变为国立，校长一职由每一届的印度总理兼任。

除了延请欧陆的东方学者从事汉语教学外，泰戈尔还从缅甸肯门鄢中文学校聘请校长林我将到圣地尼克坦做了两年的中文讲师。[①] 在1924年首次访华时，泰戈尔就萌生了成立一个中印文化传播场所的想法，他说："继往开来的事业，请从我的大学开始吧。"[②] 然而，由于精力和财力所限，泰戈尔无法实现这一愿望，而谭云山殚精竭虑，从中国筹得充足资金与十数万卷中文书籍，得以帮助泰戈尔圆梦。1937年4月，中国学院正式成立，它以开设藏-梵和汉-梵相结合的佛学讲座以及传播以古汉语知识为主的中国文化讲座见长，从而建立起中印文化传播的长效机制，培养出了包括白春晖（Vasant V. Paranjpe）、泰无量（Amitendranath Tagore）、普拉巴特·慕克吉（Prabhat Mukherji）、苏季子（Sujit Mukherji）和谭中等在内的一批印度汉学家，其中精通汉语的白春晖曾出任印度驻华大使。

1949年国民党败退之后，中国学院的财政来源被彻底切断，独立后的印度政府接手了国际大学的财政支出，因此，在20世纪50年代初期，中国学院还能维持一定的教学与研究规模。从1959年开始，虽然中印两国关系出现了紧张气氛，但由于谭云山"可以和尼赫鲁直接讲话，和中央部长可以直接通话，在大学里又是中国学院的院长"[③]，所以中国学院的发展暂时还未受到太大的影响。然而，自从1962年中印边境冲突爆发后，两国间的敌对气氛迅速影响到中国学院。当1967年谭云山从中国学院退休，学院交由印度国际大学校方管理后，中国学院的名称就从学校名录上彻底消失，代之以"中国语文文化系"的名称。

（二）印度境内的华文学校

二战期间，日本侵略军侵占中国大片领土进而将战火引到东南亚各国以后，大批来自我国华北、江淮和华南等地以及缅甸的华裔纷纷涌向加尔各答，从而使得加尔各答华裔人口数量激增。加之20世纪40年代中前期是彼时的中华民国的

---

① 郁龙余:《谭云山：殖民时期中印关系的伟大智者》,《湖南科技学院学报》2014年第11期,第36—43页。
② 宁军:《泰戈尔筹建中国学院始末》,《文史精华》2006年第4期,第56页。
③ 卓遵宏等:《浮尘掠影：李志夫先生访谈录》,"国史馆"（中国台湾）,2013,第104页。

国民党与英属印度的国大党在反日本法西斯战场上密切合作的时期，于是印度境内的华文学校不断增多。

印度国际大学中国学院的成立带动了加尔各答当地的华文传播。抗战前后，印度华裔开办的华文中等学校也陆续增设起来，主要集中在加尔各答市内。随着中印友好关系的进一步深化，华裔中小学也一度迎来了蓬勃发展期。据不完全统计，20世纪40年代以来，"印度全境共有华文中小学以及附设的专修班和幼稚园共13所，学生达到3155人，其中11所小学中的6所和2所中学都在加尔各答市内"。①

除了加尔各答外，西孟加拉邦的噶伦堡、阿萨姆邦的马金和西隆以及马哈拉施特拉邦的孟买等地都开设了华文小学。1941年太平洋战争爆发后，噶伦堡成为战时物资经西藏运往内地的重要通道，噶伦堡商家倡议以集资认捐方式创办学校，以解决云集于此的华裔子女的教育问题。当地华侨富商马铸材、张相诚、梁子质、万良诚、马富贵等联合向国民政府中央教育部申请设立华侨学校。不久获北平教育部下拨经费，并派来两位教员即沈福民校长和李绍潇老师，成立了噶伦堡第一所华侨学校，取名"中华小学校"。从1941年创办到20世纪50年代中期的十余年间，是噶伦堡中华学校办得最红火的时候，当时有教师11人，学生人数最多时超过300人。

1949年新中国成立后，这些华文学校继续开展华文教育，但所使用的教材发生了明显的变化；1952年后，有些华文学校采用中华人民共和国出版的教材，有些采用新加坡出版的教材，还有些采用台湾省出版的教材，但它们的共同目标都是华文教育。以加尔各答两所最为有名的华文学校——梅光初级中学和培梅学校为例，这两所学校的校名就已经告诉我们，这两个学校是由来自广东梅县的华裔所办的，目的在于培养梅县人的后代，让他们能为祖籍地梅县增光添彩。尤其是梅光初级中学，它的办学宗旨就是为了普及中华文化，弘扬中华美德，培育忠爱祖国的人才；它还设立了校董会，而校董会的遴选人员限定为"中华民国国民"，这其实就彰显着他们时刻牢记自己是华人，自己的祖国在中国，接受华文教育正契合于他们的心灵与精神需求。

---

① 华侨志编纂委员会：《印度华侨志》，1962，第68—70页。

这些华文学校大多由同乡会馆和华人教会（如天恩灵粮堂）负责管理，经费来源于学生的学费以及当地社团或者企业家的捐赠，后来这些学校大多因经费困难等原因停办。曾经在加尔各答接受过华文教育的谢先生说："我先后在梅光小学、华侨中学读书。华侨中学后改为中正中学，是解放前夕国民党办的。华侨中学破产后，我们筹备了兴华中学。"[①]1962年中印爆发边境冲突后，印度境内的华裔人数急剧减少，华文学校陷入关停潮，特别是印度境内最后一所华文学校——培梅中学也于2010年正式关闭，教室等场所后来成为当地一些社会机构租用的培训场地，收取的租金用来维持请人清扫与看护学校的最基本支出。

三、北方邦与德里的中文班及汉语教育机构（1964— ）

虽然在20世纪60年代中期，印度的汉语教学中心已由西孟加拉邦转移到了北方邦和德里，中国学院认为汉语教育扎根德里大学（University of Delhi）、尼赫鲁大学（Jawaharlal Nehru University）和贝拿勒斯印度教大学（Banaras Hindu University）尤其具有象征意义，因为日后执教于印度的其他大学并成长为其中坚力量的，正是来自中国学院的师生，如巴帕特就出任过德里大学佛学系主任一职。正如郭克雷所说的："中国学院正在蓬勃发展……像一棵大榕树，树枝又生根，进而把阿拉哈巴德、贝拿勒斯、德里等地变成学术中心，由此开辟和扩展了新的渠道。"[②]

（一）德里大学的中国研究系与尼赫鲁大学的东亚语文系

1955年，谭云山的长子谭中进入中国学院学习，并于1957年获得学士学位；次年，他前往印度西海岸的浦那（Pune）国防学院任教，后又被调到新德里国防部外国语文学校中文翻译班任教。1962年，谭中从德里大学获得历史学硕士学位

---

① 张秀明：《被边缘化的群体：印度华侨华人社会的变迁》，《华侨华人历史研究》2008年第4期，第11页。
② 谭中、郁龙余主编：《谭云山》，中央编译出版社，2012，第210页。

后，被聘为该校的中文讲师。由于中印边境冲突的爆发，印度政府意识到了加强中国研究的重要性，开始重视开展与中国有关的外交及国家安全方面的研究，培养通晓汉语的各类人才成为其中的首要任务，于是印度出现了"中文热"。美国福特基金会在推动印度汉语人才培养中扮演了重要角色，曾为德里大学有志从事中国研究的教师提供留学美国的机会，并为附属于佛学系的"中国研究中心"提供经费支持。从1964年起，谭中和夫人黄绮淑开始开办中文班，但由于师资不足，教学规模难以扩大，如一期中文班只能招30—40人，而报名者往往有数百人之多。随着在美国留学的同仁们陆续返回，德里大学汉语教学的师资队伍初具规模，"中国研究中心"扩建成为"中国研究系"，德里大学汉语教学走上规模化发展道路，印度前国家安全顾问希夫尚卡尔·梅农（Shivshankar Menon）就是德里大学汉语班第三期的学员，现为阿育王大学国际关系客座教授。

1969年，尼赫鲁大学在印度新德里成立，按照美国的模式把与中国研究有关的部分都设在语言学院或者国际研究学院当中，1974年在亚非语文系中开设5年制学士与2年制硕士的汉语课程。1978年，谭中前往尼赫鲁大学任教，并出任东亚语文系主任，直到1994年退休。当时采用的是北京语言学院的汉语教材，再辅以《人民日报》和中国文学作品作为补充材料。德里城内这两所大学开设汉语课程标志着汉语教学已经在印度扎根，两校毕业生分布在印度高校、智库、媒体、外交界、企业以及私立的中文学校当中，是印度本土汉语教育的重要力量。

（二）贝拿勒斯印度教大学的汉语班（中文系）

1916年成立于恒河岸边贝拿勒斯[①]的贝拿勒斯印度教大学是北方邦以印度哲学、文学和佛学研究见长的大学，谭云山曾经把从国内获赠的10部上海频伽版大藏经分赠给包括贝拿勒斯印度教大学在内的印度高校和佛学机构。1944年5月，谭云山还通过中印学会促成该校校长萨瓦帕利·拉达克里希南（Sarvepalli Radhakrishnan）[②]以学者身份访华。此外，还有多位中国学者也曾与该校结缘，许地山（1926）、杨

---

① 1957年，贝拿勒斯改名为瓦拉纳西（Varanasi）。
② 1962—1967年，萨瓦帕利·拉达克里希南曾出任印度总统一职。

国宾（1934）、金克木（1943）、徐梵澄（1951）和李志夫（1967）都曾在该校学习梵文、研究佛经或者印度哲学，其中李志夫还获得了该校的比较宗教学硕士学位。

此外，贝拿勒斯印度教大学也是印度较早进行汉语教学的高校，如1951年尼泊尔的尼兰詹·巴塔拉伊（Niranjan Bhattarai）就在该校文学院的汉语班学习，掌握了古代汉语的基础知识，并于1958—1960年前往北京大学继续学习古代汉语与现代汉语，后出任尼泊尔驻华使馆的一秘、参赞和公使等职。该校的汉语教学历史悠久，主要采用外聘讲师的方式来解决汉语师资缺乏的问题。20世纪60年代来自大陆的学者先后离开印度，而来自台湾省的薛雷和李志夫等人都曾在该校教授过汉语课程。此后数年间，来自台湾省的学者在印度教大学学习梵语或者收集资料时，也曾兼职从事中文教学任务。台湾省与新德里并没有正式的外交关系，在北京-新德里关系陷入低潮的阶段，台湾省学者更容易获得前往印度的留学签证，因此聘请来印的台湾省学生或者研究人员兼教汉语就成为一时之选。2012年4月，笔者前往该大学中文系访问时得知，从事汉语教学的专职教师共有4人，都是印度本土教师。学生们在座谈中反映，前半年曾有一位在梵语系注册的台湾省学生课余时间会来兼职教授汉语口语，他用繁体字教授汉语的方式对于习惯通过现代汉语教科书认读简体字的印度学生来说太难了，加之他并不了解我国大陆的社会发展情况，也就无法解答学生有关北京语言大学出版的《桥梁》等对外汉语教材上的各类问题。

四、中印关系正常化后艰难成立的孔子学院与孔子课堂[①]（1988—2022）

截至2021年10月，印度境内共有4所孔子学院和3所孔子课堂，它们分别是韦洛尔科技大学（Vellore Institute of Technology）孔子学院、孟买大学（Universi-

---

[①] 与全球其他地区的孔子学院（Confucius Institute）冠名不同的是，在印度，真正能冠之以"孔子学院"之名的只有1所，即孟买大学孔子学院；孔子课堂也只有1所，即加尔各答中文学校孔子课堂。

ty of Mumbai）孔子学院、拉夫里科技大学（Lovely Professional University, Jalandhar）汉语教学中心、金德尔全球大学（O. P. Jindal Global University, Sonipat）汉语言培训与研究中心，以及加尔各答中文学校（School of Chinese Language, Kolkata）孔子课堂、印度国际大学孔子课堂和曼格拉姆大学（K. R. Mangalam University, Gurgaon）汉语教学中心。而中国的邻邦泰国已有16所孔子学院和20个孔子课堂。如果说欧美国家以"孔子学院是中国政府的平台，限制讨论中国政府认定有争议的话题"等理由来掣肘孔子学院运行的话，[1]2020年10月21日《印度斯坦时报》（Times of India）也以《意在中国，印政府将限制高校与邻国合作》（Eye on China, Govt to Bar Universities from Pacts with India's Neighbours）为标题，表明印度官方也持大致相同的观点，目的在于阻止孔子学院在印度遍地开花，这一观点已为我们在田野调查中发现的材料所证实。

（一）中国学院与国内多所高校进行多方位合作

20世纪80年代，季羡林曾邀请谭中到国内参加敦煌学学术会议，在这之后，以谭中为中介，中国学院与国内多所高校和研究机构的学术交流正式建立起来，让圣地尼克坦这个曾经一度沉寂的文化小镇再度恢复了中印文化交流枢纽的地位。

进入新世纪后，这种交流更加紧密与深入。在国内高校与印度国际大学中国学院的交流中，起到积极作用的首推北京大学。2011年，北京大学古文献研究中心派专家赴印帮助中国学院完成线装书的编目工作；[2]2015年4月，北京大学受国家汉办的委托，派出专家组赴中国学院举办汉语教师培训班，帮助中国学院培养汉语教师；2017年10月，北京大学外国语学院与继光书院成立泰戈尔文化交流中心，开展合作办学项目；2017年12月，北京大学外语学院亚非系与中国学院利用中国学院80华诞以及泰戈尔获诺贝尔文学奖100周年等契机组织各种纪念活动。

作为国内毗邻印度的省份，云南省十分重视与印度高校的合作，将援建中国

---

[1] 赵瑞琦：《孔子学院在印度：悲情、机遇与政策的碰撞》，《公共外交季刊》2014年第3期，第37—42页。
[2] 吴鸥、王丽萍：《我们所见到的印度国际大学中国学院秘藏汉籍》，《北京大学中国古文献研究中心集刊》2013年第1期，第240—244页。

学院作为该省与西孟加拉邦合作的基础。①也是在谭中的直接推动下，2011年12月，云南大学与印度文化关系委员会签署备忘录，联合设立泰戈尔教席，根据双方签署的协议，印度驻广州领事馆在三年内每年选派一名印度高级学者到云南大学访问讲学6—12个月；2012年，印度国际大学与云南大学签署合作备忘录，2012—2015年云南大学前后一共派出了19人前往中国学院教授汉语，同时协助中国学院图书馆进行中文图书的编目工作；自2013年起，两校还互派学生访问团到对方学校参观访问，现已有300名中印学生通过互访活动增进了对彼此的了解。2018年7月，印度驻广州总领事唐施恩（Sailas Thanga）参加了在云南大学呈贡校区图书馆设立的"印度角"揭牌仪式，该图书角由印度驻广州总领事馆提供的关于印度历史、文化、社会、经济、宗教和文学等领域的书籍组成，目的是让云南大学师生能够更加准确和深入地了解印度。

（二）孔子学院落地印度的艰难历程

随着中印关系的深化和各领域合作的扩大，印度汉语教育规模不断扩大，但也存在教学手段落后、教材陈旧以及教学资源不足等问题。本来从2004年开始实施的孔子学院项目能够极大地改善这一现状，再加上之前印度高校与国内高校已有着30多年的合作关系，可以说，在印度成立孔子学院已是呼之欲出。然而，印度孔子学院的成立却面临重重变数，其过程充满艰辛。

2005年，国家汉办②与尼赫鲁大学签署《中华人民共和国国家对外汉语教学领导小组办公室与印度尼赫鲁大学合作协议》，决定在尼赫鲁大学建立孔子学院。2007年，北京大学与尼赫鲁大学正式签署《中国北京大学与印度尼赫鲁大学关于合作建设孔子学院的执行协议》，确定由北京大学负责在尼赫鲁大学设立孔子学院及随后的师资配置及教学工作，然而，北京大学的汉语教师无法获得赴印工作签

---

① 于欣力：《公共外交视角下的中印高等教育交流初探——云南大学与印度高等教育合作实践与成效探析》，《云南行政学院学报》2014年第4期，第169—172页。
② 2004年，国家汉办全称是"中华人民共和国国家汉语国际推广领导小组办公室"，负责孔子学院和孔子课堂的统筹管理和运营。从2020年6月起，中国国际中文教育基金会（隶属教育部的中外语言交流合作中心）代替国家汉办职能。

证，尼赫鲁大学转而提出要从台湾省聘请教师等要求，最终导致该项目流产。

2007年4月，国家汉办与印度泰米尔纳德邦韦洛尔科技大学签署合作建设孔子学院协议；两年后，韦洛尔科技大学与郑州大学共同承办的孔子学院最终以"中国语言中心"之名进行了启动仪式，虽然这种改名是为规避印度国内反对之声的权宜之计，然而该语言中心的规模与原本预计的孔子学院相比也要小很多，而且还面临着中方教师难以取得工作签证等困难，严重地制约了其进一步的发展。直到2014年，首批3名汉语志愿者才得以赴印任教，但因为签证问题，该校自2018年以后就没有来自中国本土的汉语教师了。

2013年7月18日，经过近十年的共同努力，印度孟买大学与天津理工大学合作筹办的印度第一家孔子学院才最终落地印度并举行了隆重的揭牌仪式。在2016年底，孟买大学的孔子学院只有50多名学生，此后人数一直缓慢增长，到2017年底学生为100多人，首次成为第17届"汉语桥"世界大学生中文比赛印度预选赛的4个赛区之一。截至2019年10月，该校再无来自中国的汉语教师，主要是由曾在中国留学过的印度本土教师负责组织教学工作。

2017年11月28日，云南师范大学与西孟加拉邦加尔各答中文学校合作成立的孔子课堂在加尔各答正式挂牌。这是印度成立的第一所孔子课堂，由云南师范大学定期向加尔各答中文学校派驻汉语教师，同时也负责招募相关志愿者赴印进行辅助教学。在目前情况下，印度孔子课堂更具人文交流和文化传播性质，主要为当地的汉语爱好者提供一个学习汉语和了解中国文化的平台，如具有中国文化特色的"针灸"等主题活动就可借助这一课堂开展。

因为新冠疫情等原因，自2021年开始，"汉语桥"世界大学生中文比赛印度赛区均采取线上方式，参赛和评议等均在网上开展。如2021年7月29日，我国驻印度大使馆与印度拉夫里科技大学汉语教学中心（合作方宜春学院）联合举办的第20届"汉语桥"印度赛区决赛落下帷幕，来自印度孟买大学的选手夺得冠军，来自印度国际大学中国学院和奥兰加巴德大学的学生分获二三名。2022年6月20日，由中国驻印度大使馆主办，印度国际大学中国学院、孟买大学孔子学院协办的第21届"汉语桥"世界大学生中文比赛印度赛区决赛落下帷幕，来自20余所印度高校和中文机构的25名选手参加了比赛。

五、印度汉语教育面临的挑战与机遇

进入 21 世纪的第一个十年以后，印度汉语教育出现了一些新变化，虽然印度中等教育委员会已将汉语列入公立中学的外语课程，但师资不足且开课学校数量严重不足的状况反而催生了火热的私立中文学校培训市场。在印度国内汉语教师短缺状况短期内难以改观的情况下，国家汉办（中外语言交流合作中心）除了鼓励印度学生来华学习外，还可以提出进行印地语等大语种的教材开发和针对印度本土教师的专门培训等替代性方案，等到中印两国整体社会环境发生根本性转变时，印度汉语教育或将迎来自己的爆发式增长。

（一）印度公立学校与私立中文学校的冰火两重天

2009 年印度人力资源发展部部长凯皮尔·斯柏（Kapil Sibal）上任后，积极推动印度教育界的全面改革，包括拟在公立学校中推行汉语普通话教学，从小培养印度学生对中国历史和文化的兴趣。2011 年，印度中等教育中央委员会（CBSE）决定从次年的 4 月起将汉语列入外语课程，"首期在 500 所中学开设汉语课，并逐步在其下辖的 11 500 所中学普及"[①]。如果在每所学校配备一名汉语教师的话，印度汉语教师的缺口将有数十万之巨。2012 年 8 月 24 日，中国国家汉办与印度中等教育中央委员会在北京签署了《国家汉办与印度中等教育委员会谅解备忘录》，涉及帮助印方培训 300 名汉语教师，每年为印方汉语教师来华培训提供 100 个奖学金名额，利用"南亚师资班"项目建立汉语师资培训师队伍；同时开发汉语教学大纲和评估标准，提供汉语教材，并建立中印校际合作交流机制等一系列内容。

截至 2015 年，新德里只有 20 多所中学开设了汉语课程，也就是说，汉语课程走进中学课堂的执行情况并不理想。这是印度公立学校从事汉语教学的师资严

---

① 王茜：《印度将汉语列为外语课程 首期 500 所中学将开汉语课》，新华网，2012 年 8 月 25 日，http://www.chinanews.com/hwjy/2012/08-25/4133094.shtml。

重不足而赴印汉语志愿者难以取得工作签证等原因叠加的结果,①而聘用印度本土教师教授汉语口语往往会带来极大问题,因为汉语语音特别是语调(第二、三声)与印地语或者英语的语音存在明显差异。谭中说:"尼赫鲁大学曾有两名华人教师在印度军官教育团教汉语,但后来就没有接班的了,就由印度军官自己教。他们的汉语带有本地口音,结果就将这口音一直传了下去,以至于现在的学生口音越来越重。我到边境地区做翻译时,就听不懂他们讲的中国话。"②

自20世纪90年代以来,为了满足那些想前往中国做生意的商人或者其他中文爱好者学习汉语的愿望,加尔各答、孟买、新德里、班加罗尔、金奈和海德拉巴等地办起了提供汉语速成课程的中文培训学校,学习者通过30—40个课时的学习,能基本掌握汉语语法和日常生活用语,具备运用汉语进行简单交流的能力。近年这类中文学校的培训生意越做越红火,如2005年5月成立的新德里汉语学校,利用周末时间集中授课,采用10—15人的小班制常年开设汉语口语课程,每期约为2—2.5个月;2010年在孟买成立的印华中文学校,最初只有6名学员,现在新德里、孟买、古尔冈和浦那4个城市18所分校的学员人数超过了千人。此外,在一些老牌的私立学校中,中文学习的行情也日渐大好。如在1957年成立的新德里蓝钟国际学校中,汉语就是该校的外语选修课之一,多年来由于学生人数不足开课也时断时续,自2010年以后,该校从初一到初三都办起了中文班,开设每天3节每周2天的中文课程,深受学生们的欢迎。

(二)国家汉办尝试为印度汉语教育提供替代性解决方案

为了培养更多符合海外汉语教学需求的高质量国际汉语师资人才,国务院学位委员会于2007年起在原对外汉语专业的基础上增设了汉语国际教育硕士专业学位,建设汉语国际教育专业海外实习制度。截至2019年,全国实际招收汉语国际

---

① 从国家汉办孔子学院官方网站发布的赴印志愿者报名通知来看,2016年需求志愿者2人,2015年需求志愿者2人,2014年需求志愿者1人,且皆为男性。
② 吕鹏飞:《印度"汉语热"更务实 汉语专业毕业生很抢手》,人民网,2014年3月3日,http://politics.people.com.cn/n/2014/0303/c242004-24514486.html。

教育硕士的高校已达 149 所。2018 年，北京大学和华东师范大学等高校设立了汉语国际教育方向的博士专业学位，招收博士研究生 22 人，以期培养高层次的汉语国际教育人才。

自 2010 年以来，中印两国的中学如云南师范大学附属中学与加尔各答圣泽维尔学校（Saint Xavier High School）、云南昆明市第八中学与加尔各答比拉高中（Birla High School）和比拉女子学校（Sushila Birla Girls' School）、昆明市第一中学与奥里萨邦萨伊国际学校（SAI International School）等就已开展文化交流活动，一般一年两次，每次 10 天，主要是中国民间剪纸和古筝演奏以及印度绘画与民间舞蹈等特色文化的传播活动。除了这种定期开展的学生交流互访活动外，上海普元中学与新德里泰戈尔国际学校的文化交流更为具体，即双方通过网络定期进行远程视频教学，普元中学的老师向新德里学校的学生传授中国书法和太极拳，而泰戈尔国际学校的老师指导中国学生练习瑜伽等。也就是说，通过网络课程系统不断开发出体现中印两国文化的特色课程，以提升学生进行跨文化交流的意识和能力，从而奠定印度汉语传播坚实的民间基础。

中印学生之间的交流活动也为国家汉办打开汉语教育局面提供思路借鉴。如从 2013 年起，国家汉办开始每年资助 20 名印度中学生前往设在国内高校的汉语基地参加暑期项目，在 4—5 周内为他们提供汉语言的听、说、读课程，以及中国书法、中国武术如太极拳等课程。国家汉办还可以在更大平台上发挥作用，如针对印地语或者孟加拉语使用者编写汉语教材，培训汉语志愿者直接使用当地语言组织汉语教学活动。截至 2016 年，我国在全球建立的孔子学院和孔子课堂，共涉及 90 多个语种，而其中有 85 个语种缺乏汉语和当地语言对照的字典。[1] 针对这 85 个语种都编写教材和字典无疑是不现实的，但是考虑某一区域占主导地位的语言使用情况，优先大语种教材编写还是可取的，"因为我们发现母语是印地语或者孟加拉语的学生以英语作为介质来学习汉语，有些英语不好的学生往往也学不好汉语"[2]。

---

[1] 《许琳委员：孔子学院走出去 最难是缺 85 个语种与汉语对照字典》，人民日报海外版，2016 年 3 月 8 日，http://m.haiwainet.cn/middle/232657/1970/0101/content_29713990_1.html。

[2] 2019 年 9 月 5 日，本文作者在圣地尼克坦访谈印度国际大学中国学院的教师。

随着网络数字多媒体技术的发展，远程教学改变了传统线下汉语传播的面对面模式，可以让更多的汉语学习者从优质的汉语资源中受益，这对于解决当下印度孔子学院数量不足的问题无疑具有现实意义。目前，印度的 WiFi 速度足够支撑网络教学，特别是 2019 年以来印度进行了 5G 网络调试，为印度汉语学习者通过视听材料来学习汉语提供了技术支持。国家汉办在开发适应远程传输和交互式汉语传播的软件时，最好能同步考虑以印地语或者孟加拉语为载体的软件开发问题。当然，由于建设汉语网络平台的费用高昂，单纯依靠国家汉办进行投资肯定是不现实的，同时，投资方、运营方以及最终的使用者之间如何合理分摊费用也将是一个难题。在现阶段条件下，国家汉办可以通过实施印度本土师资的培训项目，鼓励孔子学院、孔子课堂或者有相应资质的院系利用已有视听设备开展不同层次的当地汉语师资的培训工作，发挥孔子学院和孔子课堂等在印度汉语教育机构的辐射与带动作用。

虽然印度国际大学中国学院并没有冠以孔子学院之名，但是通过与北京大学、云南大学、上海图书馆以及中国驻印领事馆展开合作，其汉语教育发展速度领先于印度国内的其他高校。如早在 2012 年 4 月，中国学院通过架设的卫星接收器就可以接收我国上星的 54 个卫星台的节目，中国志愿者为硕士研究生开设每周 2 小时的中国电视节目课；2016 年 8 月，该院还建成了印度第一家汉语学习的语音室；截至 2020 年 11 月，中国驻印度加尔各答领事馆共赞助了 6 届"玄奘杯"汉语演讲比赛，吸引了来自印度境内各高校的汉语学习者踊跃报名参赛，而最终的决赛就在中国学院举行。通过参加比赛来检验汉语教育状况现已成为中印关系发展史上的一大盛事，并将有力提升中印人文交流的发展水平和发展质量，从而推动中印双边逐步建立战略互信关系。

[责任编辑：李丽]

对话与争鸣

南亚语种学人对话

——中国南亚语种学会 2022 年会研讨综述 *

2022 年 11 月 19—20 日，"百年未有之大变局背景下的中国南亚语种教学与南亚研究研讨会暨中国南亚语种学会 2022 年会"以线上形式成功召开。本次会议由中国南亚语种学会主办，云南大学外国语学院承办。来自清华大学、北京大学、中国社会科学院、云南大学、北京外国语大学、中国传媒大学、上海外国语大学、广东外语外贸大学、信息工程大学、西安外国语大学、西藏民族大学、河北师范大学、四川大学、四川外国语大学、云南民族大学、云南省社会科学院、青岛大学、深圳大学、华侨大学、重庆师范大学、伦敦大学学院等国内外高校及科研院所的约 190 名学者和研究生参加了本次会议。

中国南亚语种学会的前身是中国非通用语教学研究会南亚语种分会，由中国开设南亚语种的高等学校于 2015 年 11 月在北京共同成立。2018 年 10 月被认定为国家一级学会中国南亚学会下设分会，会长是姜景奎教授。中国目前有 30 余所高等学校进行南亚语种教学和南亚区域国别问题研究工作，其数百名教研人员为学会的自然会员。学会每年召开一次年会暨全国性学术研讨会，由学会主办，相关单位申请承办。此前，学会已先后于北京、洛阳、咸阳、北京、大理、广州召开过六届年会暨学术研讨会，承办单位分别为北京大学、洛阳外国语学院、西藏民族大学、北京外国语大学、大理大学和广东外语外贸大学，历届会议均取得丰硕的学术成果及社会影响力。2022 年适逢中国南亚语种教育创立 80 周年，而云南呈贡正是其发祥地。因此，本届年会由云南大学承办，具有特殊意义。

---

* 本文由北京大学外国语学院南亚学系印地语/印度语言文学专业本、硕学生陈安澜、何杨、洪亦桓、赖思嘉、刘博源、汤睿、王子元、夏曼琳、熊艺、杨天琦（按姓氏拼音排序）联合采写。

一、开幕式致辞及主旨发言

在 11 月 19 日上午举行的开幕式上，中国南亚学会会长、中国社会科学院亚太与全球战略研究院副院长叶海林研究员，云南大学外国语学院院长、中国高等教育学会外国文学专业委员会理事长刘树森教授，以及中国南亚语种学会会长、清华大学国际与地区研究院常务副院长姜景奎教授分别致辞。开幕式由中国南亚语种学会秘书长、北京大学外国语学院助理教授贾岩博士主持。

开幕式伊始，刘树森教授代为宣读了云南大学副校长廖炼忠教授的致辞，着重感谢了中国南亚语种学会及与会专家学者对云南大学外国语学院给予的关心和支持。刘树森教授表示，作为西南边疆高等教育的奠基者以及中国面向南亚东南亚的留学生培养基地，云南大学始终重视包括各南亚语种在内的非通用语建设和发展，并将加快步伐，积极建成立足祖国边疆、面向南亚东南亚的综合性、国际性研究型大学。

叶海林研究员在致辞中表示，今年在云南召开中国南亚语种学会年会，正当其地，也恰逢其时。从地理上看，云南不仅是南亚语种教学研究的发祥地，也是中国借助周边迈向世界的西南通道，其枢纽作用近年来愈发凸显。从时间上看，党的二十大召开后，作为新兴交叉学科的区域国别学也迎来了新的春天。叶海林研究员强调了语言之于区域国别研究的重要意义，希望中国南亚语种学会能在未来继续发挥基础性、前提性作用，致力于区域国别学的学科建设。

姜景奎教授在致辞中首先感谢了总会中国南亚学会的鼎力支持和云南大学会议承办团队的辛勤付出。他指出，1942 年位于云南呈贡的国立东方语文专科学校成立印度语科，标志着我国南亚语种教学的开端，至今已有 80 年的历史，历经五代学人的砥砺耕耘与精心建设。在新时代背景下，党的二十大提出着力建设交叉学科的要求，这意味着以经济学、法学、文学、历史学等学科为基底的区域国别学将迈入蓬勃发展的新阶段。姜景奎教授对当前正处学术上升期的第五代学人给予殷切勉励，希望他们立足语言、深入田野、笔耕不辍、扎实为学，力争将我国的南亚基础研究推至新高度。

开幕式结束后，叶海林研究员与姜景奎教授分别进行了主旨发言。两位学者从不同角度切入，共同探讨了区域国别学的发展前景与建设方向。

叶海林研究员的主旨发言题目为"中印'三观'比较"。他认为，中印两国在应对俄乌问题上的政策相似性难以推动中印关系转圜，其根本原因在于中印在秩序观、地位观和利益观上有本质差异。在对国际秩序的认知上，中国认为秩序正在发生变化，而印度认为权力仍掌握在西方手中。在自我定位上，中国将自身定位为未来崛起的大国，而印度虽在话语层面自我标榜为世界性大国，其外交行为却十分注重边际，体现出对自身地区级大国身份的清晰认知。在利益诉求上，中国追求长期利益回报，而印度追求短期利益兑现。叶海林研究员表示，当前无论是从传统国际关系视角出发总结普遍规律，还是从语言文化和历史传统切入讨论个体差异，都无法为中印"三观"差别的成因提供足够充分的解释。因此，实现学科间的相互助力、形成一个融合的跨学科架构尤为必要。

随后，中国南亚语种学会副会长、北京大学南亚研究中心常务副主任王旭副教授进行评议。他赞同叶海林研究员提出的三点差异，并进一步表示，中印之间的矛盾是结构性矛盾，目前印度推出的实用主义外交政策是基于其有限能力与有限责任的认知之结果。

姜景奎教授的主旨发言题目为"水和泥：构建新时代中国南亚区域国别研究"。他指出，随着区域国别学成为新的一级学科，区域国别研究显得愈发重要。区域国别学是一门交叉学科，是基于地域的领域之学，应当以培养具有全球视野、中国视域和对方视角的高层次综合型研究人才为宗旨。我国新时代的区域国别研究具有诸多鲜明特征，例如在基础研究前提下的学科交叉，以对象地区/国家语言为重要工具的田野研究，以及中国情怀、全球视野和人类命运共同体意识的紧密结合。姜景奎教授认为，在开展区域国别相关研究时，研究者应始终牢记"基础研究为根本、问题研究为抓手"的研究方法，不止关注莲花的花和叶，更要研究荷塘中的水和泥，要敢做、善做灯火阑珊处的研究，切忌急功近利、好高骛远，要到田野中发现真问题，在荷塘中做出真学问。

随后，中国南亚语种学会副会长、信息工程大学南亚系主任廖波教授进行评议。他认为，姜教授的发言就区域国别学的学科建设、基本概念、研究思路、研究方法等方面做出了全面和富有洞见的阐释，同时也为外语出身的研究者开展区域国别研究指明了方向和路径。

二、分组学术研讨情况

11月19日下午和20日上午为年会学术研讨环节，分"区域与国别问题""作家作品与文学思潮""南亚文学与跨文化交流""语言、教学与人才培养"四个平行会场展开。

（一）"区域与国别问题"分会

1."区域与国别问题"分会第一时段研讨由云南大学王宗教授主持。

北京大学南亚研究中心常务副主任王旭副教授以"世界大变局中的南亚地缘政治格局及其演变"为题发言，指出美国印太战略和中国"一带一路"倡议是影响南亚地缘政治格局的两个主要因素。他在发言中总结了南亚地缘政治格局的特点，并从全球大国竞争、中印竞合关系、印巴传统矛盾三个维度分析了其变化，还就南亚地缘政治前景提出了展望。

信息工程大学洛阳校区何朝荣教授以"尼泊尔2022年选举形势与中尼关系"为题发言。他在介绍此次选举背景并分析当前选情后，预测了三大政党——尼泊尔大会党、尼共（联合马列）和尼共（毛主义中心）——在选举中的排名变化及新总理人选，并结合尼主要政党的对华态度提供了对策建议。

西藏民族大学南亚研究所讲师刘星君以"美尼（泊尔）关系现状、动因及展望"为题发言。他在梳理美尼关系发展历程的基础上，从国际、区域、双边三个层次分析美尼关系现状及其动因，提出尼泊尔外交政策逐步从平衡外交转向对冲策略的猜想，为研判尼泊尔对外关系走势及我方应对策略提供参考。

南华大学讲师、四川大学国际关系学院博士研究生姬广礼以"动态的三组'三角关系'：尼泊尔第二次大选后的内政外交新趋势"为题发言，预测了尼泊尔大选的可能结果，认为大选后尼泊尔将在三大政党、尼共内部三大派系和中国-尼泊尔-印度（美国）三国层面产生三组动态"三角关系"，我方应开展工作，引导上述关系向有利方向发展。

清华大学国际与地区研究院助理研究员何演博士以"斯里兰卡危机：国内政治经济根源与国家前景"为题发言。他从经济和政治维度阐释了2022年斯里兰卡危机频发的根源，指出斯里兰卡不仅面临产业政策单一化与缺乏内生引擎的经济发展困境，还存在国内精英-大众二元对立与政治集团分化的政治体制问题。他认为，斯里兰卡未来或由维克拉马辛哈政府推动政治经济改革，但僵局短期难解。

伦敦大学学院硕士研究生王娇杨以"2008年以来孟加拉国人民联盟连续执政的政治原因分析"为题发言。她表示，在孟加拉国长期以来由人民联盟和孟加拉民族主义党轮流执政的背景下，人民联盟相比后者在长期执政理念、政治选举策略以及家族政治遗产三方面具有优势。此外，她还分析了人民联盟于2008年、2014年和2018年连续三次获得大选胜利的政治原因。

王宗教授对上述发言进行了点评。他认为，王旭副教授高度概括和准确把握了南亚的地缘政治现状，对于区域国别研究具有重要指导意义；何朝荣教授深入分析了尼泊尔的选举情况，具有参考价值；刘星君老师细致分析了美尼关系的历史和现状，关于尼外交政策转变的猜想还需更多论据支持；姬广礼老师从三组关系的互动理解尼泊尔国内局势和外交政策，角度新颖、方法合理；何演博士聚焦斯里兰卡危机发生的内生问题，丰富了研究维度；王娇杨同学分析了执政联盟连续执政的原因，角度全面、条理清晰。

2. "区域与国别问题"分会第二时段研讨由信息工程大学洛阳校区何朝荣教授主持。

云南大学外国语学院王宗教授的发言题目是"尼泊尔德乌帕政府的外交政策解读"。他梳理了尼泊尔外交政策的转向脉络，介绍了当前尼外交的政策中心和核心理念，进而从"优先发展与印度和中国的邻国外交""加强与美国等发达国家外交关系的多元化""促进与劳动力输出对象国关系发展""积极发展经济外交"四个方面对德乌帕政府外交政策的主要内容进行了评价。

云南省社科院《南亚东南亚研究》编辑部李丽副研究员以"印穆冲突——莫

迪政府的两难境地"为题发言。她围绕印度执政党官员发表不当言论引发印度教徒和穆斯林冲突这一事件，评价了印度在内政和外交方面受到的影响及其应对策略。通过梳理相关舆情，李丽指出该事件是印度教民族主义重新抬头的必然结果，令莫迪政府面临艰巨的执政考验。

信息工程大学讲师孔亮以"巴基斯坦政府联邦直辖部落区政策的路径依赖性"为题发言。他将制度变迁的路径依赖理论应用于分析巴基斯坦政府的联邦直辖部落区政策，以更好地解释其中长期存在大量英印时期政治遗产的现象。他阐释了巴基斯坦政府联邦直辖部落区政策的历史背景和路径依赖表现，并剖析了路径依赖的深层原因。

华侨大学硕士研究生屈心谊以"巴基斯坦俾路支民族主义的影响"为题发言。屈心谊首先辨析了巴基斯坦俾路支民族主义概念，说明了从事民族分离主义运动的非国家行为体，随后将目光聚焦于巴基斯坦俾路支民族主义对俾路支省政治生态的具体影响，最后指出了俾路支民族分离主义的危害及其对巴基斯坦造成的现实挑战。

清华大学国际与地区研究院助理研究员雷定坤博士以"反腐、善治与福利：印度平民党的进击之路"为题发言。他介绍了印度平民党的崛起历程，解析了该党在德里、旁遮普邦和古吉拉特邦的竞选策略。他提出，反腐、善治和福利是印度平民党"进击"的三条主线。但该党的行动路线也存在局限性，比如当下愈发强调民粹主义式的福利分发策略，或许对其全国影响力的持续性扩张形成阻碍。

北京大学南亚学系硕士研究生夏曼琳以"阿里加尔学院的宗教教育改革历程：南亚伊斯兰现代进程中的传统主义与现代主义"为题发言。她认为，在传统主义主导的主流意识形态压制下，赛义德·艾哈迈德汗没能通过在阿里加尔学院推行的宗教教育改革建立起伊斯兰现代主义意识形态，实现彻底的思想和文化变革。这反映出南亚伊斯兰现代化进程中传统主义与现代主义的纠葛，也预示着当代巴基斯坦穆斯林民族主义的内在张力。

何朝荣教授对上述发言进行了点评。他认为，王宗教授对德乌帕政府外交政策的分析深入细致、材料翔实，德乌帕未来的外交政策或为重新寻找平衡点而有所调整；李丽副研究员从事件切入，阐释了莫迪执政面临的考验，建议围绕莫迪政策进一步开展后续研究；孔亮老师回溯了巴基斯坦政府联邦直辖部落区的政策发展历程，外语优势之于区域国别研究的意义得到凸显；屈心谊同学分析了巴基斯坦俾路支民族主义的影响，建议将题目细化为对巴基斯坦国内政治生态的影响；雷定坤博士呈现了多党制国家中政党定位如何影响其崛起之路，这一点在尼泊尔的政党政治中也有充分体现；夏曼琳同学对阿里加尔学院宗教教育改革历程的研究体现了扎实的历史档案运用能力。

3."区域与国别问题"分会第三时段的研讨由信息工程大学孔亮老师主持。

西藏民族大学狄方耀教授以"中尼铁路建设的意义、挑战与对策"为题发言。狄教授指出，穿越喜马拉雅山脉的中尼铁路将成为巩固两国命运共同体的新纽带，是具有世界意义的世纪工程。然而，中尼铁路建设面临着来自美国等势力和尼泊尔一侧的困难和挑战。鉴于此，狄方耀教授为中尼双方提出了积极推动铁路建设的对策建议。

中国传媒大学金砖国家研究中心研究员张潇予以"孟加拉国多元平衡外交的历史向度、现实考量与未来展望"为题发言。她从历史角度介绍了孟加拉国外交政策的关键人物和时间划分；随后结合田野调查和文献分析，指出孟加拉国外交政策制定的现实考量，其中包括经济发展、稳定内政和周边安全需求等；最后展望了孟加拉国的对外关系走势和下届大选情况。

云南省社科院《南亚东南亚研究》编辑部孙喜勤副研究员以"'一带一路'倡议下中孟经贸合作研究"为题发言。孙老师介绍了中孟经贸合作的现状，从大国介入、中孟贸易不平衡、孟加拉国经贸环境、孟加拉国基础设施和中国对孟直接投资总量等方面分析了中孟经贸合作的影响因素，展望了中孟经贸关系的前景，并探讨了推动中孟经贸合作的可行路径。

北京外国语大学亚洲学院的朱方方老师以"印度洋小岛屿发展中国家的国际事务参与模式——以马尔代夫为例"为题发言。她期待以马尔代夫为例，增强对印度洋地区小岛屿发展中国家国际事务动态的认识。她认为，马尔代夫将环境和气候变化议题置于绝对优先级，惯于使用因果论证、技术论证、道德论证、议价和价值索取等策略发挥自身优势。

云南大学外国语学院涂栓老师以"'债务陷阱论'的衰变：斯里兰卡媒体叙

事及层次分析"为题发言。涂老师选择将斯里兰卡主流英文媒体《每日新闻》和《每日镜报》作为数据分析样本，梳理和探究所谓的"债务陷阱论"在斯里兰卡的叙事变化。她表示，斯里兰卡国内对"债务陷阱论"的关注经过"衰变"后，已经演变为进行更为客观理性的评价。

随后的评议和讨论环节由孔亮老师主持，他认为狄方耀教授剖析了中尼铁路建设的困难，贡献了相应对策，为大家分享了一堂生动的学术课程；张潇予老师的发言体现了外交政策研究中田野调查的重要性，研究方法值得借鉴；孙喜勤副研究员通过使用翔实的资料、充分的论据和具体的案例，对中孟经贸合作进行了全面考察；朱方方老师对马尔代夫国际事务参与模式的梳理具有创见性，普遍案例和具体实例的结合符合学理逻辑；涂栓老师的样本选取具有科学性，借助软件挖掘数据的方法符合社会科学研究中的自然科学转向趋势。

（二）"作家作品与文学思潮"分会

1."作家作品与文学思潮"分会第一时段由深圳大学王春景教授主持。

北京大学王靖助理教授以"论现代印地语诗歌的生成背景"为题发言。她从语言形式的角度探讨本土精英对克利方言诗歌的创作和传播，进而考察现代印地语文学最初形成的原貌和印度教知识精英阶层的初衷。王靖重点讨论了帕勒登杜的文学创作对新语言的推动，通过对具体诗歌用语的分析展示了帕勒登杜将口语克利方言作为文学语言的尝试，并指出这种早期语言实验是充满包容性的，其目的主要在于实现民族统一和文化复兴，而不是与乌尔都语群体或穆斯林群体对抗。

北京外国语大学讲师李亚兰博士以"阴影主义文学中'自我'的表述与建构"为题发言，着重探讨了阴影主义文学所反映的印度民族文化意识由传统向现代的转化。李亚兰从阴影主义的发生讲起，讨论了诗歌哲思中的"自我"、诗歌情感中的"自我"、个体"自我"如何走向"民族自我"，认为阴影主义立足印度启蒙运动及殖民统治的历史文化背景，通过弘扬自我意识的觉醒，促进共同的民族自我意识的形成，阴影主义对个体精神自由的追求最终指向民族解放。

北京大学讲师张亚冰博士以"模仿、自省、反抗与重塑：乌尔都语女性诗歌创作"为题发言,梳理了乌尔都语女性诗歌创作的四个阶段及其特点。张亚冰认为,19世纪以来乌尔都语女性诗歌创作从初期被忽略的模仿书写到启蒙思想下的自发式情感表达,再到受西方女性主义思想和本土女权运动影响,开始关注女性自我,反抗父权社会,重塑女性形象,其进程整体契合但又滞后于西方女性主义的发展浪潮,同时又具有南亚穆斯林社会宗教文化特色。

信息工程大学闫元元副教授以"印度达利特文学的非虚构写作"为题发言。他从非虚构小说起源和达利特思想家对美国黑人民权运动思想的借鉴讲起,进而聚焦于达利特文学代表作家翁普拉卡什·瓦尔密齐的小说创作,揭示了瓦尔密齐小说题材来源于个人经历和社会事件的事实,梳理了11篇短篇小说在现实中的故事原型。闫元元还指出了早期达利特书写的局限性,并从非虚构写作的新闻、政治与现实功用三方面,解释了达利特作家推崇和模仿非虚构创作的原因。

西安外国语大学硕士研究生刘蕊灵以"普列姆昌德短篇小说《失望》中的艺术手法分析"为题发言,结合普列姆昌德小说创作的艺术特点,从典型人物刻画、戏剧化的情节设置和无可挽回的结局三个角度对文本进行了细致分析。刘蕊灵认为,从整体上看,小说题目中的"失望"是作者对整个印度社会的失望,巧合性的剧情设置、扣人心弦的故事转折、精准细腻的人物刻画共同塑造了女性群体在旧印度社会中卑微的可怜人形象。

北京大学硕士研究生何杨以"印地语诗人蒂纳格尔代表作《俱卢之野》中的革命与民族主义"为题发言,从印度官方对蒂纳格尔的推崇讲起,勾连蒂纳格尔与印度教民族主义思想家的相似性。何杨介绍了蒂纳格尔的代表作《俱卢之野》的篇章结构与书写对象,梳理了文本内主人公毗湿摩的论述逻辑,并从强调强健体魄和继承提拉克与辨喜的行动瑜伽思想两方面,探讨了蒂纳格尔诗歌中的意识形态与印度教民族主义的相似性与亲缘性。

中国南亚语种学会会长姜景奎教授旁听了该分会,并参与了第一时段的评议和讨论。他肯定了王靖助理教授有关帕勒登杜文学语言"混合性"的观点,并进一步阐释了这一特点的历史背景。王春景教授在点评时认为,王靖助理教授在诗歌形成、多语种混合、对古代语言的继承与超越方面的讨论具有启发性;李亚兰博士将默哈德维的诗歌置于印度古代哲学传统、近代思想启蒙和西方浪漫主义等宏观背景下考察，有助于拓宽阴影主义诗歌研究的视野；张亚冰博士对乌尔都语女性诗歌的研究丰富了我们对世界不同地区女性主义的认识；闫元元副教授在讨论达利特文学时关注到与黑人文学的联系，具有世界文学的视野；刘蕊灵和何杨对印地语经典作家创作特色的深入挖掘，展现了不俗的文本分析能力。

2. "作家作品与文学思潮"分会第二时段的研讨由北京大学王靖助理教授主持。

深圳大学王春景教授以"在乡村发现印度的另一种力量：马哈斯维塔·黛维写作的政治"为题发言，从马哈斯维塔年轻时的左翼经历、共产党员丈夫的影响和注重实践的教育经历三方面解读了其走向乡村的观念，认为马哈斯维塔对部落民歌谣和故事的书写具有开创性意义，其中蕴藏着部落民的活历史，而小说中的神箭隐喻则体现了部落民在现代化过程中对自身族群身份的坚守，构成一股反抗的潜流。最后，王春景探讨了马哈斯维塔有关部落民文化主体性的观念和行动，指出她对部落民文学艺术创作的推动作用。

河北师范大学博士研究生张文钰以"从噶伦堡山地站到纽约：《失落的继承》中的平行景观与后殖民叙事"为题发言，从英印时期山地站（hill station）的功能出发，探究小说两地双城景观刻画的历史和文化批评用意。张文钰分别从作者基兰·德赛的反殖民逆写、廓尔喀民族主义和山地站的后现代镜像角度解读了山地站、大吉岭茶场和纽约城三种景观，认为小说的景观叙事展现了继承或承受殖民遗产的人们在时代变迁下的失落与不满，他们不仅继承了失落感，更继承了真实的伤害与损失。

北京外国语大学硕士研究生黄宇轩以"从三重人格理论解析斯里兰卡小说《无欲》主人公阿勒温德"为题发言，从主人公阿勒温德在斯里兰卡文学批评中引起的巨大争议出发，运用弗洛伊德的三重人格理论对其进行新解读。黄宇轩认为，在阿勒温德身上很难看到三重人格的平衡状态，本我薄弱甚至缺失，而自我和超我长期互相排斥，在后期又互相融合。对阿勒温德而言，生父贾亚塞纳和长者库勒苏利耶分别是"自我"和"超我"的外在映射。

信息工程大学洛阳校区硕士研究生王泽以印裔英国作家萨曼·鲁西迪创作的魔幻现实主义长篇小说《午夜之子》为研究对象，分析作者如何在主人公萨里姆和印度国家形象之间建立隐喻联系，并对萨里姆的隐喻形象进行了细致解读。王泽认为，作者将萨里姆的面部特征与南亚次大陆版图相关联，将萨里姆多元混杂的出身与印度人的文化身份特点相映照，将历史事件与萨里姆的命运相糅合，构建出"萨里姆-印度"隐喻符号。

北京大学硕士研究生杨天琦的发言题目为"《沙恭达罗》中的树婚情节"，着重讨论了树婚这一文化现象背后的类比、象征和隐喻。杨天琦指出，树婚不仅存在于文学文本中，也是南亚次大陆一个较为普遍的现实现象。《沙恭达罗》中的两处树婚情节恰好对应"婚姻"和"婚礼"两个不同概念，具备双重隐喻功能，一方面暗示着男女主人公的完满结局，另一方面也展现出人与自然的和谐关系。

北京大学硕士研究生熊艺的发言题目为"出自犁沟，归于地隙——试论悉多的身世"。她通过不同文本和图像资料探究了悉多身世的重建和内涵，重点分析了《罗摩衍那》、中世纪有形派虔诚文学、《罗摩后传》等不同文本中的悉多形象，以及细密画、壁画等图像和现代影视作品、插图中的悉多身世及其内涵。

在点评与讨论环节，王靖助理教授从王春景教授所提斯皮瓦克对马哈斯维塔的推介出发，结合闫元元副教授的发言，探讨了"属下发声"的意义。她认为，张文钰选取的景观叙事是一个很好的参照系，有机融合了环境史与文本分析；黄宇轩可进一步尝试从佛教哲学和东方价值观角度解读文本；王泽的解读非常全面，可在广泛阅读已有研究的基础上找到更为新颖的切入点；杨天琦的研究视角独特新颖，在剖析印度古代文化现象的同时也讨论了印度现代文明观，可结合自然生态学理论做进一步探究；熊艺则可以在已有素材的基础上深化对悉多形象之隐喻以及图像叙事、文图关系等方面的研究。

3. "作家作品与文学思潮"分会第三时段的研讨由信息工程大学闫元元副教授主持。

信息工程大学洛阳校区的陈乃铭老师以"创伤、记忆与声音——《沙墓》中的女性创伤叙事"为题，重点分析了《沙墓》中的女性"他者"生存困境、女性的自我救赎与意识觉醒，以及独特的女性创伤叙事。陈乃铭认为，作者吉丹贾丽·斯里试图用文字来探索印度女性当下困境的原因，并寻找印度女性走出创伤的方法，女性创伤后的恢复的过程也是自我救赎、自我成长的过程。

云南大学武欢老师的发言题目为"乌霞·亚德夫小说中的印度女童苦难书

写——以《她那部分阳光》为例"。她讨论了父权制下的女童苦难书写，并从"他者"和"自我"两个维度探讨了女童苦难的突围。武欢指出，《她那部分阳光》作为当代印地语儿童文学中的独特存在，一方面拓宽了儿童文学创作的版图，另一方面展现出关怀女童成长的独特写作姿态。

北京大学硕士研究生陈安澜以"印地语戏剧《半零不落》中未尽之言的使用及其特色"为题，讨论了莫亨·拉盖什在该剧本中对三种不同未尽之言的使用策略，即戛然而止的未尽之言、遭到阻碍的未尽之言和得到补充的未尽之言。陈安澜指出，未尽之言在剧本中的大量使用起到了加强戏剧效果、集中展现人物冲突、丰富人物形象的艺术功能。

北京大学硕士研究生王子元的发言题目为"《半零不落》中的家庭悲剧：从一家到千万家"。与陈安澜的切入点不同，王子元重点关注剧本空间内家庭悲剧的普遍性及其向现实空间的普遍延伸。他剖析了《半零不落》家庭悲剧的根源及实质，认为剧本中的家庭悲剧在印度社会具有普遍性，其悲剧性来源于中产阶级在旧价值观消解过程中形成的"反价值观"。

信息工程大学博士研究生杨柳的发言题目为"经典叙事学视角下《从巴基斯坦古吉拉特到印度斯坦古吉拉特》的叙事特色探析"。杨柳结合热奈特叙事理论分析了该作品的故事结构安排、人物形象塑造以及叙事主体与叙事策略，认为省略、停顿和场景是这部作品三种常见的叙事策略，作者将历史真相和文学的艺术杜撰相结合，展现了高超的叙述技巧。

北京大学硕士研究生汤睿以"毗湿摩·萨诃尼的人道主义思想——从《黑暗》的'普通人'群像分析谈起"为题，介绍了《黑暗》中的普通人群像，并分析了作者的人道主义关怀。汤睿认为，作者的人道主义思想体现在以下两方面：首先，对教派冲突作出价值判断，痛心于普罗大众个人价值与尊严的湮灭；其次，肯定普通人具有独立判断、理智思考的潜力，并鼓励他们使用这种能力来维护个人尊严。

在点评与讨论环节，闫元元副教授指出，乌霞·亚德夫作为一位来自其他落后阶层的女性作家，其作品也是底层叙事文学中较为经典的一部，值得关注。谈到莫亨·拉盖什，闫元元表示，其戏剧作品在现代印地语戏剧中占有重要地位，尤其在语言和思想层面具有突出的创新性，陈安澜和王子元的研究较为充分地揭示了拉盖什戏剧的艺术特色。王春景教授建议杨柳在研究中注意叙事学理论与文本的紧密结合；建议汤睿在对应理论框架下更加谨慎地进行术语选择。安庆师范大学张玮副教授肯定了杨柳以叙事学为工具的文本分析，建议在经典叙事学向后经典叙事学转向的背景下，突出作家、作品的特殊性；建议陈安澜结合副文本理论或语言符号理论进一步深化对拉盖什戏剧语言的考察。

（三）"南亚文学与跨文化交流"分会

1."南亚文学与跨文化交流"分会第一时段的研讨由北京外国语大学佟加蒙教授主持。

北京外国语大学曾琼教授的发言题目为"南亚诸国当代文学发展特点（2000年之前）"。她聚焦南亚地区巴基斯坦、孟加拉国、斯里兰卡、阿富汗四个国家，概括了四国从建立现代国家到2000年之间不同阶段的文学发展特点，从文学体裁、代表作家、作品风格、思想特征、发展趋势等方面进行了共时对比和历时分析。曾琼认为，南亚各国当代文学始终受到现实社会的刺激和影响，在自身民族文化传统与外来文化的激荡中不断沿革发展。

北京外国语大学江潇潇副教授的发言题目为"当代僧伽罗语文学情况综述（2000—2020）"。她首先梳理了僧伽罗语文学的源流与历史发展，随后以现实、传统、后殖民、女性为关键词，从政治、宗教、种姓与阶级、殖民、女性五个维度出发，对当代斯里兰卡僧伽罗语文学的特点进行了总结与分析。江潇潇认为，当代僧伽罗语文学体现了对斯里兰卡文化的继承和反思，特别是作家们在传统佛教文化和现代文化之间寻找平衡与出路的努力。

广东外语外贸大学鹿梦琪老师的发言题目为"孟加拉海洋文学发展综述"。她将孟加拉海洋文学的发展划分为英属印度时期、孟加拉国独立前后和当代孟加拉国三个阶段，认为孟加拉海洋文学阵地具有文学巨匠影响深远、领军人物开辟阵地、后起之秀力图中兴的特点。在创作上，孟加拉海洋文学体裁以诗歌为主，不同时期特点不同，但总体呈现出印度教文化向伊斯兰文化让位的趋势。

重庆师范大学郑毅副教授的发言题目为"奈保尔笔下的印度文明：边沿行者

的无奈回望"。郑毅借助跨文化心理学理论，从奈保尔的边沿行走、文化心理、印度文明观等方面展开研究。他认为，奈保尔的经历是跨文化过程中"文化休克""文化悬挂"和"文化心理置换"的综合反映。远离了三种文化中心的奈保尔彻底成为"文化边沿行者"，无法找到文化之根，从而在对印度文化的描述中表现出"无奈"的情怀。

云南民族大学叶倩源老师的发言题目为"传统与信仰：孟加拉国文化的源流与特点"。她考察了"孟加拉国"这一词汇的构成与含义演变，并从社会生活、语言、宗教三个方面对孟加拉国文化之流进行了分析。叶倩源认为，孟加拉国的文化具有语言产生的凝聚性、文化构成的多元性、文化态度的包容性、文化发展的创造性四大特点。

青岛大学王汝良教授的发言题目为"《大唐西域记》与东方文学"。王汝良认为，《大唐西域记》是"大东方""大文学"理念的一个实践范例，具有佛教文学和丝路文学的双重价值，体现了东方文学的横向传播和纵向转型，是中古东方文学的一个特殊存在。类似《大唐西域记》的著作众多，以文学视角对这些著作进行研究，有助于拓展和深化东方文学的研究空间。

佟加蒙教授在评议环节指出，本场发言总体展现了南亚研究的发展与深化，特别是国别文学的阶段性发展评述在区域国别研究中具有重要意义，希望未来有更加系统的综述性成果问世。与会学者还围绕国别区域研究中的语种间壁垒问题、孟加拉语和僧伽罗语城市小说、孟加拉语作家作品等议题进行了探讨。

2. "南亚文学与跨文化交流"分会第二时段的研讨由青岛大学王汝良教授主持。

北京外国语大学邢云老师的发言题目为"浅析尼泊尔现代诗《穆娜与马丹》中的中国元素"。她首先介绍了《穆娜与马丹》这部作品的内容、作者德夫科塔及其灵感来源，随后着重论述了《穆娜与马丹》中蕴含的中国元素，包括西藏胜景、经贸关系和民间交往，最后强调今天我们应该利用两国历史共同记忆，增进两国人文交流，在尊重两国差异的基础上讲好中国故事。

西安外国语大学党甜老师的发言题目为"《道德经》在印度"。她首先以量子纠缠比喻《道德经》与印度的"纠缠"，提出纠缠的两个条件是"入局"和同质性。随后，她分别介绍了《道德经》在古印度的流传与梵译历史、《道德经》的现代印度语言译本与流传情况，以及《道德经》中中国传统哲学与印度宗教思想的共同之处。党甜认为，当下的发展可以从历史中获得启发，文化交流需要从看到"同"走向相互理解。

北京外国语大学袁雨航老师的发言题目为"巴基斯坦作家伊本·埃·因霞游记《去中国走走》中的中国形象"。她介绍了巴基斯坦中国游记文学的兴起，以及《去中国走走》的内容梗概和作者因霞。因霞对社会主义中国的描绘体现了巴基斯坦作家对社会主义的向往和呼唤，反映了巴基斯坦知识分子的改革诉求。袁雨航认为，东方内部的"中国形象"研究提供了一种区别于西方的"他者"声音。

广东外语外贸大学李方达老师的发言题目为"简述乌尔都语文学中的中国故事的流传与影响"。她先后介绍了不同时期乌尔都语进步主义诗歌中的中国故事、乌尔都语游记文学中的中国故事，以及当代文学翻译出版与交流活动，着重介绍了政治理论与实践类出版物和鲁迅作品的翻译传播。李方达认为，我国在进行文学输出的过程中应注重文化差异，以提高中文作品译介的接受度。

北京外国语大学硕士研究生袁上尧的发言题目为"新冠疫情以来孟加拉国《曙光日报》构建的中国形象"。她首先介绍了该项研究的背景以及作为主要分析对象的孟加拉语网页版《曙光日报》，随后分定量研究和定性研究两部分介绍了研究思路和成果。发言最后，袁上尧建议提升发展中国家的国际话语权，持续关注孟加拉国舆论中中国形象的变化。

北京大学硕士研究生刘博源的发言题目为"巴基斯坦洪扎地区民间故事中的文化特质与文化交流"。他在发言中介绍了民间故事中洪扎文化与周边地区的共通性及独特性，并将洪扎与其他地区民间故事及母题展开对比。刘博源认为，民间故事证明了洪扎同中国新疆、中国西藏在历史上存在深入的文化交流，洪扎与中国在部分民间故事上的相似的叙事逻辑体现了中巴两国文化的深层共性。

在随后的评议环节中，王汝良教授表示，本场发言从文化、政治、经济等多方面对中国与南亚的关系进行了探讨，具有重要的现实意义。与会学者就研究语言和视阈问题、"东方学"的概念界定、洪扎地区文化等议题进行了广泛交流。

3. "南亚文学与跨文化交流"分会第三时段的研讨由北京外国语大学曾琼教授

主持。

北京大学助理教授贾岩博士的发言题目为"印度人民戏剧协会早期实践中的本土性与世界性"。他首先借助政治、历史、文化三个坐标对20世纪40年代的印度人民戏剧协会（IPTA）进行了综合定位，随后从诸多方面指出了IPTA早期实践中所体现的本土性与世界性，并特别介绍了IPTA对中国解放区戏剧的借鉴。贾岩认为，本土性和世界性虽然看似截然不同的两种特质，却均体现了IPTA"人民戏剧"的内在要求，两者表现出密切的互构关系，是"人民戏剧"一体两面的体现。

云南民族大学曹宸睿老师的发言题目为"海外印度人与印度的公共外交"。曹宸睿首先对"移民"（diaspora）和"印度移民"（Indian diaspora）的概念进行厘定，介绍了印度人海外移民的历史概况、分布现状，以及印度公共外交的目标、形式与特点。她随后分析了海外印度人在印度公共外交中扮演的角色，指出海外印度人不仅是印度软实力的来源，也是印度软实力的代言人。

北京外国语大学硕士研究生李源毓的发言题目为"中孟公共外交研究：现状与展望"。李源毓基于领导人、驻孟使馆、主流媒体、企业四个主体，全面总结了中国对孟加拉国公共外交的状况，并从内容、方法、主体三个层面指出了中国对孟加拉国公共外交的不足之处。李源毓表示，公共外交中的民间力量不容忽视，要注重培养孟加拉语复合型人才，以便让宣传与交流深入民心。

西安外国语大学硕士研究生朱李萌的发言题目为"论尼赫鲁的外交思想对中印关系的影响"。朱李萌探讨了尼赫鲁外交思想的核心特征，并对其执政时期的中印关系进行了分期，随后将两者进行综合，就尼赫鲁外交思想对中印关系的影响展开评述。朱李萌认为，尼赫鲁执政前期理智与现实的态度使中印两国保持友好，而其后期冲动、冒险的行为引发了两国关系的恶化。

西藏民族大学王子豪老师的发言题目为"西藏拉萨地区尼泊尔籍务工人员生存现状分析"。他分享了自己在拉萨调查尼泊尔籍务工人员的田野经历，介绍了当前常驻拉萨地区的尼泊尔人数量、工作场所、职业分类，并总结了在当地务工的尼泊尔人的生存特点及其面临的问题。最后，王子豪针对这一群体的现状，在学术研究、人文关怀、对外宣传三方面提出了建议。

在评议环节，曾琼教授指出，本场发言涵盖了文学、跨文化交流等多个议题，在广度、深度上均具有突破性。她希望未来有更多学人扎根田野，利用非通用语优势，在区域国别研究中取得更有创见的学术成果。与会学者还就中国书籍在印度、尼泊尔、孟加拉国的出版状况，以及推广过程中面临的问题等展开了深入交流。

（四）"语言、教学与人才培养"分会

1."语言、教学与人才培养"分会第一时段由北京大学郭童教授主持。

信息工程大学廖波教授以"文学研究对外语学科国别与区域研究的重要意义"为题进行了发言。他表示，针对当前文学研究在学界被边缘化的现象，文学研究者可以通过文学研究与区域国别学的结合来发挥自身学科优势。具体来说，文学研究有助于提高语言能力，加深对印度文化的认知，能够提供了解既往社会历史事件的宝贵机会。这三个方面皆有助于区域国别研究的开展。同时，我们也应认识到文学学科的局限性，积极将文学研究与其他学科的研究理论与方法结合起来。他提出，二十大报告强调要"展现可信、可爱、可敬的中国形象"，而文学研究对这种中国形象的塑造具有无可替代的积极作用。

西安外国语大学的陈泽华副教授从学科以及教学的角度探讨了区域国别学与外语非通用语教学的转型问题。他首先从文学研究者的角度对区域国别学作出了定义。他表示，由于高层次智库型人才与跨学科融合型人才紧缺，区域国别学在当下亟待发展，其发展目标除了对接国家和社会对高层次人才的需求以外，还在于推动非通用语学科建设发展。在发展区域国别学的过程中，应注意理念创新、内容创新与路径创新。最后，陈泽华提出三个问题供与会学者思考：区域国别学是否有／需要明确的边界？它是否是一个全新的学科？它培养的到底是专才还是通才？

云南大学周津亦老师基于社会语言学视角对"一带一路"背景下僧伽罗语人才的发展状况进行了探讨。周老师以语言资本论作为理论框架，通过半结构访谈法，对北京外国语大学僧伽罗语专业毕业生的就业发展途径进行了详细调查。调查揭示了僧伽罗语在教育前景、就业前景与社会资源积累方面的象征价值。此外，调查还展现了僧伽罗语的转换条件。周老师表示，僧伽罗语人才的发展受制于社会结构因素。为促使僧伽罗语人才更好发展，她提出三点意见：关注女性与僧伽

罗语人才发展关系；提倡高校考评制度多元化发展；加强僧伽罗语人才培养的合理化设置。

中国传媒大学李媛老师以"中国普什图语人口述史"为题进行了发言。她首先简要介绍了何为"口述历史"，随后基于中国四代普什图语专家学者的采访，对他们从事普什图语事业的缘由、历程、现状和体悟进行了概述。在采访过程中，参与项目的师生皆收获了宝贵的知识和精神财富。发言最后，李老师表示，本项目实现了对中国普什图语建设中珍贵事实的首次文字记录，积累、开拓了相关研究资源，激励了新一代普什图语人继承、发展前辈的事业，对相关战略制定也具有一定参考价值。

华侨大学蔡晶副教授探讨了印度少数族群的"阶序化"现象。蔡老师基于心理文化学和法国社会学家杜蒙的"阶序"理念对印度少数族群进行了分析。她指出，印度社会整体基本架构的观念与规则为多元的语言、宗教和族群提供了共存的基本框架。少数群体与主流印度教群体形成"涵括"与"被涵括"的关系，在一定程度上接受印度教社会秩序，并形成某种趋同的行为模式与关系体系的心理与社会过程。群体无论以何种方式和状态共存，彼此之间都会处于一种持续、动态的交往互动过程中。最后，蔡老师对"阶序"这一理念进行了反思，指出印度社会内部各少数群体的生存和发展状态值得更加细致的个性化分析。

北京外国语大学张昊老师以"尼泊尔种姓制度与国民身份建构"为题进行了发言。他首先介绍了该研究涉及的主要问题，回顾了既往研究成果，概述了种姓制度在尼泊尔的发展历程。他表示，相较于印度教种姓制度，尼泊尔的种姓制度具有强烈的世俗性，是一种建立在政治经济基础上、由政治和法律结构强制执行的社会制度。就结构而言，尼泊尔的种姓制度呈倒金字塔样态，高种姓者在社会人口中占比较大。张老师最后表示，尼泊尔地区种姓制度建设的核心要义在于将全社会纳入一个基于种姓等级制度的统一道德框架。在宗教层面将所有信仰纳入印度教范畴，在公民身份建构方面把所有国民纳入印度教种姓制度，此举对增强民族凝聚力至关重要。

在讨论和点评环节，郭童副教授表示，前四位老师的发言与语言、教学及人才培养的主题联系紧密，后两位老师从较新的研究视角对印度及其他南亚国家的社会结构进行了研究。各位老师的发言不仅基于选题和视角的创新填补了学科知识上的空白,而且体现出很强的前瞻性与启发性。

2. "语言、教学与人才培养"分会第二时段由西安外国语大学陈泽华副教授主持。

北京大学郭童教授以"关于印地语报刊阅读课程改革的一点思考"为题进行了发言,发言从课程情况、课程改革和教材编写三个方面展开。郭童表示,北京大学印地语报刊阅读课程以语言教学为基础,着眼于培养学生的综合素质和能力,旨在满足学生学习以及人才培养的需要。她强调,在课程改革的过程中,教师需加强顶层设计意识,在课程教学中应注重发挥引导性作用。最后,郭老师结合自身经历,分享了教材编写方面的宝贵经验。

上海外国语大学冉斌副教授的发言题目为"浅谈印历"。他分别从语言学和天文学的角度,详细介绍了印历的计算规则,细致梳理了印历的演变过程,辨析了印历在不同地区的具体差异。此外,冉斌还介绍了白半月和黑半月的区别,并将印历与我国的农历进行了对比,展现了印地语语言教学中融入综合文化知识教育的必要性和可资借鉴的路径。

信息工程大学李俊璇副教授以"ko 动词句及物性研究"为题进行了发言。她首先基于 ko 动词句的目标和意志对不同及物性过程的及物性程度进行了分析,随后聚焦物质过程这一重要的及物性过程,基于对前人研究思路的反思,建立模型剖析了物质过程的及物性程度,并以各种表达死亡含义的动词为例,辨析了由这类词组成的不同 ko 动词句的及物性过程属性与及物性程度深浅。最后,李俊璇提出了一些关于 ko 动词句的文化思考。

上海外国语大学章雨桐老师基于跨文化视阈对印汉习语的翻译策略进行了探讨。她首先简要介绍了印地语习语与汉语习语的定义,并从语言结构、语义和文化认知三个角度对这两个核心概念进行了辨析。根据源语言与目标语言在语义层面的关系,印汉习语的文本翻译策略可分为替换法、直译法和意译法。其中,替换法最有可能实现语用等效的翻译效果。随后,章雨桐介绍了印汉习语的文化翻译策略,即归化策略、异化策略与归化/异化相结合的策略。她提出,译者应认识并重视自身的"作者"身份,在翻译过程中把握好创作的度。

重庆师范大学张聪老师以僧伽罗语教学课堂为例，详细介绍了如何将游戏化教学理念与非通用语种课堂融合。他首先概述了游戏化教学理念，随后基于日常教学实例，详述了如何通过心流理论、合作理念和信息技术手段将游戏化教学理念融入僧伽罗语课堂。最后，张聪分析了游戏化教学理念在非通用语教学课堂中的实践意义，他认为游戏化教学不仅可以提升学生对语言学习的兴趣，提高课堂教学效率，而且可以突破传统教学方式，更加突出以学生为中心的教学理念。

在讨论和点评环节，陈泽华副教授表示，郭童教授对教学过程中切实存在的重要问题进行了鞭辟入里的分析，她对如何使课程设置与现实需求紧密结合、促进学生综合发展和思维创新的思考尤其值得借鉴；冉斌副教授的发言不仅具有拓宽知识视野的现实意义，其科学研究的严谨态度亦非常值得效法；李俊璇副教授的语言学研究展现出扎实的印地语和乌尔都语功底，她关于 ko 动词的文化思考为语言学、文学出身的广大非通用语学习者提供了新颖的研究视角；章雨桐老师的发言采用了当今流行的翻译理论，运用了跨文化研究的范式，对译者身份和翻译策略的反思在教学研究中具备很高的实用价值；张聪老师的发言与当下社会科技紧密结合，展示了如何利用最新的现代教育教学理念最大程度地提升教学效果。

3. "语言、教学与人才培养"分会第三时段由上海外国语大学冉斌副教授主持。

云南大学罗序洋老师的发言主题为"普什图语'三语语法习得'影响因素及有效路径探讨"。他从"三语习得"的背景入手，阐述了以英语为媒介的"汉-英-普"三语教学模式。随后，他对比了汉、英、普三语的语法异同，概括了英语词性明确且语法简单、普语语法具有鲜明的曲折变化、汉语为"孤立语"等特点。罗序洋以云南民族大学 2021 级普语班为例，总结了汉语和普语在民族思维、语言表达习惯等方面的差异，揭示了"三语语法习得"的困难，并从逻辑"可视化"教学、恰当使用相关术语、开展情境模拟教学等角度提出了针对性的解决方案。

信息工程大学毛磊老师的发言主题是"早期现代印地语形态的演变"。他首先从广义和狭义角度对"印地语"概念进行了界定，随后提出了基于印度-雅利安语的历史分期：古代包括吠陀普拉克利特语、吠陀梵语和古典梵语；中古时期包括俗语化的碑文语言、书面普拉克利特语、阿伯布仑谢语；现代印度-雅利安语主要为完善的阿伯布仑谢语和阿沃哈特语。毛磊借助伯勒杰语和克利方言的语音演化、

"口语-书面语-口语"模式的词汇演化,展现了现代印地语的形态发展,并归纳了早期现代印地语研究的特点,即口语-书面语-口语、大众语言-宗教文学语言-大众语言、语音词汇的多样化、语法逐渐简化、一定程度的由综合型向分析型过渡。

北京大学硕士研究生张译尹的发言题目是"论19世纪北印度克利方言运动的发展"。她将克利方言运动的不同主体划分为相互影响的三方,即英殖民者、北印度本土精英和穆斯林知识精英,随后进一步介绍了殖民政府的官方语言政策,包括其对印度方言的界定和对书写体系的划分等。发言最后,张译尹提出三条结论:第一,语言政策是社会政治变革的一部分;第二,英殖民政府的语言政策激发了印穆群体间潜在的分离趋势,但并非殖民政府创造了现代印地语;第三,现代标准印地语是在北印度克利方言口语基础上人为建构的产物,是印度向现代民族国家转型的一个缩影。

信息工程大学何杰老师的发言题目是"21世纪以来阿富汗的外语教学政策与实践分析"。他首先分析了阿富汗现代外语教育及其政策的发展历程以及不同时期的特征,接着探讨了21世纪以来英语、汉语及其他外语在阿富汗的教育状况,并分析了阿塔重新上台后在经贸合作背景下推行的外语教育新政。何杰最后就阿富汗的中文教育提出了几条建议,如增加孔子学院来优化阿富汗中文教学机构布局,加大阿富汗本土中文教师的培养力度,联合编纂符合当地实际情况且难易适中的本土教材等。

北京大学硕士研究生游梦姣的发言题目是"从 tīrtha 一词看印度教圣地和朝圣信仰"。她对比了 tīrtha、pīṭha、kṣetra 等"圣地"相关词汇的使用频率,指出 tīrtha 在印地语中使用广泛,并结合代表性文本说明了该词含义的历时变化:该词在吠陀时期具有"岸边"和"渡口"的双重含义,指向抽象的解脱道路;到了史诗时期,该词变为与水相关的具体地点,体现出宗教意义上圣地和圣水的紧密联系;到了往世书的时代,tīrtha 开始具有与朝圣相关的含义。

在评述环节,冉斌副教授指出,罗序洋老师讨论的普什图语"三语教学"与印度的三语政策存在共通之处;毛磊老师对印地语的语言学研究难能可贵,希望能继续坚持;张译尹同学对殖民政府语言政策的相关分析提供了新知识和新观点;何杰老师的发言揭示了阿富汗国家命运与外语教育的密切关系;游梦姣同学的发言展现了对语言现象的好奇心,以小见大的研究路径值得肯定。

三、会议总结及闭幕式

11月20日上午11时，中国南亚语种学会2022年会闭幕式线上举行，仪式由中国南亚语种学会秘书长、北京大学外国语学院助理教授贾岩博士主持。

贾岩简要总结了本届年会的参会情况。尽管受疫情影响，本次会议只能在线上召开，但这丝毫没有影响学者们的参会热情。在为期两天的会议中，共有2位主旨发言人和68位分会发言人进行了学术分享，来自国内外高校和科研机构的近200名学者和研究生在线听会并参与研讨，展现了我国南亚语种相关研究欣欣向荣的发展势头。此外，贾岩还代表学会秘书处宣读了设立中国南亚语种学会"优秀科研成果奖"和"青年优秀论文奖"以及增补常务理事的决议。

随后，何朝荣教授、王春景教授、佟加蒙教授、陈泽华副教授分别对四个分会的发言和研讨情况进行了全面细致的总结。

学会副会长、信息工程大学教授何朝荣总结了"区域与国别问题"分会的整体情况。他认为，该分会的17位发言人结合自身学术背景，就南亚各国的国内政治、经济发展、外交政策等方面做出了丰富的思考和探讨，研究对象涵盖除不丹以外的所有南亚国家。与会学者的研究基于充实的一手资料，具有多样的研究视角，充分体现出区域国别研究鲜明的学科交叉特点和问题意识导向。

学会副会长、深圳大学教授王春景总结了"作家作品与文学思潮"分会的整体情况。她认为，该分会18位发言人的学术研究均以印地语、乌尔都语、僧伽罗语、英语等南亚语种为基础，将文本与社会现实、文化传统等进行了多层次、全方位的连接和交织，同时运用多种文学文化理论对相关作家作品做出了分析和阐释，充分展现出该分会研究者们当代意识突出、理论意识明确、关注传统意识、具备区域国际视野的特点。

学会副会长、北京外国语大学教授佟加蒙总结了"南亚文学与跨文化交流"分会的发言和研讨情况。该分会共有17位发言人进行了学术汇报，涉及主题十分丰富，既有对某一区域或领域内文学发展的概述，也有针对跨文化交流的研究，还有关于外交政策和公共外交的讨论。该分会发言人重视田野调查，关注在地研究，对东西方文艺理论具有反思意识，总体而言具有很强的创新性和启发性。

学会常务理事、西安外国语大学副教授陈泽华总结了"语言、教学与人才培养"分会的情况。该分会的16位发言人就南亚语种学科建设、课程建设、课堂革命、人才培养模式等进行了深入探讨，此外还对印度的语言发展、少数族群、传统历法等发表了各自的见解。陈泽华认为，语言和教学是研究之本，该分会的交流与讨论充分体现出近年来我国南亚语种队伍在语言教学和人才培养上取得的长足发展。

随后，云南大学外国语学院院长刘树森教授致辞。刘教授表示，这是云南大学外国语学院首次承办如此重大的学术会议，他代表承办方对会议的圆满举办致以诚挚的祝贺。刘教授认为，本次会议主题鲜明、内容充实、议程紧凑，涉及历史、宗教、语言、文学、经济等诸多领域和维度，充分展现出新时代我国南亚研究的丰富理论和多元实践。会议中不仅有新颖独到的学术见解，也有中肯精辟的点评建议，更有精彩纷呈的思想交锋，让人感到目不暇接、受益匪浅。刘教授着重感谢了姜景奎教授对云大南亚语种建设和本届年会组织工作的支持与指导，并预祝中国南亚语种学会和我国的南亚研究事业蒸蒸日上。

闭幕式最后，中国南亚学会副会长、南亚语种学会会长姜景奎教授进行了总结发言。姜教授表示，本次年会规模盛大、参会人数众多，充分体现出研究者们的学术热情和学术追求。会议发言内容丰富、质量上乘，涵盖语言、文化、文学、国际关系、传媒传播等各个方面，展现了研究者们良好的学术素养和研究能力。姜教授还展示了自己在攻读博士时期获得的全国高校外国文学教学研究会首届青年优秀论文奖获奖证书，并以此勉励所有与会学者，尤其是青年学人静下心、沉住气，甘坐"冷板凳"、愿坐"冷板凳"，扎实做好基础研究，在新时代为国家提供更多、更好、更有质量的智慧和人才支撑。致辞最后，姜景奎教授代表主办方向承办单位及会务组工作人员致以诚挚的谢意。

［责任编辑：贾岩］

英文摘要

The Moving Image: Looped, to be Mukt!
── The Cinemā Prayōga Conscience

Amrit Gangar

Abstract: *Cinema of Prayōga* is a conceptual framework that locates the history of experimental film in India within an ancient pre-modern tradition of innovation, of *prayōga*. *Cinema of Prayōga* is a theory of filmic practice, which challenges the dominant forms of filmic expression in contemporary India, including the all-pervading contemporary Bollywood or the social realism of Indian New Wave. *Cinema of Prayōga* celebrates a cinematographic idiom that is deeply located in the polyphony of Indian philosophy and cultural imagination. It attempts to reconfigure the generally accepted notion of the experimental and the avant-garde in Indian cinema by conjuring the term "Prayōga" from Indian philosophical thought. Etymologically, the term *prayōga* in Sanskrit refers to a theory of practice that emphasizes the potential of any form of contemplation – ritualistic, poetic, mystic, aesthetic, magical, mythical, physical or alchemical. In cinema, it is a practice of filmic interrogation that is devised as a quest toward a continuing process in time and space. This is a cinema that in contrast to mainstream formulations anywhere else in the world, employs Indian music, poetry, mythology and performance to examine the relationship between their status as filmic texts and the "fictions-in-progress" of their subjects.

Keywords: Prayōga, *Cinema of Prayōga*, Time, Space, Indian philosophy

Studies on Sri Lanka by the British in the 19th and early 20th Century: Travel Writings, Academic Works, and a Journal

TONG Jiameng

Abstract: Sri Lanka became a crown colony of the Great Britain from early 19th century. Extensive studies on the island had been carried out under the British rule. Early British travelers had produced many travelogues regarding Sri Lanka and its surrounding area. A large number of papers and books had been written in the field of Sri Lankan history, religion, language, arts and nations, etc. A journal had been published for more than a century by the Ceylon Branch of Royal Asiatic Society. These studies could generally be regarded as part of the colonization and are the result of knowledge production of the colonial government. Critical assessment is made in terms of discussing the fact that these studies also enrich the local culture as part of the modern oriental studies of the west. This paper discusses the content, evolution and cultural influences of the above-mentioned studies, a tradition that has been both responded to and critiqued, as well as carried on and developed to a considerable extent in contemporary Sri Lankan academia. An exploration of British studies on Sri Lanka is also of practical importance in understanding the background and origins of contemporary Sri Lankan academic culture.

Keywords: Sri Lanka, Ceylon, Colonization, Asiatic Society, Ceylon Branch

The Rise of Medical Tourism in East Africa and Its Indian Factors

GAO Liangmin   ZHANG Renye   CHENG Feng

Abstract: Research on global medical tourism has mainly focused on the wider regions from the South to the North or inside some countries of the global South. However, it has rarely been on a specific region in the South such as East Africa, where the healthcare is underdeveloped. This paper analyzes the rise of medical tourism in East

Africa and its correlating factors. The reason for this change is a restructuring of the healthcare system in East Africa to accommodate the rising of chronic non-communicable diseases. Also, COVID-19 paved the way for the adjustment of the healthcare system. In this context, the study identifies a shifting pattern and multiple pathways to the development of medical tourism in East Africa, the shift of some East Africans seeking medical care from India before and from East Africa now, and with two pathways coexisting. There are three different modes in the rise of regional medical tourism in East Africa. Kenya mainly develops public and private medical services together, Tanzania is dominated by the government and the national hospitals play an important key role, and Uganda focuses on promoting "medical + tourism", that is, combining medical services with high-quality tourism resources. In these three modes, India's private medical groups have played a key role in promoting the development of medical tourism in East Africa. However, the negative effects on health equity from medical tourism in East Africa and increased health external dependency deserve further observation.

Keywords: Medical Tourism, India-Africa Relations, COVID-19, East Africa, India

Political Family's Narratives and Its Political Power in Sri Lanka: A Perspective from Wickremesinghe and His Family

HE Yan

Abstract: Sri Lanka experienced the worst economic crisis in its history in 2022, and a series of events prompted the economic crisis to trigger political turmoil and changes of government. To alleviate the crisis situation, Ranil Wickremesinghe was successfully elected as new President of Sri Lanka and led the new government to power, while the brotherly regime represented by Rajapaksas was declared to have fallen. The Rajapaksa is a political family with great influence in Sri Lankan politics in recent years, and it is widely believed that the ouster of the Rajapaksa brothers' regime heralds the end of family politics in Sri Lanka. However, Sri Lanka's political system has deep historical roots, and political families have played an important role in political development. Wickremesinghe, as a traditional ruling elite, deserves an in-depth research of the relationship between himself and his political family. This paper analyzes Wickremesinghe's political career and family network in an attempt to answer why Wickremesinghe has served as prime minister five times without demonstrating family influence. Through the study, it is found that President Wickremesinghe is supported by a strong family background, but the strengths of the Wickremesinghe family are concentrated in the business field rather than the political field, and the family size and influence are focused on the maternal family rather than the paternal family. The paper also examines the influence of family factors on Wickremesinghe's consolidation of political power and illustrates that Wickremesinghe built a political development path characterized by intra-party following and extra-party alliances by drawing on matrilineal family strengths. The family genealogical focus and coalition fragility worked together in Wickremesinghe's governing process, and Wickremesinghe's rule did not mean the end of family politics.

Keywords: Sri Lanka, Wickremesinghe, Political Family, Family Kinship, Party Politics

Coercive Development Assistance: A Case Study on the MCC Compact Between US and Nepal

ZHAO Liang   CHEN Chao

Abstract: The United States has played an important role for several decades in providing development assistance to Nepal. As one of US's foreign assistance agencies, the Millennium Challenge Corporation (MCC) has been claiming the MCC compact to be "a gift from the American people". But at the same time, it forced the Nepal Congress to approve the compact in the manner of coercive diplomacy. Based on a survey of the MCC's historical background as well as its country selection and project evaluation processes, this paper focuses on the modification of US economic assistance policy, reflecting that the emphasis of the Indo-Pacific Strategy has turned from concept shaping and public opinion building to the implementation of specific projects under the Indo-Pacific Economic Framework (IPEF). This case study further proves that the United States regards development assistance as an important part of coercive diplomacy with the intention to make Nepal a pivot country and an experimental model of the Strategy, in order to hedge the influence of China's Belt and Road Initiative and Global Development and Security Initiative in South Asia. The world has entered a new period of volatility and transformation due to the combined impact of major geopolitical changes and the pandemic, both unseen in a century. As a result, the political complexity and economic vulnerability of South Asian countries are becoming increasingly conspicuous. China should pay closer attention to the potential impact of the MCC-Nepal Compact, ensure high-quality development of the Belt and Road Initiative in South Asia, and promote the building of a China-Nepal community with a shared future.

Keywords: Nepal, Millennium Challenge Corporation, Coercive Diplomacy, Indo-Pacific Economic Framework, Belt and Road Initiative

A Review of Nadwatul Ulema, A Modernist Islamic School in South Asia

MA Qiang   HUANG Leqi

Abstract: Being a modernist Islamic school, Nadwatul Ulema is an intercalary between Deoband and Aligarh, the main characteristic of which is to pursue a balance between the knowledge of *manqūlāt* and *māʿqūlāt*. This school rethought, revised, and reformulated the traditional Islamic educational system by excluding unnecessary philosophical and logical contents from the curriculum and adding more Arabic language courses. At the same time, it tries to incorporate Western knowledge, rituals and models in their lives and studies, especially by incorporating English into their curricular studies, to promote Muslims to adopt modern achievements actively as long as adherent to their belief, and therefore to produce religious scholars who are well versed in both traditional Islamic disciplines and Western science and thoughts. Nadwatul Ulema advocates to be tolerance among and between religions, and the unity among the Ulema and the various sects of Islam throughout India, as well as promotes the peace with other religions in the world. It opposes the partition of India and Pakistan, arguing that it undermines the unity of the Muslim community and the relationship between Indian Muslims and other ethnic group in India. This school has had a profound influence on Indian Muslim society in the fields of scholarship and education, and its scholars have made certain contributions in the sphere of history, Islamic jurisprudence, philosophy, literature and poetry. Its syllabus and teaching models have been adopted by many countries around the world hitherto. Therefore, the ideology and practice of this school are inherent with certain meaning in reflecting the awareness of the contemporary society among various Islamic schools and their inner relationship during the era of partition, as well as the contemporary Indian Muslim society.

Keywords: Nadwatul Ulema, South Asia, Islamic School, Modernism

A Critical Review of the Historical Documents and Related Studies of the Delhi Sultanate Period

CHEN Zehua

Abstract: The historical documents of the Delhi Sultanate period mainly come from contemporaneous Muslim historians and some travelers' writings, which were written in Persian or local languages of India. Only a few of them have been translated into English. A large number of existing first-hand historical materials clearly reflect the political, economic and socio-cultural conditions of medieval North India and play an important role in restoring the history of the Delhi Sultanate. Since the 20th century, historical research of the Delhi Sultanate period has gradually deepened, but there are great regional differences in the global scope. Related scholarship in the West started earlier, and its results are relatively large. India's domestic research on the history of this period started relatively later, and systematic examination on this topic began only after the independence of India in 1947, which benefited from the advantages of its own languages and cultures, and produced fruitful results. Relevant research in Chinese academic circles is still in its infancy. There are some problems in the historical research of the Delhi Sultanate period. Western scholars, especially British Orientalists, have left obvious traces of colonialism in their early research on India history. India scholars are often subject to their own religious positions, although their examination is very detailed and meticulous. In China, the research on the history of the Delhi Sultanate is quite underdeveloped mainly because of the lack of original documents and the lack of interdisciplinary talents with multilingual backgrounds.

Keywords: India, Medieval History, Delhi Sultanate, South Asian Muslims, Historical Documents

Reassessing the Possible Buddhist School Attribution of the Jamal Garhi Monastery in Mardan

WANG Jun

Abstract: In the 19th century, British archaeologist Sir Alexander Cunningham successively discovered the Gandharan remains, namely a Buddhist monastery in Jamal Garhi. When the Indian Archaeological Survey continued to excavate this monastery's site between 1920 and 1921, they discovered a stone slab with an inscription that stated "Jamal Garhi Inscription on the Year 359". Prof. Lüders attributed the content of this inscription to the Dharmaguptakas. Based on the above studies, this paper attempts to conduct an in-depth analysis of the layout of the above-mentioned Buddhist monastery by comparing its site and archaeological evidence with textual sources from the Chinese translation of the "Dharmaguptaka-vinaya". In addition, this study also explores the remains of the Buddhist stupa excavated by the Japanese Otani expedition and maintained in the Lvshun Museum of China. By performing a combined study of the stupa's buildings, sculptures and inscriptions, this paper demonstrates the changes in the relevant provisions of vinaya and provides further evidence to assertain that this monastery can be identified as belonging to the Dharmaguptakas tradition.

Keywords: Jamal Garhi Monastery, Mardan, Gandhara, Dharmaguptaka, Vinaya

Awakening and Dependency: The Shaping of Women Characters in Gulzar's Short Stories

LI Baolong

Abstract: Gulzar is one of the most eminent and influential Urdu writers in modern India. His short story writings are diversified not only in theme but also in descriptive object, which has the social effect of criticizing current problems and reflecting people's livelihood. His short stories have attracted wide attention from Indian literary circles, and promoted the development of contemporary Urdu short stories in India. As an important theme of his short story creation, his works about female characters outline a relatively complete picture of Indian modern women for readers, and create female images of different ages, classes and types, including ignorant and sensitive precocious girls, traditional women who forbear to obey, and new women who have self-awareness but nonetheless attached to men. These female images are the inheritance of and rebellion to Indian traditional culture, featuring a dual narration of women and culture. Gulzar's short stories focus on many aspects such as women's emotional life, social and family status, women's rights, etc. They reflect the problems of "aphasia", "marginalization" and "exploitation" faced by Indian women in society and family, and expose all kinds of unfair treatment and suffering faced by Indian women in traditional society, which express Gulzar's concern and thinking about Indian women's family status in modern society.

Keywords: Gulzar, Urdu Short Stories, Indian Women's Image, Image Construction, Indian Literature

A Review of the Centenary History of Chinese Language Education in India and Its Prospects

ZHANG Liming

Abstract: Starting from 1918, when Orientalism-oriented Chinese courses were opened in University of Calcutta, to 2022, when the 21st "Chinese Bridge" Competition was successfully organized, Chinese language education in India has experienced a hundred years of development. Its course has been deeply affected by complex factors in world history, such as China's migration tide, major country relations and geopolitics. Therefore, the development of Chinese language education in India has always had its own tendencies and characteristics. Although the early teaching of Chinese in India was inextricably linked to the tradition of Oriental studies in Europe, the Chinese language education in India has become a link to promote the connection between the people of China and India. By reviewing the century-old history of Chinese language education in India, this paper argues that language education and educational cooperation have always been the main field of people-to-people and cultural exchanges between China and India. The development of Chinese language education in India is not only an important way to consolidate strategic mutual trust between the two countries, but also a core means to promote exchanges and mutual learning between different civilizations. At the current stage, it should be encouraged that Indian students come to China for further studies, Chinese textbooks be complied in Hindi and other major Indian, and special training be provided for local Indian teachers, so as to meet the explosive growth of Chinese language education in India in the future.

Keywords: Chinese Language Education in India, History of Chinese Language Education, Chinese Language Schools, Cheena Bhavana, Confucius Institute (Classroom)

Dialogues between South Asian Language Scholars — A Review of the 2022 Annual Conference of China Association for South Asian Languages

Abstract: From November 19 to 20, 2022, the 2022 Annual Conference of the China Association for South Asian Languages, entitled "South Asian Language Teaching and South Asian Studies in China under the Background of Great Changes Unseen in a Century", was successfully held online. The conference was hosted by the China Association for South Asian Languages and was organized by the School of Foreign Languages, Yunnan University. About 190 scholars and postgraduates from home and abroad participated in the conference. The year 2022 marks the 80th anniversary of the commencement of South Asian language education in China, which originated exactly from Chenggong, Yunnan. That this year's annual conference was hosted by Yunnan University, therefore, makes it an occasion of special significance. This essay is a comprehensive review of the conference, showcasing the overall dynamics and summarizing the gist of every speech, presentation and dialogue of the participants.

《南亚学》征稿启事

《南亚学》(*South Asian Review*)是由清华大学国际与地区研究院主办、北京宸星教育基金会资助、商务印书馆出版、姜景奎教授主编的综合性学术研究集刊,每年出版两辑。本刊以区域国别学一级学科为支撑,发表与南亚相关的高品质学术成果。选题聚焦南亚及相关地区的语言、文学、文化、社会、历史、区域与国别问题等,稿件以原创性高、创新性强的研究论文为主,同时刊载学术性访谈和书评,旨在展示本领域最新研究状况,引领本领域学术发展趋势,丰富和促进我国的南亚研究。

一、稿件要求

1. 选题须聚焦南亚及与南亚相关区域的语言、文学、文化、社会、历史、国别和区域等方面之问题。

2. 稿件类型以原创性研究论文为主,须选题新颖、方法科学、论证充分、行文流畅、体例规范,具有较高的学术价值和较强的创新性。同时欢迎学术性访谈和书评。

3. 稿件采取双向匿名专家审稿制,杜绝各类学术不端现象,请勿一稿多投。

4. 研究论文字数(含注释)须为12 000—20 000字。访谈类稿件(含注释)须为8000—12 000字。书评类稿件(含注释)须为5000—8000字。

5. 来稿请附中英文标题、中英文摘要、中英文关键词、作者简介及项目信息。

中文摘要字数以 500 字左右为宜，应充分体现文章的核心观点和创新之处。关键词 4—5 个，应高度概括文章内容及核心观点。作者简介应包括姓名、二级工作单位、职务或职称、主要研究领域。基金项目须提供项目名称及编号。

6. 在尊重原作的前提下，本刊对来稿可作必要修改或删节，不同意者请事先申明。

7. 本刊拟加入中国知网等期刊数据库，所有文章全文入网，作者著作权使用费与本刊稿费统一以稿费形式一次性支付。

8. 投稿邮箱：southasianreview@163.com。本邮箱为本刊唯一投稿渠道。来稿请同时以 Word 和 PDF 两种形式提交。

9. 本刊长期接受投稿。若来稿 3 个月内未收到录用或修改通知，作者可自行处理。来稿一经发表，本刊将赠送作者当辑刊物 2 册。

二、体例规范

1. 字号：正文五号，脚注小五号。一级标题四号，二级标题小四号，三级标题五号。

2. 字体：中文使用宋体，单独成段的引文使用仿宋；英文使用 Times New Roman；其他语种使用 Unicode。

3. 行间距：正文 1.5 倍行距，注释单倍行距。

4. 注释：本刊注释统一使用脚注，文末不列参考文献。脚注以带圈数字（①②③……）依序排列，每页重新编号。当一个编号内存在多个文献来源时，于注释末尾罗列文献，以分号隔开。

（一）中文注释

首次注释时，中文文献的标注顺序为：作者（编者）名、文献名、卷册序号、出版单位、出版时间、页码，页码起止数值间使用一字线"—"。再次引用同一中文文献时，仍需完整标注注释。译著需注明作者国籍、译者，如有多个作者且国籍不同，须分别标注。注释示例如下。

（1）专著

姜景奎：《印度文学论》，中国大百科全书出版社，2016，第13页。

（2）编著

刘安武、倪培耕、白开元主编：《泰戈尔全集》（第17卷），河北教育出版社，2000，第30—32页。

（3）译著

〔印〕迦梨陀娑：《云使》，金克木译，人民文学出版社，1956，第60页。

（4）论文集

王旭：《克什米尔问题对南亚地区的社会经济影响——以印度河流域水资源问题为例》，载姜景奎主编：《北大南亚东南亚研究》（第1卷），中国青年出版社，2013，第231页。

（5）期刊

薛克翘：《宋元间中斯文化交流》，《南亚东南亚研究》2020年第5期，第104页。

（6）学位论文

王春景：《R.K.纳拉扬长篇小说研究》，北京大学博士学位论文，2006，第98页。

（7）报纸

胡仕胜：《印度对多边机制的心态明显生变》，《环球时报》2020年12月15日，第15版。

（8）网络文献

叶海林：《谁的五项原则》，澎湃新闻，2014年7月21日，https://www.thepaper.cn/newsDetail_forward_1251435。

（二）英文注释

基本规范同中文注释。作（编）者姓名按通常顺序排列，名在前，姓在后；作者为两人，之间用"&"连接，两人以上的注明第一作者，其后标注et al.；编者后加 ed.，两人以上的加 eds.；论文和文章用引号标注，期刊名和书名用斜体标注；单页标注 p.，多页标注 pp.，页码起止数值间使用"–"；再次引用同一英文文献时，仍需完整标注注释。注释示例如下。

（1）专著

Francesca Orsini, *The Hindi Public Sphere, 1920–1940: Language and Literature in the Age of Nationalism*, New Delhi: Oxford University Press, 2002, pp. 39–41.

（2）编著

Kavalam Madhava Panikkar ed., *Modern Chinese Stories*, Delhi: Ranjit Printers and Publishers, 1953, p. 112.

（3）译著

Sajjad Zaheer, *The Light: A History of the Movement for Progressive Literature in the Indo-Pakistan Subcontinent*, Amina Azfar trans., Karachi: Oxford University Press, 2006, p. 227.

（4）论文集

Giles Scott-Smith, "Cultural Diplomacy", in Alison Holmes & J. Simon Rofe eds., *Global Diplomacy: Theories, Types, and Models*, Boulder: Westview Press, 2016, p. 78.

（5）期刊

Sinderpal Singh, "From Delhi to Bandung: Nehru, 'Indian-Ness' and 'Pan-Asian-Ness'", *South Asia: Journal of South Asian Studies*, vol. 34, no. 1, 2011, pp. 51–52.

（6）学位论文

Jia Yan, *Beyond the "Bhai-Bhai" Rhetoric: China-India Literary Relations, 1950—1990*, PhD Dissertation, SOAS, University of London, 2019, p. 202.

（7）报纸

David Cohen, "Resurgent Asia's Writers Meet", *New Age*, December 30, 1956, p. 11.

（8）网络文献

Hala Halim, "Afro-Asian Third-Worldism into Global South: The Case of Lotus Journal", *Global South Studies*, November 22, 2017, https://globalsouthstudies.as.virginia.edu/key-moments/afro-asian-third-worldism-global-south-case-lotus-journal.

图书在版编目（CIP）数据

南亚学. 第 2 辑 / 姜景奎主编. —北京：商务印书馆，2023
ISBN 978-7-100-22573-1

Ⅰ.①南… Ⅱ.①姜… Ⅲ.①南亚—研究 Ⅳ.
①D735

中国国家版本馆 CIP 数据核字（2023）第 099957 号

权利保留，侵权必究。

南亚学
（第 2 辑）
姜景奎 主编

商 务 印 书 馆 出 版
（北京王府井大街 36 号 邮政编码 100710）
商 务 印 书 馆 发 行
北京虎彩文化传播有限公司印刷
ISBN 978-7-100-22573-1

2023 年 6 月第 1 版　　开本 710×1000　1/16
2023 年 6 月北京第 1 次印刷　印张 15¾
定价：98.00 元